当代语言学理论丛书
Contemporary Linguistic Theory Series

主编 Chief Editors
黄正德（哈佛大学）
James Huang (Harvard University)
许德宝（澳门大学）
De Bao Xu (University of Macau)

历史语言学：方音比较与层次

Historical Linguistics: Dialectal Comparison and Historical Strata

侍建国　著

中国社会科学出版社

图书在版编目(CIP)数据

历史语言学：方音比较与层次 / 侍建国著 . —北京：中国社会科学
出版社，2011.2（2015.5 重印）
（当代语言学理论丛书 / 主编　黄正德　许德宝）
ISBN 978 - 7 - 5004 - 9537 - 6

Ⅰ.①历…　Ⅱ.①侍…　Ⅲ.①语言学史 – 研究　Ⅳ.①H0 - 09

中国版本图书馆 CIP 数据核字（2011）第 024590 号

出 版 人	赵剑英
责任编辑	任　明
特约编辑	成　树
责任校对	林福国
责任印制	何　艳

出　　版	中国社会科学出版社
社　　址	北京鼓楼西大街甲 158 号
邮　　编	100720
网　　址	http://www.csspw.cn
发 行 部	010 - 84083685
门 市 部	010 - 84029450
经　　销	新华书店及其他书店

印刷装订	北京市兴怀印刷厂
版　　次	2011 年 2 月第 1 版
印　　次	2015 年 5 月第 2 次印刷

开　　本	710×1000　1/16
印　　张	20.5
插　　页	2
字　　数	291 千字
定　　价	58.00 元

2015 年改版说明

    《当代语言学理论丛书》（下称《丛书》）2015 年再次改版的原因大概有四个：一是内容的更新。自 2004 年《丛书》再版以来又是十年过去了，语言学理论又发生了变化，有些新的东西需要补写进去。另外，有些作者、编委的工作和联系方式也有了变动，这次改版时都进行了更新。二是市场的需要。《丛书》自 1997 年初版和 2004 年再版以来，一直受到读者的欢迎，有的也一直被作为语言学课程的教材，比如《简明语言学史》、《当代社会语言学》、《生成音系学——理论及其应用》、《语言获得理论研究》等。这次改版就是为了满足市场需要，继续为语言学课程提供不同的用书。三是补遗勘误。比如《简明语言学史》的《前言》在初版和再版时都不慎丢失，致使读者对翻译的背景、版权、缘起、作者和朗曼出版公司的大力支持等都不慎了解，这次改版，就把丢失十几年的《前言》"还原"进去，为读者提供了这方面的信息。再有错印、漏印之处这次也都加以改正，比如《生成音系学——理论及其应用》一书的勘误就有 16 处之多。四是调整版本尺寸。这次改版的版本从原来的大 32 开改成了小 16 开，读者会发现小 16 开本比大 32 开本容易读得多。

    最后，希望这次改版能继续为国内外语言学理论的研究、教学、介绍和交流起到积极的作用。

《当代语言学理论丛书》主编

黄正德 许德宝

《当代语言学理论丛书》再版前言

中国社会科学出版社根据读者的要求，决定再版《丛书》。再版首先是包括增加《丛书》的书目，从第一版的八种增加到现在的十二种；其次是修订增补第一版各书的内容，根据不同学科的进展，增加新的章节；最后是借再版的机会改正第一版中的印刷错误。

《丛书》再版，首先得感谢读者，没有读者的热情支持和鼓励，再版《丛书》是不可能的。其次是感谢编委，也就是《丛书》的作者们。没有《丛书》作者们的辛勤劳动和丰硕的研究成果赢得读者的欢迎，再版《丛书》更是不可能的。另外，特邀编委的热情支持和帮助、责任编辑以及社科出版社的鼎力相助也是《丛书》得以成功的原因之一。在此一并致以衷心的谢意。

较之第一版，再版增加了《关联：交际与认知》、《音系与句法的交叉研究》、《音段音系学》和《历史语言学：方音比较与层次》四种书。如在第一版前言中所指出，《丛书》前八种书主要覆盖美国语言学系研究生（博士、硕士）的八门必修课。再版时增加的四种书属于选修课或专题研究的范围。编委的工作单位有的有了变化，再版时作了相应的改变。特邀编委有的已经退休，再版时还按以前的工作单位列出。

《丛书》再版，错误、疏漏仍在所难免，敬请专家学者批评指正。

最后，希望《丛书》的再版能在国内外语言学理论的研究、教学，以及介绍和交流等方面再次起到积极的作用。

《当代语言学理论丛书》主编

黄正德　许德宝

序　言

　　语言学自乔姆斯基以来，对认知科学、心理学、医学、电子计算机以及人工智能等学科都产生了巨大的影响，成为人文科学的带头学科。只要在国外走一走，就会发现几乎所有的大学都设有语言学系或语言学专业。语言学理论不但对语言学系的学生至关重要，而且也是心理系、教育系、社会学系、认知学理论乃至计算机系的学生必修的基础理论课。乔姆斯基的语言学理论为什么对人文科学和社会科学的影响如此之大？他的什么变革使本来默默无闻的语言学（理论）一跃而成为认知科学、心理学、电子计算机以及人工智能等学科的奠基理论？这不是一句话能说清楚的。要回答这个问题，得从现代语言学的立足点说起，系统介绍现代语言学的基本理论和研究方法、研究对象、研究范围以及研究结果等。不说清楚这些问题，现代语言学在人文科学中的带头作用和对社会科学的巨大影响也就无法说清楚。有系统有深度地介绍现代语言学理论，这就是我们这套丛书的编写目的。

　　要系统介绍现代语言学，各种理论的来龙去脉都得交待清楚，某种理论的发生、发展、不同阶段以及各个流派之间的关系都要说清楚。不能只把一种理论搬来，不管它的过去和与其他理论的联系，那样会让人不知所云。在系统介绍的同时，也要把各种理论的最新研究成果写进去，并评价其优劣不同以及对现代语言学研究的贡献等，做到有深度。有系统、有深度，这是我们介绍的第一个原则。介绍的起点一般是以乔姆斯基与哈利的《英语语音系统》（1968）为始，介绍的终点就是今天，介绍时以八九十年代发展起来的语言学理论为主，所以这套书叫作《当代语言学理论丛书》。

　　要介绍现代语言学并不容易。台湾、新加坡、香港等地的学者有很好的经验。他们介绍的特点就是把现代语言学理论与汉语的研究结合起来。这样理解起来方便得多，效果也就比较好。单纯介绍，不谈在汉语中的应用，结果理论还是死的东西。我们这套丛书也本着这一点，在选材和编写上都强调在汉语中的应用，尽量用汉语说明。汉语与某种理论不相关的时候，才用其他语言中的例子。这是我们介绍的第二个原则。

　　我们的第三个原则是以介绍美国语言学理论为主。美国是现代语言学研究的中心，也是生成语言学的发源地。要介绍现代语言学就离不开这个发源地。所以从选材上来讲，我们以美国语言学系研究生（博士和硕士）的必修课为标准，包括语言学史、句法学、音系学、语义学、心理语言学、社会语言学、历史语言学、语言获得理论、计算机语言学与人工智能等。有些新兴学科和边缘学科就放在主要学科中介绍。比如神经语言学归入了心理语言学，音系与句法的交叉研究归入了音系学，语义和句法的交叉研究归入了语义学等。

　　应该指出，有些学者一直在致力于现代语言学的介绍工作，比如黑龙江大学、上海复旦大学、天津师范大学的学者等。我们希望这套丛书能与他们的研究结合起来，起到使国内外语言学研究接轨的作用。

　　《当代语言学理论丛书》的编写开始于1993年，由著名句法学家黄正德教授全面负责，许德宝协助作主编工作。编委大都是在美国读的语言学博士而且有教授语言学经验的学者，一般是在讲义的基础上增删整理成书。但即使是如此，也都得付出很多的劳动。我们也请了在美国教授多年的语言学家、汉学家和有在国内外介绍现代语言学经验的学者作为顾问，憋助我们把这一套丛书出好。在此向他们谨致谢意。我们还得感谢中国社会科学出版社对这套丛书的大力支持，特别是责任编辑及其他有关同志的辛苦工作，不然这套丛书也不能和读者见面，在此也一并致以谢意。

《当代语言学理论丛书》编委会

1996年7月于纽约

《当代语言学理论丛书》
Contemporary Linguistic Theory Series

主　编
Chief Editors

黄正德（哈佛大学）

James Huang（Harvard University）

许德宝（澳门大学）

De Bao Xu（University of Macau）

编辑委员会
Editorial Board

Mingliang Hu（Ph. D. in Linguistics, University of Florida; Lingnan Teacher's College）

蒋严（英国伦敦大学语言学博士、香港理工学院中文及双语学系教授）

Yan Jiang（Ph. D. in Linguistics, University of London; Polytechnic of Hong Kong）

靳洪刚（美国伊利诺大学教育心理学博士、澳门大学人文艺术学院院长）

Hong Gang Jin（Ph. D. in Educational Psychology, University of Illinois at Champaign Urbana; University of Macau, Dean of FAH）

李亚飞（美国麻省理工学院语言学博士、威斯康辛大学语言学系教授）

Yafei Li（Ph. D. in Linguistics, MIT; University of Wisconsin, Madison）

林燕慧（美国德克萨斯大学语言学博士、州立密西根大学中文及语言学系教授）

Yen-hwei Lin（Ph. D. in Linguistics, University of Texas at Austin; Michigan State University）

陆丙甫（美国南加州大学东亚语言博士、南昌大学中文系教授）

Bingfu Lu（Ph. D. in East Asian Languages, University of Southern California; Nanchang University）

潘海华（美国德克萨斯大学语言学博士、香港城市大学中文、翻译及语言学系教授）

Haihua Pan（Ph. D. in Linguistics, University of Texas at Austin; City University of Hong Kong）

石定栩（美国南加州大学语言学博士、香港理工大学教授）

Dingxu Shi（Ph. D. in Linguistics, University of Southern California; Polytechnic of Hong Kong）

侍建国（美国俄亥俄州立大学中国语言学博士、澳门大学中文系教授）

Jianguo Shi（Ph. D. in Chinese Linguistics, Ohio State University; University of Macau）

宋国明（美国洛杉矶加州大学罗曼语言学博士、威斯康辛劳伦斯大学东亚系教授）

Kuo-ming Sung（Ph. D. in Romance Linguistics, University of California at Los Angeles, Lawrence University, Wisconsin）

陶红印（美国圣巴巴拉加州大学语言学博士、美国洛杉矶加州大学东亚系教授）

Hongyin Tao（Ph. D. in Linguistics，University of California at Santa Barbara；University of California at Los Angeles）

王野翊（美国卡内基-梅隆大学计算科学院计算语言学博士、华盛顿州微软研究院研究员）

Ye-Yi Wang（Ph. D. ，in Computer Science，Carnegie Mellon University；Microsoft Research Institute，Washington）

翁富良（美国卡内基-梅隆大学计算科学院计算语言学硕士、加州罗伯特技术研究中心研究员）

Fuliang Weng（M. A. ，in Computer Science，Carnegie Mellon University；Robert Bosch Corporation，California）

吴建慧（美国伊利诺大学语言学博士、台湾暨南大学英文系教授）

Mary Wu（Ph. D. in Linguistics，University of Illinois at Champaign-Urbana；Taiwan National Chi Nan University）

谢天蔚（美国匹茨堡大学外语教育学博士、长堤加州州立大学东亚系退休教授）

Tianwei Xie（Ph. D. in Foreign Language Education，University of Pittsburgh；California State University，Long Beach）

徐大明（加拿大渥太华大学语言学博士、澳门大学中文系教授）

Daming Xu（Ph. D. in Linguistics，University of Ottawa；University of Macau）

许德宝（美国伊利诺大学语言学博士、澳门大学中文系讲座教授）

De Bao Xu（Ph. D. in Linguistics，University of Illinois at Champaign-Urbana；University of Macau）

张 乔（英国爱丁堡大学语言学博士、新西兰奥克兰大学东亚系教授）

Qiao Zhang（Ph. D. in Linguistics，University of Edinburgh；University of Auckland，New Zealand）

特邀编辑委员会
Guest Editorial Board

《历史语言学：方音比较与层次》序

2008年至2009年度是我的休假年，在澳门大学客座，教授音系学理论和中国语言学史。那时建国还在香港。澳门、香港一小时水路之隔，来往方便。这是他第一次跟我谈起他写了近十年的《历史语言学：方音比较与层次》。我阅读之后，大为赞同其融合历史语言比较法和现代语言学理论及研究成果对中国方音的层次作出的比较研究。问他为什么不出版，他说正准备出版，问能否加入《当代语言学理论丛书》(黄正德、许德宝主编，中国社会科学出版社，1997年第一版，2004年第二版)。我说非常、非常地欢迎。然后报请中国社会科学出版社，一审即定。

建国1982年毕业于南京师范学院中文系，1982年至1985年在南京大学学习汉语语言学，获硕士学位。1988年获富布赖特研究生奖学金去美国俄亥俄州立大学留学，专门学习历史语言学和当代语言学理论，1994年获博士学位。毕业以后曾任教于新加坡国立大学、美国国防语言学院(加州)、香港教育学院，现为澳门大学中文系教授，负责该系的研究生课程。

我与建国有过多次合作。第一次合作是1997年与建国、包智明(1990年麻省理工学院语言学博士、新加坡国立大学英语系教授)合写《生成音系学理论及其应用》以介绍音系学理论。书成之后才与建国见面(遗憾的是我至今还没有见过包智明先生，虽然该书已经出了第二版)。

第二次合作是2001年，正值音系学理论从规则研究向控制研究转变，我编辑《汉语音系学的生成研究》(*Chinese Phonology in Generative Grammar*, Academic Press, New York, 2001)以反映汉语音系学研究上的这种转变。建国的文章在书中代表的是乔姆斯基和哈利的标准理论。

第三次合作是2007年修订《生成音系学理论及其应用》以加入1997年以后发展的音系学理论及研究成果。建国除了修订、增补自己的部分以外，还统一了全书的格式并进行了总校对。

建国勤于耕耘，研究涉及汉语历史语言学、汉语音系学、现代汉语和汉语方言学等各个方面，著述颇丰，除了专门论著以外，还先后在《中国语文》等国内外刊物发表专业论文数十余篇。建国的这本书是他在历史语言学方面十年来研究的成果，也是对汉语历史语言学的一大贡献。

《历史语言学：方音比较与层次》综合了历史比较法和20世纪各种语言学理论的研究成果，对具有代表性的汉语方音历史层次作了全面的分析比较；在深入讨论"文白异读"和"叠置式音变"的基础上，提出了汉语方音的历史演变模式，即汉语的区域划分演变模式。在此基础上，作者论述了如何从汉语方言的各种对应关系来揭示其历史层次，在征引了多种方音材料以后提出方音比较的四种类型：来自邻近方言的整体对应、来自邻近方言的部分对应、来自"雅言"影响的渐次对应、方言演变中的"血缘"对应。后两种类型为作者首创，是继王士元等"词汇扩散论"(Lexical Diffusion)以后又一次以汉语方音材料为语言历史变化提出的新的音变类型。

迄今出版的关于历史比较法和构拟法的中文著作有两大类，一类是译著，另一类是专著。译著有两部。梅耶的《历史语言学中的比较方法》(岑麒祥译，世界图书出版公司2008年)。这是一篇学术演讲稿，观点精辟，但缺乏语言例子的分析，不适合用来学习历史比较法。裴特生的《十九世纪欧洲语言学史》(钱晋华译，科学出版社1958年；鲁国尧、侍建国校订，世界图书出版公司2010年)。该书以19世纪欧洲的几个主要学者的研究作为架构，但对一些有价值的论题，如格里姆定律的例外及其解释，书中未有讨论。此外，该书对于语音材料的分析，初学者不易明白。

最近二十多年讨论和分析历史比较法的中文专著主要有三部：岑麒祥的《语言学史概要》(北京大学出版社1988年，世界图书出版公司2008年)，徐通锵的《历史语言学》(商务印书馆1991年)，江荻的《汉藏语言演化的历史音变模型》(社会科学文献出版社2007年)。岑麒祥的著作可能因为当时国际音标难以印刷，所以举例甚少。如第132页(北大版，世图版第111页)他没有列表说明格里姆定律的例外，只在文中举了几个例子，读者不容易明白。建国的《历史语言学：方音比较与层次》对于同类例子给予充分的说明和深入讨论，举例十分清晰。在语料的选择、材料的编排(相关字母以粗体标示)以及国际音标的精确度和一致性上，都经过精心考虑和核实。对于格里姆定律例外现象所蕴涵的意义的讨论，该书也超越了其他中文著作。此外，在方音历史层次分析的理论框架和深度上，该书的讨论均超越同类著作，是迄今最好的一部历史语言学著作，既是历史语言学——方音比较与层次方面的专著，也可用作历史语言学的教科书。

　　是为序。

许德宝

东亚语言文学系主任、教授

于美国纽约汉弥尔顿学院

2010年10月18日

目　录

第一章 绪 论

第一节 比较法与历史价值判断

    2002年汉语音韵学界发生了一场争论。起因是美籍华人学者梅祖麟于头年12月在香港语言学会学术年会上发表的一个专题报告，《中国语言学报》(*Journal of Chinese Linguistics*，Vol. 30, No. 2, 2002. 6)随即以"有中国特色的汉语历史音韵学"为题将该报告公开发表。文章内容对中国近现代几位著名语言学家的研究进行批判，个别词句极具嘲讽。同年8月，北京大学教授郭锡良在石家庄召开的中国音韵学研究会年会上发表了"历史音韵学研究中的几个问题——驳梅祖麟在香港语言学会年会上的讲话"，后来全文刊登于《音韵丛稿》。此后的争论可参阅《语言研究》2003年第1期的两篇文章：梅祖麟的"比较方法在中国，1926-1998"和台湾师范大学陈新雄的"梅祖麟'有中国特色的汉语历史音韵学'讲辞质疑"。

    这场争论的实质在于如何评价中国音韵学的成就与价值。要评估中国音韵学是否属于历史语言学，就必须考察它的做法与成就，并要了解西方历史语言学的做法、比较中西方的异同之后才能正确地判断这一论题。评价西方历史语言学的做法以及比较中西语言历史研究的异同成为本书的初衷之一。

    西方历史语言学的一个最重要的方法就是比较法 (Comparative Method)。它起源于18世纪后期英国威廉·琼斯爵士 (Sir William Jones) 的一段话，这段话被誉为历史比较语言学的开创之言①。

>   梵语，不管它的古老形式怎样，它具有奇妙的结构。它比希腊语更完善，比拉丁语更完整，比它们二者更精美；它在动词词根和语法形式上，将希腊语和拉丁语更紧密地联系起来。三者之间的关系如此紧密，偶然性绝对解释不了；比较之三者的任何一位语文学家都会相信，它们来自同一源头。当然，这一源头可能已不复存在。以同样的方法，尽管不那么有说服力，可以推测哥特语和凯尔特

---

① 威廉·琼斯当时任英领印度首都加尔戈达的最高长官，他也是皇家亚洲学会的创始人。这段话出自他1786年在学会所做的"印度学三周年纪念演讲"大会发言，译自Hock (1986:556)。

语，尽管二者融合了一种很特别的风格，它们与梵语有共同源头；如果能够讨论与波斯语古老性有关的任何问题，那么古代波斯语也加入这一家庭。

让我们仔细解读以上论述。琼斯爵士首先发现梵语与希腊语和拉丁语在动词词根和语法形式上具有近似性(affinity)，它们无法用偶然性来解释，那么它们就可能具有亲属关系，即出自同一源头(common source)。注意，琼斯的这段论述运用了排除法，即排除二者之间的偶然性，只能用亲属关系或"同一源头"来解释。他再以同样的方法推测哥特语和凯尔特语与梵语有共同源头，最后将古代波斯语也纳入这"同一源头"。细心的读者可以发现，琼斯希望以"讨论与波斯语古老性有关的问题"(discussing any question concerning the antiquities of Persia)来求证古代波斯语也属于这"同一源头"。换言之，在这段经典论述里，比较法只是比较不同语言间的相似性，不是直接证明它的历史价值；而讨论具体语言的古老性问题，才使比较法真正地具有历史价值。

因此，19世纪的比较语言学包含两方面内容：一是比较法，一是判断比较结果的历史价值。将二者结合起来，也就是将比较法和考察语言的古老性相结合，才形成19世纪西方的比较语言学。

中国音韵学传统是否属于历史语言学？能否因中国音韵学传统没有运用比较法而将之归于语文学？在西方语言学里语文学(philology)是研究语言历史的一个传统术语，如18世纪开始的西方比较语文学家(comparative philologist)所做的研究，它也包括对文献的研究(Crystal 2002:346)。琼斯在上面论述里用了"语文学家"(philologer)这个词，因为那时比较法还未出现，他说的"philologer"，按现在的意思应该指历史语言学家。

语文学在汉学研究里有特定的含义，指为了读通经典而对汉字形、音、义的复杂关系进行解释。中国音韵学家虽然没有运用西方历史语言学的比较法研究汉语史，但中国传统音韵学以自己独特的方式对语言古老性进行研究；在考察文献中的汉语古老性方面，其他学派望尘莫及。比如，汉语史研究常用的"释证法"(或者叫文献考证法)①，就是考证汉语古老性的一种有效方法。

---

① 鲁国尧(2003)提出汉语史研究的"二重证据法"，即"历史文献考证法"与"历史比较法"的结合。

第二节　推衍法与释证法

本世纪初发生在汉语音韵学界的那场争论，起因看似偶然[①]，实质上却有某种必然性。

20世纪70年代，"文化大革命"一结束，中国领导人邓小平即指示扩大派遣出国留学人员的规模。80年代初国家又允许中国公民自费出国留学，并且提出自费留学是培养人才的一条渠道。据官方性质的《神州学人》网站2003年的一篇文章统计，中国改革开放以来，有40多万人出国留学[②]。其中有一些学习语言学；在学习语言学理论的留学生中，又以美国留学者居多，他们在美国大学的语言学系和东亚语言文学系攻读博士学位或者短期访学，其中不乏留学前已经是国内重点大学英语专业或汉语专业的年轻骨干。语言学专业的留学生学成后，大概有三种情况：一部分在欧美大学找到教职，一部分在香港地区、新加坡等地的大学任教，一部分回国工作。那些在海外工作的留学生，都愿意将国外所学的知识以及自己的研究心得在国内学术期刊上发表。

改革开放以来出国的留学生所做的引进、结合与创新研究，加上国内学者长期以来孜孜不懈的努力以及老一辈海外华裔学者的先行引介工作，对中国现代语言学的发展起着不可估量的作用。举个语法学的例子。20世纪50年代《中国语文》组织了几次大规模的语法讨论，当时提出的许多问题，五十年来，特别是最近二十年，汉语语法学界几乎对所有这些问题，都有了更为全面的认识(陈平2006:168)。

2010年6月由教育部、社科院、商务印书馆在北京联合主办了以"留

[①] 梅祖麟在那篇"有中国特色的汉语历史音韵学"文章中对清代王念孙《广雅疏证》的"一声之转"进行了批判，但他的某些词句已是明显的嘲讽，如"'一声之转'的同源字研究可以算是有中国特色的，因为(1)只有清儒才会发明这种论证法，外国人可没有这个能耐……"对于梅祖麟"影射讥笑"的做法，本书作者引用梁启超在《清代学术概论》第十三节提出的一条学术规范作为批评："辩诘以本问题为范围，词旨务笃实温厚。虽不肯枉自己意见，同时仍尊重别人意见。有盛气凌轹，或支离牵涉，或影射讥笑者，认为不德"。

[②] "感动中国——纪念邓小平同志关于扩大派遣留学人员重要讲话发表25周年专题报道(一)"，载《神州学人》网站www.chisa.edu.cn，浏览日期：2003-6-20。

学潮与中国语言学"为主题的首届海内外中国语言学者联谊会,会上充分肯定了海外留学对中国当代语言学的贡献,提出要继续将汉语放在世界语言变异的范围内进行考察。

在语言学研究方法上,中西方语言学有很大的不同。我们经常看到这样一个现象:在海外语言学研讨会上,当某西方学者提出一个新观点,必然引用一些例句来证明自己的观点。与会的中国学者常常为这些例句争得面红耳赤,有的说行,有的说不行;还有的另外再举一些例子,结果又为这些例子而争论不休。西方学者最终得到一条经验,在会上不能让中国同行们辨别例句的正误,那等于褫夺自己有限的报告时间。

以上虽是一个近似笑话的场面,但在国外语言学会议上却屡试不爽。它显露了中、西方语言学研究的一个不同方面:西方学者重在理论推衍,中国学者重在材料真实;前者可称"推衍法",后者可称"释证法"。

"推衍法"的长处是推陈出新,促进理论不断更新,使结论逐渐具有普世性,向真理靠近;提倡"推衍法",也能鼓励学术研究的"百花齐放,百家争鸣",在语言理论上形成一个不断创新的局面①。由个人的研究到一种学派的形成和发展,这无形中形成了西方语言学的研究群体。"推衍法"实际上倡导、培育了一种能够持续、健康发展的研究氛围。这样的局面是现代西方人文科学所倡导的自由、民主的必然结果,这种推动学术自由发展的价值已经远远超出了"推衍法"自身的价值。

但是,"推衍法"似乎并非尽善尽美。中国杰出的语言学家朱德熙先生1991年3月16日在美国加州与鲁国尧教授的一次通信中曾说,"研究语音史,自然需要有一定的理论基础和方法。但历史语言学的根本道理还是那些,近年来虽不乏新著,但都不易读,而且其中如有新理论,亦未经时间和事实的考验,最后能不能成立还很难说……我看主要精力和时间仍应放在语言事实的搜集和分析上。近年来,美国语言学有

---

① "推衍法"还有一个好处,在欧美大学"publish or perish"的政策下,它可以促使教师不断思考和写文章,包括修正自己从前的观点,这样就避免了没有论著发表而被解聘的严重后果。

重理论轻事实的弊病。"他的最后一句话，被称作"朱子晚年定论"(鲁国尧2002)。我们从"推衍法"以及欧美大学普遍采取"publish or perish"的政策看到，它们确实容易造成"重理论轻事实的弊病"。

然而，"重理论轻事实"并非"推衍法"本身的错误。任何方法的片面运用，都会导致偏差。我们需要区分方法本身和如何运用方法，不能将二者混为一谈。前几年，汉语语言学界在探讨"引进和创新"的问题时，有批评"只引进不创新"的论述，说得非常尖锐。现将它摘录如下(节于今2006:3)：

> 创新有原始的创新，集成的创新，还有吸收消化而后的创新。这后一种创新与前两种创新同样重要，把国外的东西拿过来，汲取其有价值的东西，创起新来，可能会效率更高。但如果不能消化，只是以国外学说为教科书，用中国的语言材料做一个"家庭作业"，那也达不到创新的目的。

创新需要环境，需要条件。"推衍法"其实是促进创新、不断创新的方法之一。本书作者认为，用自己的母语材料做"家庭作业"式的引进，应该是"吸收消化而后的创新"的一个必要步骤。西方各种语言理论的形成，并非身居要津或德高望重的学者们的刻意倡导；语言学的一种新理论，它或者是对以往理论的修正，或者是对不同语言材料的重新分析之后提出来的。"建设创新型语言学"的提法固然很好，但提口号是一码事，如何实践完全是另一码事。需要更多地考虑如何在研究方法上和学术氛围上"建设"和培育一种批评和争鸣的学术风尚；有了这样的学术环境，自主创新的中国语言学还会遥远吗？

再来看"释证法"，这种方法的特点是强调材料的真实可靠。材料的真实可靠有两层意思：一个材料的真实性，不以假乱真；二是材料的全面性，不以偏赅全。前者较易，后者较难。然而，材料的搜集和分析，毕竟比不上新观点、新理论那么能产和生动，所以仅靠"释证法"，难以促进不同观点、不同学说的形成。这是"释证法"和"推衍法"在理论创新上的本质不同。

此二者如能取长补短，最好不过；即使不能，按理说也不互相排斥。然而，随着西方语言学引进、结合的逐步深入，特别是运用历史比较法来研究汉语史，前期所掩盖的中西方不同方法的矛盾逐渐显现出来,本世纪初汉语音韵学界的争论也体现了两种方法论的冲突。争论的实质是如何看待中国音韵学对历史语言学的贡献,具体地说,就汉语史研究而言,历史语言学是否要将传统的"释证法"排斥在外?

下面举个文献考证法的例子。为了追求材料的全面性,穷尽法是个好方法。清代学者陈澧(1810-1882)的《切韵考》首创反切系联法,利用《广韵》的所有反切字,归纳出《切韵》有40个声类、311个韵类。陈澧利用逻辑的基本原则——同一性,以反切系联法辨别材料的同一性。反切系联法可以归为一条总则:凡反切字同用、互用、递用的,必属同类。由此再推衍一条变则:凡实际同类而不系联者,由别字推求同类。在以《广韵》为材料的《切韵》音类归纳法上,至今无出其右者。

陈澧的《切韵考》是"释证法"的一个完美例子,他根据材料的相互关系,逻辑地推导出整部文献所反映的系统。以声母为例,他归纳出的40个声类,是基于前人的36个声类,把正齿音的二等类再分出后人公认的"庄初崇生"四个声类(与传统的三十六字母比较,陈澧的归纳还有几处细小的分合)(方孝岳、罗伟豪1988:137)。这是传统的汉语音韵学者运用严密的推导方法,根据音节的辨义原则,对《广韵》这部汉语语音史上最重要的文献进行的首次科学的分析,它奠定了"释证法"作为一种研究方法的科学基础。

有些汉学者并不看重陈澧这种做法的意义,说它"充其量只告诉了我们多少声类和韵类以及所代表的是哪些反切字"(Norman 1988:28),言下之意,这样的分析,只有语音的类,没有语音实质(substance)。在"推衍法"看来,它并未提供一个清晰的语音系统;即使是声母系统,也没有标出它们的音值,所以算不上语言学意义上的语音分析。

且不论什么样的研究是语言学的,什么样的不是,先看传统音韵学所用的术语,其表示的概念是否清晰,是否具有语音实质。比如声母的"重唇/轻唇"、"全清/次清"、"舌头/舌上",它们与现代语音学术语所表示的概念"双唇/唇齿"、"清不送气/清送气"、"舌尖前/舌面前",没有实质的不同,只是术语的不同。现代语音学用特定符号(国际音标)表示音素,传统音韵学则用特定汉字代表特定音素;相比较而言,后者的普世性不及前者,但后者并非只有语音的类别、没有语音实质的东西。

　　在汉语音韵学传统里，以特定汉字表示某个音类，其所指基本上有较明确的范围。比如，舌头音"端透定泥"是一组音，舌上音"知彻澄娘"是另一组音，它们各自的语音实质，可以根据"全清/次清、全浊/次浊、唇/牙/喉/舌/齿"等概念得到确认，因此这些传统名称一般具有确定的内涵。比如"重唇/轻唇"并非指发音时的重或轻，这里的"重/轻"有特定含义。因为音韵学文献并非空中楼阁，它们都有所传承。虽然我们无法知道古人如何发唇音，但古代汉语与现代方音有密切联系，在发音部位上，古今的唇音声母都是"双唇/唇齿"对立，没有其他对立。即使不用现代语音学术语表示这一对立，而以A、B代表，也能知道古代的"重唇/轻唇"只有两种可能，不存在第三种可能。所以，用国际音标的特定符号表示音值固然清晰、明确；用其他方法表示音值，也不是没有可能，只是中国音韵学家不愿离开传统而另辟蹊径。以现代语音学的"双唇/唇齿"解释"重唇/轻唇"的概念，只是前者为今日用语，后者为古代用语；前者更为精确及有其他配套手段(如送气不送气)，后者以特定的(或具体的)音系来确定音位的音值，也是有价值的。比如汉语的声调表示法——发圈法，这种"调类符号虽有一定的抽象性，但只要将其用在一个特定的方言里，就可以读出具体的声调来……这种经过实际方言赋值后的调类号显然是有实际调值的"(李蓝 2006:200)。

　　此前说过，方法上的保守会影响理论上的创新。传统音韵学很早就有音位的观念，它对汉语声母的研究达到了一定的高度，因为中古以后汉语音节的声母是单音素性质的。但传统音韵学没有发展出一套像现代西方那样的音位与音位变体理论，它也不可能将汉语的声调作为一个独立的研究对象从音节里抽取出来，像现代学者对于汉语变调规律的研究。此外，它对汉语韵母的分析比不上对声母的分析，因为它对韵母的划分未能明确地分割到音节的最小单位——音素。传统音韵学不重视实际的口语语音，更是妨碍了它发展成为现代语言学意义上的音系学。

　　然而，如果缺少了传统音韵学对汉语文献的研究，中国的历史语言学不会有今天这般成果。传统音韵学分析文献资料的成功例子，是其他方法难以做到的；不能因为传统音韵学未能完全运用音素的概念而否定它的价值。汉语有丰富的历史文献材料，由于汉字的不表音性，汉字文献只能通过"释证法"的互证、旁证手段考察它们古代的语音系统，这是证明语言"古老性"的一个重要资源。本书作者相信，随着汉语史料的新发现以及对新史料的正确诠释，它必将为重建汉语古代音系提供可靠和直接的佐证。

第三节　比较法与汉语方音

　　比较法是西方历史语言学最主要的方法。正如此前威廉·琼斯所说的，对于梵语与希腊语、拉丁语在动词词根和语法形式上的近似性，如果无法用偶然性来解释，它们就可能具有亲属关系。用这种比较法认定亲属关系，只是一种论证手段，不是直接证据，因为比较法本质上是比较不同语言或方言间的特点，有学者说"比较语言学碰巧成为历史的科学，它不总是能为历史上的一切变化找到解释"(Beekes 1995:55)[①]。研究具体语言的"古老性"材料，同样是认定亲属关系的证据；当比较法结合了语言"古老性"的讨论，才称得上是对语言历史的科学研究的方法。

　　西方的历史比较法滥觞于18世纪，盛行于19世纪，式微于20世纪。它虽是一种古老方法，但目前依然是历史语言学最主要的方法之一。20世纪各种语言理论的出现，为历史语言学带来新曙光；语言普遍性、类型学、社会语言学等方面的杰出研究，开创了历史语言学发展的新阶段。它标志着18、19世纪历史语言学的单一方法(即比较法)的状况变成了现在运用多种理论与方法的局面，这为全面考察语言演变提供了更科学、更可靠的研究途径。

　　随着西方历史语言学的比较法引进中国，它为汉语语音史研究带来了新气象；加上此后出现的各种语言理论，中国学者开始对汉语方音史表现出极大的兴趣，研究方法也渐趋完善，出现了前所未有的局面。

[①] 原文为"Comparative linguistics happens to be an [a] historical science, and it is not always possible to discover explanations for everything that has happened in history"。

以古老的比较法加上语言普遍性、类型学、社会语言学等方法来分析、比较汉语方音材料，离析现代音系里的不同历史层次，这可成为汉语史研究的新课题。如果将这种研究看作一种新发展，那么历史语言学就不可能局限于比较法。在当代语言学里，历史语言学除了运用比较法之外，还融合了多种理论和方法。历史语言学已经从19世纪独尊比较法发展到今日运用多种理论和多种方法解释语言变化的一门综合学科。

实际上，以比较法为单一方法的"比较语言学"已经成了旧理论。下面引述 David Crystal的《语言学和语音学辞典》(第五版)对"历史语言学"的解释(2002:219)。

> 历史语言学：一个研究语言演变和以往语言的语言学分支，也叫历时语言学。虽然它所研究的材料与比较语文学相同，即现存的语言古老形式的记载，但二者的方法和目标不同。历史语言学运用共时语言学各种学派的方法(包括社会语言学和心理语言学，特别是它们对于语言变化原因的观点)。它的分支为历史音系学、历史形态学、历史句法学，等等。历史语言学将其研究发现与普遍语言理论[general linguistic theory]相联系。

该辞典不存在"历史比较语言学"条目，所以也没有"历史比较法"的称法。该辞典对"比较法"的解释是"比较不同语言或方言间的特点，或者比较同一语言的不同历史状态"，这也是传统的"历史的比较语言学"的概念。表达这一概念的汉语名称，"历史"和"比较"二者词义上相互补足，"比较"代表研究语言历史的方法，它也对应语言的"历史"研究。

当代历史语言学，除了追溯语言历史，还要解释语言为什么变化以及怎样变化，因为当代历史语言学的本质并非完全是比较性质的(Beekes 1995:3)。在 Campbell & Mixco (2007)编的《历史语言学词汇表》里，历史语言学有时也叫"历史的比较语言学"(historical and comparative linguistics)，它是研究语言变化以及语言怎样变化和为什么变化的科学。在这一定义里，"历史的"和"比较的"是两个不同概念，比较只是手段之一，目的是追溯语言演变历史以及解释演变原因。在《历史语言学词汇表》里，有"比较法"条目，也有"比较语言学"条目，后者定义里的最后一句话是"比较语言学这个术语有时用作历史语言学的同义词或近义词"(Campbell & Mixco 2007:34)。由此可见"历史比较法"和"历史比较语言学"这两个称法意思相同①。现将几个相关术语的中、英文名称排列如下：

比较法   comparative method
历史比较法   historical-comparative method
历史比较语言学   historical-comparative linguistics
历史的比较语言学   historical and comparative linguistics
历史语言学   historical linguistics

容易引起混淆的是"历史比较语言学"和"历史的比较语言学"。按照以上两本辞典的解释，如果将"历史比较语言学"当作"历史比较法"，将"历史的比较语言学"看作"历史语言学"的一个重要内容，那么，"历史比较语言学"和"历史的比较语言学"这两个称法所代表的不同概念还是能够分辨的。

以上介绍了"历史比较法"与历史语言学的关系。自从20世纪社会语言学问世以后，对历史语言学又有了新的诠释。美国社会语言学家威廉·拉波夫认为(Labov 1994:20-1)：

> ……语言的历史记载是不完整的而且是有缺陷的，历史语言学的任务就是通过推断遗失的形式来完成这个记载，它包括：重建不可证实的阶段，以外推法[extrapolating]为可证实的阶段补全遗失的形式，再重建二者的中间状态。

对于"不可证实阶段"和"可证实阶段"，他提出了历史语言学的"悖论"，即"历史语言学的任务是解释语言的过去与现在的差异，而不是二者的差异程度，因为我们无法知道它们如何不同"(Labov 1994:21)。从中看出，社会语言学的研究赋予了解释语言演变的新视角，但社会语言学还不能取代对于语言过去的研究，因为我们无法知晓过去跟现在如何不同。

汉语语音演变的研究近二十年来集中在汉语方音的历史层次方面，这反映了在社会语言学关于语言演变的新视角下汉语史学者对方音史

---

① "历史比较法"英文为historical-comparative method，因为当时比较法等同语言学，所以"历史比较语言学"英文可为historical-comparative linguistics。

的重新考虑。虽然目前对汉语方音的历史层次看法不完全一致，这正反映出研究者对问题的深入思考。主要存在两种不同观点：一种根据方音的文白异读分出不同的历史层次(何大安2000，丁邦新2007)；另一种根据方音与中古音的联系分出先后层次，再从方言接触上区分同源层次和异源层次(王福堂2003)。前者从文白异读入手，把它们看作不同方言接触和融合的结果，把同一音类的异读看成该方言的不同的历史层次。后者看重汉语方音与中古音的联系，把同一音类的不同读音看成演变的结果，叫作先后层次；把来自异方言或本方言底层的读音看作异源层次。

以上对于汉语方音历史层次的不同观点，主要差别集中在如何对待方言的文白异读现象。前一种观点可称"文白异读同源论"，后一种观点可称"文白异读异源论"。文白异读本身非常复杂，难以下个简单的定义，它们却是方音史研究最丰富、也是最有价值的材料。笔者赞同李荣(1982)的观点，将文、白当作两个沿用的名目。如果一定要对文、白的本质有个说法，笔者认为汉语的文白异读本质上反映了社会结构的语音特征。对于历史层次与文、白的关系，笔者认为不能将所有的层次都贴上非"文"即"白"的标签。鉴于学者们对北京话的文、白有不同看法，如果研究汉语方言音系的古今演变，文、白这两个术语所带来的麻烦是显而易见的，而它们的好处却有限。所以笔者主张通过区域方音比较的方法建立音类的对应关系，分辨较早的音变和较晚的音变，建立特定方言历时音变的先后顺序，以此追溯汉语方言史的演变过程。

第四节　各章简介

本书共分八章。第一章"绪论"讨论历史比较法的名称以及概括国内学者对历史语言学的认识。第二章分析音系的三个性质，区分历时音变与共时变异，区别音系学和历史语言学。本章还以粤语声母为例，详细讨论有关语音现象所蕴涵的历史价值，为以下各章的分析和讨论做个铺垫。

第三章以印欧语的具体例子介绍和讨论历史比较法的基本步骤和原理，内容包括同源词比较，区分类比和拉平，格里姆定律和维尔纳定律，"语音规律无例外"的理论基础，以及印欧语的常见音变形式等。

第四章讨论格里姆定律三组例外的解释对于历史语言学的重大影响，然后评述与比较法紧密相关的内部构拟法。先介绍日耳曼语常见的"元音变等"，在此基础上评述内部构拟法最成功的例子——索绪尔的"喉音理论"。然后讨论福克斯(Fox 1995)关于历史重建的三个基本步骤，还讨论假设在重建中的运用，即"奥坎剃刀"原则。笔者以汉语合肥话[i]>[ɿ]音变为例，运用"奥坎剃刀"原则，提出和论证汉语方音比较的三条原则。

第五章讨论汉语上古音的构拟原则，评述高本汉、王力、李方桂三位学者构拟汉语上古音的做法。笔者认为高本汉采用的是早期历史比较法所遵循的以字母反映对立关系的方法；王力的做法是严格界定传统音韵学术语的内涵，集清代和近现代学者研究之大成；李方桂在前人基础上增加卷舌介音*-r-的做法则充分体现了内部构拟法的精髓。

第六章评述历史音变的类型，讨论三种与语言演变有关的"模式"：树型/波浪型、词汇扩散型、区域分化型。笔者赞同拉波夫的观点，认为词汇扩散理论不能作为一个新的语言演变理论。笔者以中原官话入声韵尾的分布为例，提出中原官话的区域分化型的演变模式，它可能是汉语方言最常见的历史演变模式。本章还以西方常见的音位分合模式探论中古知组的分合，辅以现代官话方言声母的分类，对中古知组的分合提出自己的看法。

第七章在以上全面介绍和讨论比较法和构拟法的基础上，深入分析汉语方音的历史层次。作者首先介绍西方历史语言学关于历史层次的观点，认为西方学者对于"层次"说的批评不能用于汉语方音史的研究，因为西方"层次"说通常以民族征服与语言入侵的历史来考察语言演变中是否保存了外来特征，而汉语方言演变过程中的层次来源与西方语言的层次来源有很大的不同，前者或者是早期形式的保留，或者是他方言成分在本方言演变中的一种主动融合。

作者其次比较目前汉语方音史界有关层次的不同观点，论述不能将层次与"文白"一一对应。本章还论证历时先后的不同状态只能证明语音变化的结果，不能证明语音变化的方式。汉语方言的所谓文、白"竞争"，其实是新、旧字音的类比而发生的变化。本章深入探讨如何从各种对应关系中发现历史层次，作者在征引多种方音材料的基础上，提出汉语方音层次对应的四种类型：来自邻近方言的整体对应，来自邻近方言的部分对应，来自"雅言"影响的渐次对应，以及方言演变中的"血缘"对应。后一种类型此前未有述及，它指汉语方言间由接触所形成的音类对应。比如，通泰方言与客赣方言的关系常常被看作"同源"关系，作者根据历史语言学的方音比较原则，对"同源论"的语音论据进行重新诠释，提出二者的"接触论"。

本章还对粤语[j]音的来源及其历史演变进行了全面考察。通过比较中古牙喉音声母以及日母在现代粤语各方言片读[j]音的分布和交替情况，采用同一性原则和普遍性原则，追溯粤语牙喉音今读[j]音的历时演变过程。

第八章提出作者对于汉语方音比较的"困惑与展望"，主要是如何把握方音比较中的同一性原则与互补分布原则之间的关系，以及互补分布是否可以用在汉语方音历史层次的研究中。作者以不同学者对待互补分布的不同做法为例，说明如何运用互补分布对于汉语方音的历史比较至关重要，它牵涉到能否在世界语言变异的范围内考察汉语方言的历史演变。随着学者们越来越关注汉语方音的历史演变，不断探索有效的研究方法，汉语语音演变的真相一定能够显现出来。

第二章　音系的三个性质

第一节　音系反映

任何一种语言(或方言)的语音，都综合了音系三方面的性质：一、它是该语言音系的直接反映；二、它也是该语言历史演变的现今面貌；三、它还是该语言处于自身变异的一种现时状态。音系反映、历时音变、共时变异这三个性质虽然在某些方面相互关联，但它们分别属于语言学的三个不同的范畴：音系反映属于音系学，历时音变属于历史语言学，共时变异跨越社会语言学、音系学、历史语言学，主要归属社会语言学。本书把历时的语音变化称为音变(sound change)，把共时的语音变异称为变异(variation)。

这三个性质所表现的语音现象，有些可以直接观察到，如通过分析哪些音素在什么情况下出现，哪些音素在什么情况下不出现，这是音系反映。有些现象必须通过历史的比较分析才能发现，如通过考察历史文献，发现某些音素在历史上某阶段出现的语音环境与现在的环境有所不同，某些音素的消长，某个词的发音不同，这些都属于语音的历时音变。历时音变还包括语音的历史层次，如哪些音属于历史上的早期形式，哪些音属于晚期形式，哪些音来自方言接触。有些现象则必须通过比较同一地区不同人群的口音(发音)才能看到，如对于某些词，城东人与城西人的不同口音，本地人与外来户的不同口音，这些属于语音的共时变异。下面具体解释这三种语音现象以及它们之间的关系。

1.1　音系的定义

音系反映是音系学的研究对象。音系学研究一种语言(或方言)的语音系统，有多少个音位，有什么样的语音规则。语音规则说明某个音位在特定的语音条件下生成一个特定的音素，这样的语音规则又叫音系规则。语音规则的性质是这样的(包智明等 2007:50)：

在描写音系现象时，生成音系学必须使用一些符号。符号能帮助研究者精确无误地写出音韵运算式(包括音系运算式和语音运算式)和音系规则，如使用得当，能把音系现象显示得清晰明了……音系规则的基本形式是：A→B / C＿D。

对于一种语言(方言)的音位归纳，不同学者根据不同的理念，常常会得到不同的结果。赵元任(1934)根据北京人的语感，把北京话的舌面音 [tɕ, tɕ', ɕ] 与舌根音 [k, k', x] 归为同一组音位 /k, k', x/；这组音位再通过一定的语音规则，生成北京话的音素 [tɕ, tɕ', ɕ] 或 [k, k', x]。下面以(1)说明音素 [tɕ] 的生成条件①。

(1) k → tɕ / ＿ [+前高元音]

该规则表示，音位 /k/ 在前高元音前面生成了音素 [tɕ]。有了这样的音系规则，就不必把北京话的每一个辅音音素都规定为音位，将一些可预测的语音现象通过规则来表示，同时也确定北京话音系与实际语音之间的内在联系。

归纳一种语言或方言的音位，音系学家普遍采用三个原则：对立、互补、语音相似。在具体运用这三个原则时有不同的手段。赵元任把北京话的 j, q, x 归于 /k, k', x/，在语音相似性上用了两方面的证据：一是北京人对于语言里双声联绵的感觉，认为 j, q, x 听起来接近 g, k, h；二是上个世纪初北京人的一种语言游戏(一种秘密语，见赵元任 2002[1931]:372-3)，该游戏规则说明了 j, q, x 与 g, k, h 靠近。这两个方面都说明了北京人的语言能力，这种能力跟说话人的历史知识或语言知识无关，它体现了说话者对于语音"同一性"的判断能力。

赵元任把说话人的语感看作归纳音位的依据。生成音系学在分析语言使用者的语言/心理机制时遵循一条基本原则，即一般的语言使用者既不具备历史语言学知识，也没有语音学方面的训练。生成音系学家认为，"对于某语言的音系解说，应该是对它的语音结构的解说，同时也是解释说话人用于句子发音的语言能力"(Kenstowicz & Kisseberth 1979:174)。音系学家的任务是从理论上解释说话人的语言能力，这种

---

① 语音规则应该用区别性特征表示。此处的规则糅合了音位、音素(如 /k/、[tɕ])和区别性特征(如 [+前高元音])是为了说明上的便利。

能力不包括他们的知识结构或者其他能力的训练。在分析北京话音系时，虽然声母[tɕ, tɕʻ, ɕ]的字从历史来源上有一部分确实由古代的[k, kʻ, x]演变而来，但一般北京人不具备这方面的历史知识或语言学知识，他们的语言/心理机制中缺少这方面内容，因此，说话人的语感不包括语音的历史来源，音系规则与历史音变没有直接的关系。

1.2　经典生成理论的底层形式

以Chomsky & Halle (1968)的《英语音系》为代表的经典生成音系学在说明音位如何转换成语音形式时，将那些本族人能够预测的信息以语音规则来体现，而将音位的特征(即不能预测的信息)放在音系的深层表达式(Underlying Representation)，也叫底层形式；再将深层表达式所对应的形式叫作语音表达式(Phonetic Representation)，它包括音位的特征以及实际发音上的可预测信息；然后运用音系规则显示从深层表达式到语音表达式的生成过程。由此看出，不论是深层表达式还是语音表达式，它们都与该语音的历史演变没有关系。

经典生成音系理论依据实际语音形式分析它的底层形式时，它的一些演示步骤与历史比较法的演示步骤有些相像。为了避免混淆，这里先简单介绍一下经典生成音系理论对底层结构的分析。

如果将不同的语音表达(如x, y)分析为同一底层形式，经典生成音系学者常用以下四种做法(Kenstowicz & Kisseberth 1979:60-1)：

一、将x看作底层形式，通过规则(即在某种环境下)将x转换为y；

二、将y看作底层形式，通过规则(即在另种环境下)将y转换为x；

三、建立一个新的底层形式z，通过规则将z转换为x，再通过另一规则将z转换为y；

四、将x和y都看作底层形式，通过规则将其中一个删除。

在决定采用哪种做法之前，有两个重要因素必须考虑：一是音系上的可预测性，二是语音的自然性。音系上的可预测性以(2)说明。其中a, b代表音系环境，x, y代表语音形式，符号@代表底层形式。底层形式在a环境下实现为x，在b环境下实现为y，还有一些@在b环境下依然为 x (即在 a, b 环境下都是 x)。

(2) 音系的可预测性

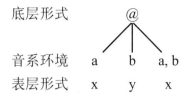

音系环境　　a　　b　　a, b
表层形式　　x　　y　　x

　　如何确定底层形式@的性质？根据可预测性，不能将 x 和 y 的底层形式分析为 /x/，因为它无法解释为什么在 b 环境下有时实现为 x，有时实现为 y。只能尝试以 y 作为底层形式，看能否找到一条规则将 a 环境下的底层 /y/ 转换为 x (它包括 a、b 环境下均实现为 x 的情况)。下面的俄语名词词尾辅音(以粗体字母表示)的清化可能属于这类情况，见(3)(材料来自 Kenstowicz & Kisseberth 1979:46)。

(3) 俄语名词词尾辅音清化

主格单数	与格单数	主格复数	词义
sat	sad-u	sad-y	花园
zakat	zakat-u	zakat-y	日落

　　俄语名词格词尾有清浊交替现象，如"花园"词根的词尾辅音有 t~d 交替；另一部分则不存在清浊交替，如"日落"的词根词尾辅音都是 t。为了体现可预测性，只能将浊辅音作为名词词根尾音的底层形式，然后预测浊辅音在词尾位置上一律清化。对于某些词(如"花园")的词根尾音在格后缀(-u, -y)之前不发生清化，可看作由特定语素决定了格的变形，与音系规则无关。

　　再来看(2)。Kenstowicz & Kisseberth 认为虽然表层形式存在 x~y 交替，但既没有 a, b 环境下恒定的 x，也没有恒定的 y，这里不存在可预测性。这时选择 x 还是 y 作为底层形式，就要考虑另一个因素——语音的自然性。语音自然性指发音部位或者发音方法的协同性，如(2)的音系环境 a 和 b，可理解为前后音素的发音部位或者发音方法。比如，b 环境下 x→y 的变化比 a 环境下 y→x 的变化在语音上更自然，那么前者就更可取。

在大多数情况下，音系的可预测性与语音的自然性是一致的；也有不一致的，遇到不一致的情况，必须权衡这两条标准哪个放在优先地位，或者要考虑其他的因素。

1.3　生成规则的先后次序

音系学家出于不同理念，有时对同一个语言的音系会有不同的归纳，语音规则会随之不同，规则的次序也不同。但根据本章1.1节音系的定义，历史音变不能作为论证现代音系生成规则先后次序的直接证据。

音系规则的次序指一组相关的语音规则哪个先运用，哪个后运用。不同的规则次序可能对生成的结果产生极大的影响。由于不同规则的运用次序不同，规则之间因而形成两种关系：一种是前者创造了后者的使用条件，称为成全(feed)关系；另一种是前者破坏了后者的使用条件，称为拆除(bleed)关系。

比如，英语动词的过去时态用后缀 -ed 表示，这个后缀有三种实际的读音：[əd]、[t]、[d]，如(4)所示(包智明等 2007:54-7)。

(4) 英语后缀 -ed 的三种读法

　　a. 在 t, d后面读 [əd]

　　　　looted "抢劫"

　　　　landed "着陆"

　　b. 在其他清辅音后面读 [t]

　　　　kicked "踢"

　　　　slapped "打耳光"

　　c. 在其他浊音后面读 [d]

　　　　bagged "装袋"

　　　　banned "禁止"

　　　　stayed "住"

英语动词过去时态后缀的音系表达应是 /d/，通过(5)的两条规则分别生成三种语音形式，即以(5a)(Ø代表零)推导出(4a)，以(5b)推导出(4b)和(4c)。

(5)a. Ø → [ə] / t, d __ d

b. [+辅音] → [-浊] / $\begin{bmatrix} +辅音 \\ -浊 \end{bmatrix}$ __

为了简便，下面不用区别性特征，直接采用国际音标表示自然音集 t, d。(6)以'landed'、'kicked'、'bagged'为例显示从音系表达到语音表达(由上至下)的推导过程。

(6)　音系表达　　/lænd + d/　　/kɪk + d/　　/bæg + d/

　　规则(5a)　　　ə　　　　　-　　　　　-

　　规则(5b)　　　-　　　　　t　　　　　-

　　语音表达　　[lændəd]　　[kɪkt]　　[bægd]

如果词根以 t 收尾，(5a)和(5b)虽然都可使用，但规则的次序不同，推导的结果也不同，如(7)的'looted'。

(7)a. 音系表达　/lut + d/　　b. 音系表达　　/lut + d/

　　规则(5a)　　ə　　　　　　规则(5b)　　　t

　　规则(5b)　　-　　　　　　规则(5a)　　　-

　　语音表达　[lutəd]　　　　语音表达　　*[lutt]

(5a)必须在(5b)之前才会有正确的结果'looted' [lutəd]，如(7a)；否则推导出错误的结果 *[lutt]，如(7b)。以(5)的内容看，凡(5a)能用上的(5b)也能用上；但(5b)能用上的(5a)不一定用得上。也就是说(5a)的运用比较特别，是一条特殊规则；而(5b)是一条普遍规则，即(5b)在运用上没有特别的限制(如次序的先后等)，运用条件相对宽松。根据优先条件的规定[①]，(5a)在次序上必须先于(5b)。

[①] 上面说的规则顺序是线性排列，即后面规则紧挨着前面规则。规则顺序和规则形式一般没有直接关系。有些规则却不同，规则甲先于规则乙，一旦规则甲(转下页脚注)

以上是经典生成音系理论关于音系规则的先后次序，它与音变相
对年代(relative chronology)以及历史发生的先后(也称绝对年代)不是同
一概念。如果有历史材料证明音系规则的先后与音变相对年代的次序
一致，当然很好；如果没有史料证明，并不妨碍音系规则次序的建立，
因为生成规则的先后是生成音系理论关于语音规则运用次序的概念。
生成规则虽然可在某些方面(如构词音变上)反映历时演变，但生成音
系学的本意并不在此。基帕斯基说，"在生成音系理论框架内研究历史音
变，目的是从现今共时理论出发，发展一种能概括语音演变的形式与
制约"(Kiparsky 1982 [1971]:57)。

1.4. 优选论的输入与输出

规则和制约是生成音系理论最基本的概念。经典生成理论没有赋予
制约任何地位，所有音系现象都由音系规则来描写；生成音系理论发
展到优选论(Optimality Theory)，规则和制约理论有了极大改变，它们
对人们语言知识的共时描写已经彻底抛开语言的历时描写。

下面还是以英语动词过去时态后缀 -ed 的两条规则为例，说明优选
论是如何处理规则的。(8)是根据(5)转写而来。

(8)a. Ø → [ə] / t, d __ d

　　b. /d/ → [t] / [-浊音] __

对于以上两条规则，即 t 或 d 之后插入 [ə]，/d/ 在清音后变 [t]，它们
的"动机"是什么？即为什么要这么规定？经典生成音系理论没有解释

运用了，规则乙就不能用，反之亦然。这种排列称为互斥次序(disjunctive order)。互斥
次序与规则的形式特性有关，这一点与线性排列不同。基帕斯基(Kiparsky 1973)把这
种关系概括为优先条件(Elsewhere Condition)，即设定甲、乙两个规则，如果甲的条件
是乙的条件的一部分，那么在使用顺序上，甲先于乙。习惯上，规则甲称为特殊规则，
规则乙称为普遍规则。优先条件的内涵是普遍规则在特殊规则之后运用；倘若特殊规
则产生效果，那么普遍规则便不能运用。

这样的问题，也无法回答。其实，从英语的音位组合上看，这两条规则的动机并不难解释。英语塞音和擦音的组合必须同为清音或同为浊音，比如英语有 sp-、st-、sk- 的组合，但不存在 sb-、sd-、sg- 的组合。这一音位组合的制约可写成 (9)(包智明等 2007:330)[①]，即不存在这类组合。

(9) $*\begin{bmatrix} +辅音 \\ -浊 \end{bmatrix}\begin{bmatrix} +辅音 \\ +浊 \end{bmatrix}$ 或者 $*\begin{bmatrix} +辅音 \\ +浊 \end{bmatrix}\begin{bmatrix} +辅音 \\ -浊 \end{bmatrix}$

将后缀 -ed 加在清辅音词尾后产生 [-浊][+浊] 的组合，而 (8b) 将这一组合变成 [-浊][-浊]，这合乎制约 (9) 的规定：不允许两个清浊不同的辅音组合。(9) 便成为规则 (8b) 的动机。(8a) 的动机则是强制性曲线原则 (Obligatory Contour Principle, 简称 OCP)，*td 或 *dd 组合违反 OCP；插入元音 [ə] 使它们变成 [təd] 或者 [dəd]，便无碍于 OCP。这种分析确定了制约的重要地位，规则和制约成为非线性生成音系学的重要工具。

如果进一步把规则压缩到忽略不计的地步，制约系统就成了语法的中心成分——这就是优选论的基本思想。在这个理论里，一个输入可以有任意多的输出，而人们的语言知识可从众多的输出形式选出一个"最佳"输出形式。优选论认为，制约条件是普遍性的，而排列制约条件的等级则因具体语言而异。于是语言的特殊性和普遍性在优选论中都得到了体现，这是优选论的优势所在 (马秋武、王嘉龄 2001)。

显然，优选论对于输入与输出概念以及具体语言评估体系的操作，跟经典生成音系理论的底层形式和表层形式完全不同，它们与传统的历史语言学也相距甚远。如果用优选论诠释汉语方言历史音变的起因，比如，音变受到什么因素的制约，特定的汉语方言如何在各种因素的互动和冲突中演变，优选论的同一组制约条件的不同排序是否能为表达汉语历史音变的共性和个性关系提供一个理论框架 (蒋平 2005)，这些都有待于音系学家的研究发现。

[①] 星号 * 在音系表达里表示"不允许"。

第二节　历时音变

2.1　音变的相对年代举例

　　音变的相对年代(relative chronology)指音变在时间顺序上的先后，即一音变发生在另一音变之前还是之后；这一概念所对应的是音变的绝对年代(absolute chronology)，即某音变发生的确切的年代。这两个概念都运用于历史语言学，音变的相对年代是从音理上判断音变的历时先后，它包括音变的成全关系和拆除关系，也包括音变规律所能推测的，例如，布龙菲尔德(1980)把荷兰语的v-看作古日耳曼语f-的较晚形式(参见本书第三章2.1节(2)的解说)；而音变的绝对年代则需要历史文献的证据。

　　希腊语在历史演变中有这么一条音变规则：有的s在元音之间脱落，有的s没有脱落。例如，méneos"出于意愿"，它来自原始印欧语(简称PIE)的*ménesos[1]，现代希腊语的第一个s在两个元音(e, o)之间脱落了，这条音变叫"s脱落"。此外，现代希腊语也有tísis"报仇"这样的词，其中第一个s存在于两个元音之间。

　　根据历史语言学家的分析，tísis"报仇"中间的s另有来源。tísis源自PIE的*k^witis，经过历史上的一条音变规则，即非词首的t在元音i前面变为s，这条音变可表示为t > s / ＿i。在音变的相对年代上，一定是"s脱落"发生在前，t > s发生在后，并且"s脱落"不可循环，否则tísis两个元音之间的s也要脱落。这两条音变的相对年代(由上至下)的排列如(1)(材料来自Beekes 1995:57)[2]。

---

[1] 星号*在历史语言学里代表原始语音形式。

[2] Beekes (1995)认为历史上这两条音变也可能同时发生，但结果不同。

(1)　希腊语"s脱落"和t > s的音变相对年代

"出于意愿"	"报仇"	音变相对年代
*ménes-os	*kʷítis	PIE
méne-os	-----	s脱落
-----	tísis	t > s / __ i
méne-os	tísis	

从横向比较看，现代希腊语这两个词各自经历了不同的音变；从纵向(相对年代)看，méne-os的变化早于tísis的变化。

将音变的相对年代与本章1.3节音系规则的先后次序相比较，可以发现二者在排列形式上有很大的相似性，然而二者的相似仅此而已。此前说过，音变相对年代与规则先后次序不是同一概念，前者用于历时音变，后者用于现代音系的共时描写；此外，二者的材料和方法也不同。如果二者确实具有同样的顺序，也只是一种巧合，不能用来互证。

2.2　北京话历史音变举例

任何一个语言(或方言)都有它的历史，汉语方言的历史尤其悠久。汉语方言语音的现今状态，都是经历了自身的历史演变而形成的，现今的语音现象包含了不同历史时期的语音演变的结果。但是，哪些成分继承了早期的语音形式，哪些成分继承了晚期的语音形式，哪些成分是近几十年才产生的，只有通过历史语言学家的分析比较才能确定。下面以现代北京话的文、白异读现象来说明北京话的历时音变①。

现代北京话的入声已经消失，通过考察古入声字的今读，发现它们有所谓文、白异读的现象，其主要特征为韵尾的不同，见(2)的例字(国际音标注音，声调省略)。

---

① 本节的部分内容曾发表于《方言》1996年第3期，第201-207页。

(2) 宕、江、曾、梗入声字北京话今音

	例字	白读(有韵尾)	文读(无韵尾)
宕摄	雀	tɕʻiau	tɕʻyə
	约	iau	yə
	略	liau	lyə
江摄	觉	tɕiau	tɕyə
	学	ɕiau	ɕyə
	乐(音乐)	iau	yə
曾摄	贼	tsei	tsə
	或	---	xuə
梗摄	择	tʂai	tsə
	责	tʂai	tsə
	获	xuai(获鹿县)	xuə

　　以上的白读音都带 [-u]或 [-i]韵尾，文读音是零韵尾。从共时的观点可看作风格不同，一是口语音，一是读书音；如果追究历史演变，则是不同时期的语音形式的遗留，或者是不同音系相互影响的结果。可以说现代北京话古入声字的文白异读反映了北京话语音演变的不同层次，通过与其他方音的比较或者查看韵书，会发现这类字的两种读音呈现一定的规律。它们在中古时期都有塞音尾，塞音尾在北方话的历史演变可用下面两条音变公式表示(#代表音节边界，Ø代表零概念)：公式(3)表示北京话白读音的音变，公式(4)表示北京话文读音的音变。

(3) 塞音→ i, u / ___ #

(4) 塞音→ Ø / ___ #

　　语音的现今状态和历时音变，二者既有联系，又有区别。所谓有联系，指以历史材料或方音比较为依据而证实的古今音变关系；所谓有区别，就是不能随意将未经论证的现代音类归纳为历时音变的结果。例如，现代北京话的辅音声母[tɕ, tɕʻ, ɕ]是从古代其他辅音声母演变而来的，但它们分别从古代的什么声母演变而来，在什么条件下演变，需要逐类论证。例如，近代北京话见系声母二等开口字有一字多音现象，见(5)①。这些一字多音的例子大多由近代北京话的音变造成，个别的受到外地音的影响，如"楷"的又音为[k'ai]，北京的读书音和"俗音"都是[tɕ]声母。

(5) 北京话、成都话、武汉话、扬州话见系二等开口字今音

例字	北京话			成都话文/白	武汉话	扬州话文/白
	读书音	俗音	又音			
崖	ia	ai	iai	ŋai	ŋai	iɛ
皆阶	tɕiai	tɕiɛ		tɕiɛi / kai	kai	tɕiɛ
街	tɕiai	tɕiɛ		kai	kai	tɕiɛ / kɛ
解	tɕiai	tɕiɛ		tɕiɛi / kai	kai	tɕiɛ / kɛ
楷	tɕiai	tɕiɛ	k'ai	k'ai	k'ai	k'ɛ
介戒界	tɕiai	tɕiɛ		tɕiɛi	kai	tɕiɛ / kɛ
鞋	ɕiai	ɕiɛ		xai	xai	ɕiɛ / xɛ
械	ɕiai	ɕiɛ		tɕiɛi	kai	tɕiɛ
隔	kə	tɕiɛ		ke	kə	kəʔ
更(打~)耕	kəŋ	tɕiŋ		kən	kən	kən

再看韵母。见系蟹摄二等开口字的韵母由[iai]的异化(韵尾-i与韵头相同而消失)而变成[iɛ]，这是近代标准音的音变规律，可用异化公式"iai > iɛ"表示。如果把北京话读书音的韵母[iai]看成"旧音"②，那么相应的"俗音"[iɛ]就是"新音"。历时地看，北京话里腭化音变发生在前，异化音变发生在后。"旧音"[iai]出现的相对年代应在腭化之后、异化之前，"新音"[iɛ]则经历腭化、异化两个音变过程。

成都话的文读受到标准音腭化音变的影响，如"介戒界械"读[tɕiɛi]，但其韵母没发生异化；成都话的白话音声母未腭化，仍为[k]。扬州话的文读音受到北京话"新音"的影响，而成都话的文读音受到北京话"旧音"的影响。巴蜀远离北京，历来交通不畅，所以感染、既而保留了标准音的"旧音"；而扬州在政治、经济、文化上都靠近北京，语音上也紧跟北京的潮流。

---

① 北京话语音材料来自王璞：《国音京音对照表》，商务印书馆1921年版。此处北京话"又音"、"读书音"、"俗音"名称均来自该书。
② 北京话"旧音"术语来自北大中文系(1989)。

第三节　共时变异

3.1　社会语言学的性质

语音的共时变异属于社会语言学的研究对象[①]。对于"社会语言学"，国内学者存在不同的理解，可以把它们归纳为五种(郭熙2004:3-6)[②]：

一、它是语言学的一个独立分支；
二、它兼属语言与社会两门学科；
三、它属于话语分析(discourse analysis)；
四、它是一门研究语言与社会、语言与文化的应用学科；
五、它是一门多学科性的交叉学科。

根据以上多数的看法，"社会语言学"作为一门研究语言与社会之间关系的学科，它具有相当明确的研究范围。但是从哪个角度观察语言与社会的关系，运用什么样的研究方法，说明什么目的，这些都可能成为不同的社会语言学流派。

1988年创立于北美的学术期刊《语言变异与变化》(*Language Variation and Change*)，把反映语言、文化、社会之间互动的"语言变异"作为研究对象，从这一特定领域来诠释语言的结构和过程，它也为当代社会语言学确定了研究对象及研究方法(徐大明2006:8-9)。

本书所说的以语言的共时变异来说明语言演变过程的社会语言学，属于语言学的独立分支，它与历史语言学有重叠，是因为这样的社会语言学所研究的语言变化和变异、语言接触等可为解释语言演变提出实证性的社会动机(social motivation)，或者说它是研究一种"进行中的语言变化"。

[①] 本节"共时变异"的内容曾发表于香港中文大学《中文学刊》2008年第5期，第245-262页。
[②] 此处第三种看法"话语分析"，原文为"语用学"。

3.2 玛莎葡萄园岛的元音变异

下面以美国语言学家拉波夫的玛莎葡萄园岛元音变异及其社会背景的调查说明语音的共时变异。

拉波夫于20世纪60年代在美国东北部麻萨诸塞州(以下简称麻省)的一个离岛上做了一项极具影响力的调查[①]。该岛叫玛莎葡萄园岛(Martha's Vineyard，以下简称玛莎岛)，它方圆两百多平方公里，远离麻省大陆。玛莎岛原本是一支印第安人的居住地，1602年有个英国人驾船来到该岛，将该岛命名为玛莎，因为他的岳母和女儿都叫玛莎。玛莎岛的葡萄园并不出名，19世纪的鲸鱼业则小有名气。令该岛闻名于世的是另外两件事：一是拉波夫于1963年发表的玛莎岛语音变化的论文，它被公认为社会语言学的奠基作品；二是1999年7月16日夜晚，前美国总统甘乃迪唯一的儿子小甘乃迪驾驶的私人飞机，神秘地坠入玛莎岛附近海域，机上小甘乃迪和妻子及小姨子三人从此消失。

玛莎岛有六个小镇，20世纪60年代的常住人口为六千，现有常住人口一万五千。玛莎岛人大多以打渔为业，他们自称"岛民"或者"葡萄园人"，把外来人称为"大陆人"。玛莎岛人长期憎恨麻省大陆人，曾经几次试图脱离麻省联邦，但未成功。

拉波夫认为，语音变化的过程应该能够观察到，虽然音变的结果通常是规则的，一如新语法学派"音变规则无例外"的观点，但音变的过程呈现很大程度的不规则性。玛莎岛人英语的语音变异，如果只看变异的"输出"，并无特别之处，就是前低元音 [a] 在复合元音 [aɪ] 或 [aʊ] 的情况下[②]，变成央中元音 [ə]，例如，玛莎岛人把right"正确"[raɪt]说成[rəɪt]，把rout"败逃"[raʊt]说成[rəʊt]。这种前低元音发生央化的趋势叫

[①] 玛莎岛的历史地理人文资料来自http://en.wikipedia.org/wiki/Martha's_Vineyard，浏览日期：2006-11-24。

[②] 玛莎岛的语言学资料来自Hock & Joseph (1996:149-52)以及Hock (1986:648-9)。原文所用的美式音标[ay]和[aw]，笔者根据中国学者的习惯用法将它们分别改为[aɪ]和[aʊ]。其实，这种标音法也是美国学者所用的。对于英、美标音法的比较，详见Ladefoged (1982:70)。

"[a]央化"。研究者发现，玛莎岛人某些词[a]央化及非[a]央化的发音同时存在，即存在[a]~[ə]变异。研究者还发现，早期(发生在老年人中)口语里的[a]~[ə]变异，[a]央化的例子只比非[a]央化的略多一点，而且只出现在复合元音[aʊ]后接清辅音的情况下，且人数较少。随着[a]央化的发音在玛莎岛被视作"岛民"的口音特征，以区别于"大陆人"的非[a]央化口音，[a]央化逐渐成为带身份特征的口音，以致成为玛莎岛人普遍的口音特征。其普遍性体现在下列四个方面：

一、口语里存在[a]~[ə]变异的人数；
二、发生[a]~[ə]变异的词语；
三、发生[a]~[ə]变异的语音环境(从复合元音[aʊ]扩展到复合元音
    [aɪ])；
四、语音上央化程度的不同(从略微央化的[a]到完全央中元音[ə])。

以上四个方面在几十年里均表现为典型的S形变异模式，即起始阶段的变异较少；中间阶段是剧变，变异的数量多，范围广；然后接近饱和阶段，变异速度放慢；最后变异消失。如果以时间先后为横轴，以发生[a]~[ə]变异词的数量为纵轴，变异词的数量与时间先后的关系可用(1)表示。

(1) 玛莎岛人[a]~[ə]变异的速度/时间与数量之关系

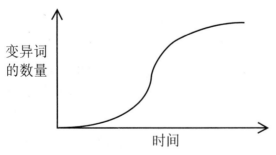

更为有趣的是，玛莎岛人对于麻省"大陆人"的态度直接反映在他们口语里[a]~[ə]变异的数量上。那些对"大陆人"最为反感的人，其口语里[a]央化的程度最高，包括语音上的央化程度最高(完全的央中元音[ə])，词汇上的央化数量最多，语音上的央化环境最宽(扩展到复合元音[aɪ])；

而那些对"大陆人"最不反感的人，[a]央化的程度最低，甚至完全没有。因此，玛莎岛人的"岛民"意识成为[a]~[ə]变异的社会动因。

根据拉波夫所做的一系列社会语言学的调查研究，语音演变的过程被概括为下面四个阶段(Hock & Joseph 1996:150-1)：

一、语音演变的起点(starting point)来自语音自身的变异性(这一点与新语法学派无异)；

二、由于某些原因(或许永远无法确定这些因素)，一个特定的语音变异形式被一群人表现为具有社会阶层意义，这时候，该变异不再是一个微不足道的表现行为，它开始不但具有社会意义，而且具有语言学意义；

三、随着其社会标记意义的增大，该变异发展成为新的社会及语言学的语境(contexts)。变异能够继续发展，因为新的发音没有立即替代旧的发音，而是新、旧形式共存。然后，新、旧变异扩展，其方式犹如类比变化。例如，house"房子"发生[aʊ]~[əʊ]变异的话，那么，该变异会扩展到其他词语，像mouse"耗子"和louse"虱子"等也发生[aʊ]~[əʊ]变异；

四、如果该扩展过程持续相当长的时期，并且没有其他因素掺和(disturb)，那么最终结果可能是一个规则音变的输出，并且该音素的所有词语都受到影响，也影响到所有操这种语言的人。

3.3 芝加哥的"元音移位"

下面再以美国芝加哥的一项音变来说明社会文化对音变传播的巨大影响以及音变的传播形态①。

芝加哥城里的白人工薪阶层将前低元音[æ]发成复元音的[æə]，再将[æə]的第一个元音[æ]提高至中元音[e]，甚至更高，结果这部分人把Ann (人名)发成[æən]、[eən]，甚至[iən]。这个变异引起了芝加哥元音系

---

① 芝加哥音变及其传播的材料来自 Hock & Joseph (1996:134-5, 327-8, 346-8)。

统的反应：当原有元音系统的前低元音[æ]的位置空出，原有的央低元音[a](连同后低元音[ɑ])前移至前低元音的位置，这就形成了一个低舌位上没有央元音或后元音的新的元音系统。于是，John (人名，原来的标准音[dʒɑn])被发成[dʒæn]，跟Jan (人名，原来的标准音是[dʒæn])的发音[dʒeən]相近。芝加哥的这种现象叫作"元音移位"。

具有这种发音特点的是芝加哥的男性白人，他们的共同点就是"扮酷"(macho)。"扮酷"者甚至将这个城市的名字"芝加哥"说成[ʃikægo]，而那些不认同"扮酷"者的芝加哥人则把"芝加哥"说成[ʃikɔgo]([ɔ]是后、中低元音)。至于它原来的标准发音[ʃikago]反而在城里很少听到了。

再看芝加哥"元音移位"是如何传播的。芝加哥的男性白人"扮酷"者属于中下阶层，他们的社会地位并不高，所以这种发音在城里没有传播到其他阶层。这种发音反而传播到城外了，它先传播到芝加哥城郊，那里住着每天搭乘公共交通去城里上班的通勤者(commuter)；然后往南传播到更多的县市。

Hock & Joseph (1996:347)从社会文化上解释芝加哥"元音移位"的传播现象。他们认为，一方面，有这种发音特点的人被城里其他人视作"档次"不高，因此"元音移位"未能在城里传播开来；另一方面，这种发音在城外(特别是芝加哥南部各县市)风靡开来，它被视为城里人"高品位"的标记，几乎所有人都接受，尤其是那些向往城市生活的年轻人，其中女性更为突出，成为传播先锋。

比较芝加哥"元音移位"在城里和城外不同的传播状况，Hock & Joseph认为所谓"档次"或者"品位"(prestige)只是一个相对概念，某些人群认为高档次的，另一些人群可能认为是低档次。芝加哥的例子说明，那些"扮酷"者觉得这类词原来的标准发音过于"娘娘腔"(sissy)，不够"男子气"，所以要改变发音。这也解释了为什么芝加哥的女性不接受"元音移位"的发音。而城外的情况却相反，"元音移位"的发音几乎被所有城外人都看作城里人的新时尚，其中女人更追求时尚，所以城外的女人比男人更乐于接受并积极传播这种发音①。

3.4　社会语言学对历史语言学的贡献

　　社会语言学家观察到的语音的共时变异是该语言正在进行中的语音变异，不等于该语音在历史上曾经历过的音变。也就是说，对于某个语音的共时变异，不能直接视为历史上曾经历过的变化。比如，玛莎岛的[a]~[ə]元音变异并不代表玛莎岛人的英语历史上曾有过[a]>[ə]的音变，也不代表古代英语历史上曾有过[a]>[ə]的音变。社会语言学所提供的语言变化动机是对新语法学派"音变规则无例外"的修正，是为泛指的"语言变化"提出语言、社会、文化之间互动的解释。从这个意义上说，社会语言学跟历史语言学有关，它补充了以往历史语言学的不足。

　　然而，"语言变异"学者声称研究语言"进行中的变化"能够打破共时研究与历时研究的界限，可将二者有机地结合(徐大明2006:12)，这样的声称还为时过早。"语言变异"研究以语言的现时状态显示现实中的语言变化，这样的研究不能追溯业已完成的语言演变，所以它无法取代以历史比较法追溯语言演变的过程；它虽然能够对语言变化的原因提供解释，但它还不足以对历史上曾发生过的语言变化提出论证；它虽在共时研究中透出历时的意义，却无法取代历时研究。本书第一章第三节曾引用拉波夫的观点说，历史语言学的任务是解释过去与现在的差异，而不是二者的差异程度(Labov 1994:21)。语言的历时研究是通过比较不同语言的现状逐步追溯语言演变的过程，推测历史上的语

---

① 这并不说明女性总是在音变传播上处于绝对领先地位。有调查发现，在偏僻的乡村，女性的语言在某些方面会落后于男性。瑞士有个小村庄名叫沙美(Charmey)，方言学家Louis Gauchat曾于1899年至1904年对其进行过调查，发现当时有五个正在进行的音变，分别是aʸ→ɑ:, o→aʸ, e→eⁱ, lʲ→j, θ→h。Hermann于1929年再进入该村调查，发现这五个音变，有的(如aʸ→ɑ:)已经完成，有的(如e→eⁱ)还未完成，有的(如θ→h)与1904年相比毫无进展。Hermann还发现性别对于音变有不同反映，如对o→aʸ音变，中年组(30-60岁)女性为67%，男性为50%；青年组(30岁以下)女性为90%，男性为80%，女性呈绝对领先趋势。而对于θ→h音变，则呈现男性领先女性的趋势。以上Charmey的材料转引自Labov (1994:85-6)。

言变化。"语言变异"研究是比较个人和社团的语言运用状况，它属于社会语言学范畴。它虽与历史语言学有关系，但二者的材料不同，研究方法也不同，所以目前还不能将它并入历史语言学；反之亦然，历史语言学也不能并入社会语言学。

以现代汉语方音现象推测历史音变，应首先分清楚哪些语音现象属于共时变异，哪些现象具有历时研究的价值。具体的语言共时变异的历史价值需要经过论证才能实现，不能将所有的共时变异都当作历时音变的证据。此外，经典生成音系学描写共时音系的音系规则不属于共时变异，也不同于历时音变。

第四节   从粤方言比较看历时音变

4.1   具有历史价值的方音现象
——粤语台山/开平的精组、知照组声母

下面根据本章此前所提出的音系的三个性质，比较粤方言材料，分析有关的历史音变，以区域的特征对应粤语的历史音变[①]。

对于汉语方音的研究，李如龙有如下评述(2001:15)：

> 任何方言的语音系统用历史的观点去透视都不是单纯的系统，而是叠置的系统，都有不同历史时代的语音成分的沉积。其中不但有历史共同语语音的成分，也有古方言的成分和不同历史时期的方言自身的创新……所谓历史定位就是确认该方言语音系统的历史层次中何者为主，何者为次，有几种源流，从而说明该方言主要定型于什么历史时期，后来又与哪些通语或方言有过交往和渗透。

李如龙从方音成分来源上区分了古通语、他方言、方言自创三种成分，加上这三种成分所处的不同历史时期，形成了现代汉语方言(特别是南方方言)方音成分复杂的叠置状态。判断其中的古通语成分，相对地容易；他方言成分则需要经过比较分析邻近方言后才能判断；而方言自创成分则很难确定。本节比较粤语方音，试图从叠置状态中剥离

[①] 本节内容曾发表于香港中文大学《中文学刊》2008年第5期，第245-262页。

出古通语和他方言成分的来源，以及判断它们的历时演变。下面先以粤语的舌叶音/舌尖前音声母为例说明方音成分的历史价值。

现代广州话有一套舌叶音声母 tʃ, tʃʻ, ʃ，它们的实际发音受后面韵母的影响而有所不同：当韵母有前高元音时，它们发成舌面音 [tɕ]，[tɕʻ]，[ɕ]；当韵母是其他元音时，它们发成舌尖前音 [ts]，[tsʻ]，[s]（詹伯慧 2002:8）。也就是说，广州话音系的舌叶音音位有两套不同的条件变体。对照中古音，精组声母与知照组声母在现代广州话合成了一组舌叶音声母，实际发音虽有两组，但属于同一组音位的条件变异，这属于现代音系现象。

再比较粤语四邑片的台山话与开平话①。它们都有一组舌尖前音声母 [ts]，[tsʻ]，[s]，[z]，[ɬ]（[ɬ]为舌尖边擦音），还有一组舌尖音声母 [t]，[tʻ]，[d]，[l]。它们没有舌叶音，也没有舌面音，精组在这两个方言里今读 [t]，[tʻ]，[ɬ]，知照组在这两个方言里今读 [ts]，[tsʻ]，[s]（詹伯慧 2002:297-8），见 (1)。

(1) 粤语台山、开平话精组与知照组对立

	将精	抢清	相心	张知	闯初	霜生	商书
台山	tian³³	tʻian⁵⁵	ɬian³³	tsian³³	tsʻɔŋ⁵⁵	sɔŋ³³	sian³³
开平	tian³³	tʻian⁵⁵	ɬian³³	tsian³³	tsʻɔŋ⁵⁵	sɔŋ³³	sian³³

比较广州话与台山、开平话，可以看到中古的两组声母演变至现代粤语，其中台山、开平话仍保持两组声母音位上的对立，而广州话则合并为一组。台山、开平话虽然也有受发音部位影响而发生的语音变异②，但这两个方言的两组声母(精组和知照组)从古至今没有发生音位合并。通过比较可以发现，现代台山、开平话的 [t]，[tʻ]，[ɬ] 与 [ts]，[tsʻ]，

① 广东省境内的粤语一般分为广府片、四邑片、高雷片、莞宝片、香山片(詹伯慧 2002)。根据古全浊声母今读不送气塞音或塞擦音的特点，广府片的西江流域部分地区(肇庆、四会、广宁、德庆、怀集、封开、云浮、新兴、罗定、郁南)在李荣等《中国语言地图集》(1987年)被单独划为粤语勾漏片。
② 如 ts, tsʻ, s 在与 [i] 或以 [i] 为介音的韵母相拼时为 [tɕ], [tɕʻ], [ɕ]，其他情况下为 [ts], [tsʻ], [s](詹伯慧 2002:297-8)。

[s]的差别具有历史价值，而现代广州话[tɕ], [tɕʻ], [ɕ]与[ts], [tsʻ], [s]的差别没有历史价值。

4.2　历史价值待定的方音现象
——粤语台山/开平的端、透、定声母

汉语古代的塞音变为现代的擦音是一条普遍的音变规律，现代粤语方音也存在这样的现象，如溪母字的历史演变：开口韵[kʻ]变[h]，合口韵[kʻ]变[f]。但不能依此将擦音[h]都当作古代塞音的直接演变。(2)是粤语四邑片台山、开平、鹤山话端、透、定三母的今音(材料来自詹伯慧2002，詹伯慧、张日昇1987)。

(2)　粤语四邑片端、透、定母今音

	多端	拖透	稻定(仄)	徒定(平)
台山	ᵓɔ	hɔ	au	hu
开平	u	hɔ	ɔ	hu
鹤山	ɔu	hɔu	au	hɔu

端、透、定三母在广州话今读[t], [tʻ]；但台山、开平、鹤山话今音不读塞音，而是端、定母的仄声(去声、入声加部分上声)读零声母，透、定母的平声读擦音[h]。端系字在四邑片今读擦音[h]或零声母，分化规律为原送气声母今读擦音[h]，原不送气声母今读零声母(汤翠兰2001:127-8)。(2)的"拖"中古为送气声母，今读气流量大的擦音[h]；"多"中古为不送气声母，今读零声母。

从(2)的古浊音"稻、徒"清化结果看，今读擦音[h]还是零声母，分化条件是声调的平仄。从发音原理上，声调的平仄也可影响音节起首的气流量；平声的调值高而气流量大，仄声的调值低而气流量小。台山、开平、鹤山话的古浊音声母在清化过程中由声调的平仄而产生音节起首送气的强弱[①]，造成现今音节起首的不同：平声调气流量大，产

[①] 音节起首的概念不等同声母，声母指音节开头的辅音，而音节起首指音节的开头。所谓"零声母"，是传统音韵学对以元音开头的特殊音节(无声母)的一种说法。

生[h]声母；仄声调气流量小，起首没有辅音声母。

万波(2007)将台山、开平话的塞音变擦音连同滂、并母的擦音化看作是与侗台语接触的结果，由塞音变成"内爆音"(或先喉塞音)，从而把这一语音现象归为古百越语的底层。张敏、周烈婷(2005)则把四邑片台山、开平话的端、透、定母的今读与端系在勾漏片等读"内爆音"的现象联系起来，用以证明四邑片与勾漏片的历时亲疏关系。这只是一个假设，有待于对"内爆音"的历史价值以及二者的联系做出进一步论证。

所谓"内爆音"，又称"缩气音"(implosive)，指发音时喉部下滑带动口腔气流向里面流动而产生的塞音，这类音一般都是浊音。在缺乏典型浊塞音的现代粤语方言里[1]，无直接证据显示历史上曾经有过"内爆音"。余霭芹(2005)在构拟原始粤语的浊塞音、浊塞擦音声母时，把阳平调的文、白不同分别构拟为两类[2]：无"内爆音/浊音"对立(即只有前者)，有"内爆音/浊音"对立(即二者皆有)。后者只出现在"北三角洲三邑肇庆小片"，该片包括南海、佛山、顺德、肇庆、三水、四会、广宁等；四邑片不存在这种对立。

本书作者认为，运用现代方音的比较，应该将同一来源的不同结果(端、定的塞音变擦音或者塞音变零声母)都纳入比较范围；对不同的结果应该都有合理的解释。(2)所反映的两个相关音变，其共同点是气流的强弱：气流强的为[h]声母，气流弱的为零声母。如果运用塞音变擦音的规律，只能解释气流强的情况，不能解释气流弱的情况。

此外，(2)所反映的两个相关音变与汉语其他方言的浊音清化律一致，对粤语四邑片这两个相关音变给予不同解释是难以接受的。在对"内爆音"的历史价值做出正确的判断之前，能够综合(2)的两个相关音变的解释是塞音声母脱落，音节起首根据气流强弱分别变成有[h]或者无[h]；其次，无[h]的再分成不同情况。能够支持这一解释的材料有四邑片的其他方言，如斗门、江门、新会、恩平等的古端、定母的仄声今音仍读[t]，透、定母的平声今音读[h](詹伯慧2002:141, 143)，它们

---

[1] 典型的浊塞音如英语的[b, d, g]，台山、开平话的[ᵐb, ⁿd, ᵑg]不是典型的浊塞音。

[2] 如何分析粤语的文、白异读需要专门讨论，它们大概属于不同的历史层次。

说明端组今音在四邑片内部存在无塞音和有塞音两种现象(或者说两个层次),以气流的强弱来分:气流强则塞音脱落,气流弱则塞音或许保留;在塞音脱落(即气流强)的方言点,再分为气流较强者有[h],气流较弱者则无[h](零声母)。

以上对于有无塞音的分析似乎前后还不够一致,端组气流弱的音节起首,有的方言保留塞音(如斗门、江门、新会、恩平的端、定母仄声今音读[t]),有的方言却成为零声母(如台山、开平、鹤山)。如果重视端组气流强的情况[①],就能发现它们的音节起首都产生擦音[h]。此外,汉语历史音变上塞音声母脱落与声母弱化没有必然联系;塞音脱落属于音位的变化,声母弱化通常属于语音变异[②]。

笔者把(2)的四邑片音变作为历史价值待定的方音现象,总觉得方音比较的材料挖掘得还不够,有待深入研究。

4.3　从粤语疑、日母字的今音推测历时音变

4.3.1　疑母的今音分布与历时音变

疑母中古音为[ŋ][③],今广州话洪音保持[ŋ],细音变为[j](李新魁1997 [1996]:404)。比较(3)的粤语各方言片疑母字读音(詹伯慧2002;詹伯慧、张日昇1987,1994,1998)[④],基本上也是按洪、细分为两类;只有一类的(如中山以及四邑的台山、开平),表示疑母字未分化(符号⊙代表零声母)。

[①] 气流强的情况通常比气流弱的更有价值,因为不同程度的弱常常属于音素的变异,这种变异的历史价值通常难以确定。

[②] 声母的弱化指音素的强度从大变小,气流强弱只是强度的一个方面;从塞音演变为擦音是发音动作强度的变化,塞音的动作幅度较大,擦音的动作幅度相对较小。

[③] 粤语可能不是由中古音直接演变而来,此处以中古音为对照只是为了简便。

[④] 表中例字后加注地名简称的,是说明该方言点的不同读音。

(3) 粤语疑、日母今音

	疑	日
广州话	ŋ 蛾我饿卧牙瓦蜈五误呆艾涯艺倪外蚁毅魏傲咬藕牛岸眼银硬额 j 鱼娱遇义疑宜谊义仪尧验严业孽言砚原愿月仰疟迎逆(~风)玉 w 桅胃玩顽	j 惹如儒乳儿二耳饶绕扰柔染任入然热软人忍认日润让弱仍绒肉茸褥 n 瓤
广府片 (顺德)	⊙ 蛾我饿卧牙瓦呆艾外蚁毅魏傲咬藕牛岸眼银逆 j 鱼娱遇义疑尧验严孽言原愿月 h 业砚	j 二扰染然热软 i 绒肉 l 瓤
莞宝片 (东莞)	ŋ 蛾我饿卧瓦蚁毅魏傲咬藕牛眼顽银逆 z 鱼娱遇义疑尧验业孽言砚原愿月仰疟迎玉	z 惹如儒乳二扰柔染任入然热软人忍认日润让弱仍绒肉茸褥 ŋ 耳 n 瓤
香山片 (中山)	ŋ 蛾我饿卧瓦鱼娱遇呆外蚁义疑毅魏傲咬尧藕牛验严业岸眼孽言顽原愿月银迎逆	ŋ 如儿二耳扰染热软 ⊙ 仍 n 瓤
四邑片 (台山开平)	ᵑg 蛾我饿卧鱼娱遇呆艾艺外蚁义疑毅傲咬藕牛验严业岸眼孽言砚玩顽原愿月银仰疟迎逆玉	ᵑg 惹如二耳扰柔染任入然热软人忍认日润让弱仍乳儿肉茸 z 儒褥 绒(台)(开ᵑg) ⁿd 瓤
高雷片 (信宜廉江)	ŋ 蛾我饿魏傲咬藕牛岸眼银卧瓦外蚁毅艾呆 ɲ 鱼疑尧严业原愿月仰迎逆玉(信) ȵ 鱼疑严业原愿月仰顽逆(廉) n 疟 验孽(信)	ɲ 如儿二耳扰染任热软人忍认日让弱仍肉(信) ŋ/ȵ 儿二耳染热软人日润仍肉(廉) j 入然润绒茸褥(信) n 瓤
勾漏片 (广宁云浮)	ŋ 蛾我饿卧牙瓦蜈误呆蚁毅魏砚原愿月仰(广) n 孽(广) h 五午(广) k 桅(广) j 宜谊义仪尧验严业言疟迎逆孽砚原愿月仰(云) n/ȵ 宜谊义疑(德庆封开郁南罗定)	j 惹儿二耳饶绕扰任入热软人忍认日让弱仍绒肉茸褥 h 如儒然(广) 染瓤(云)如然热(德庆郁南)染(封开郁南罗定) n/ȵ 儿二耳饶绕(德庆封开郁南罗定)

　　如果缺乏对粤语韵母历史演变的完整的分析，其古音的洪细形式是无法确定的。为了让分析进行下去，笔者此处假定广州话韵母的洪细的类别从中古至今基本上没有改变①，还假定其他粤语方言片韵母的洪细分类也没有改变。

　　对于广州话疑母字今音的两种形式(洪音为[ŋ]，细音为[j])，很显然，洪音字的声母未变，保持了古音[ŋ]；细音字的[j]是疑母古音[ŋ]丢失鼻音以后的形式。从舌根鼻音[ŋ]变成[j]，可解释为鼻音特征消失，声母的发音部位受韵母前元音(细音特征)影响，移至前腭。(3)的香山片中山、四邑片台山和开平、高雷片信宜和廉江的材料说明，中古疑母的鼻音特征(不论洪细)在这些方言里仍以不同语音形式保留着。廉江疑母字ŋ, ȵ不对立，洪音前是[ŋ]，细音前是[ȵ](詹伯慧2002)；信宜的[ȵ]相当于廉江的[ȵ]。中山话保留舌根鼻音[ŋ]，没有变化；台山和开平将古鼻音声母[m, n, ŋ]分别读成带鼻音色彩的塞音[ᵐb, ⁿd, ᵑg]，所以疑母全读[ᵑg]。因为台山和开平不存在[m, n, ŋ]，可以说疑母字在该方言未发生音系上的变化②，只是发音增加了同部位的塞音③。

　　信宜的情况值得注意。广州话疑母洪音字在信宜仍读舌根音[ŋ]，细音则读舌面中鼻音[ȵ]。因为信宜音系同时存在[ŋ], [ȵ], [j]，所以疑母细音字在信宜话从古音[ŋ]到今音[ȵ]是音位的分化，即从古代的一个音位分化为现代的两个音位。发音部位上[ȵ]比[ŋ]靠前，[ȵ]可能是早期粤语疑母细音字从[ŋ]变为[j]的过渡形式。信宜话有几个字读[n]("疟验孽")，大概是疑母音变的异化④。

　　东莞的材料也富于启示性。东莞话没有近音[j]、[w]，广州话的[j]、[w]在东莞分别读[z]、[v]，所以广州话的疑母细音字在东莞话就成了[z]声母。至于东莞的[z]是不是粤语疑母历时演变中的一个形式，凭一地材料暂时不能确定。

---

① 细音特征为中古有[i]介音或韵母以前元音开头。

② 音系上的变化指一个音位与另一音位合并，或者从一个音位变成另一个音位。

③ 这样的分析其实是把[ᵑg]看作两个不分主次、同时发音的成分[ŋ]和[g]。

④ 此处的异化就是例外情况。

广府片顺德话(以及番禺话)把广州话的[ŋ]声母一律念成零声母，顺德话已经不存在[ŋ]声母，顺德话疑母字脱落鼻音大概是晚近的音变①。

广州话还有少数疑母字读近音[w](如"桅胃玩顽")，这几例的韵母都以[u]开头，可看作疑母失去鼻音特征且音节起首受韵母影响而增加了摩擦成分[w]。

综合(3)的粤语各方言片的疑母字读音，疑母细音字的历时音变可归纳为[ŋ]>[ɲ]>[j]的路向。疑母字的鼻音特征消失而读[j]应该是较晚近的变化。

顺德、广宁有几个疑母字读[h]，如顺德的"业"[hip²¹]、"砚"[hin²¹]，广宁的"五午"[hŋ²¹⁴]。发音上顺德的[h]为无鼻音特征的喉部擦音，但广宁的例子不能解释为舌根鼻音消失，因为鼻音存在于韵母。笔者解释，当广宁话的疑母细音字失去鼻音特征且音节起首为擦音[j]时，有些疑母洪音字保留鼻音，但音节起首受细音字的擦音化影响而增加了擦音[h]。后者很可能是[h]对[j]的类比(analogy)。

4.3.2　日母的今音分布与历时音变

日母中古音为舌面前鼻音[ɲ](董同龢1968)。(3)的广州话日母字只有[j]声母，今全读细音。"瓤"一例为洪音，声母为[n]。东莞话把广州话的[j]读成[z]，所以东莞的[z]可能不是粤语日母历时演变的形式之一。不过东莞话把疑母细音字与日母字读成同一个声母[z]，这说明失去鼻音特征后的疑母细音字与日母字合并。

中山的日母与疑母相同，仍读鼻音[ŋ]。台山和开平的材料也说明了疑、日母合并，保留鼻音[ŋ]且增加同部位塞音[g]。注意台山、开平读[z]的日母字："儒褥"读[z]，"肉茸"读[ᵑg]；而"绒"台山读[z]，开平则读[ᵑg]。显然，日母字在台山、开平存在[ᵑg]~[z]交替。这个[z]应该是日母在粤语历时音变中曾经历的一个形式，即从鼻音变为浊擦音[z]，再变为[j]。

此前分析东莞话疑母(细音)、日母的[z]音时，暂时不能确定东莞

---

① 它是否跟粤语的所谓"懒音"有关，有待探讨。

的[z]对应于广州的[j]是否具有历史价值。现在参考四邑片台山、开平话日母的[ᵑg]~[z]交替，应该可以将东莞疑母(细音)、日母的[z]音重新定位，把[z]分析为粤语疑、日母合并后的一个历时音变形式。

高雷片信宜、廉江的材料说明，日母与疑母相同，仍保留鼻音。部分日母字像"入然润绒茸"在信宜读如其他粤方言的[j]。

勾漏片广宁话有"如儒然"三例读[h]声母(韵母为细音)，而广宁话其他日母字都读[j]声母。显然，[h]不是粤语日母历时演变的形式之一，因为该三例在更多边远地区的读音为[n]声母，如勾漏片的德庆、封开、郁南、罗定。笔者把广宁日母的[h]与广宁疑母的[h](如"五午"[hŋ²¹⁴])视为同类现象，即广宁话日母的[h]也是类比[j]，而且是更为直接的类比，即韵母都是细音。

综合以上分析，粤语疑母(细音)、日母字的历时音变可概括为[ŋ]>[n]>[ȵ]>[z]>[j]的路向。其中[ŋ]代表疑母字的早期形式，广州、东莞、中山、台山、开平、信宜、廉江、广宁、云浮今音(洪音)都保留这个舌根鼻音形式。台山、开平的日母字大多读如疑母的[ᵑg]，此证疑、日母在该地区合并，合并的时代有待考证。其他地区疑母细音字发音部位开始前移，变为[n]或[ȵ]。[n]为舌面中音，[ȵ]为舌面前音，它们实际上的差别很小。虽然高雷片分别之二者，但二者的分布不对立，信宜有[n]无[ȵ]，廉江有[ȵ]无[n]。

以上音变路向之所以有[n]、[ȵ]的地位，因为它们代表不同来源：[n]代表疑母字，[ȵ]代表日母字。疑母(细音)、日母应该在这个阶段合并。台山和开平的疑、日母合并大概发生在同一时期。台山的日母"儒褥绒"读[z]可看作该地区疑、日母合并时受其他方言影响而失去鼻音特征变为擦音[z][①]。

疑、日母合并后分为两路：一路丢失鼻音特征向[z]、[j]发展，如广州、顺德、东莞、广宁、云浮；另一路保留鼻音特征，如廉江以及勾漏片其他地区(德庆、封开、郁南、罗定)，有些方言点存在交叉现象，如信宜。

[①] 此处所谓的其他方言指日母字失去鼻音特征的较早形式(董同龢 2001 [1968]:154-5)。

4.3.3　疑、日母[h]音的历史来源待考

此前笔者没有把疑、日母今读[h]音(如广宁的"五午如儒然")列为历时音变形式,因为它们在更多边远地区的读音为[n];而将疑、日母的[h]解释为对[j]的类比,这样做基于以下三方面的考虑:

一、由于[h]音的发音部位及送气特征,使它的历史来源变得复杂而难以捉摸。例如,它可能是古浊音声母失落、由声调的平仄而引起音节起首送气的强弱,平声调气流大,产生[h]音,就像台山和开平的透、定母今音[h];

二、牙喉音的溪母字(中古音[k'])粤方言今音都是开口韵变[h],因为溪母有强送气特征;而疑、日母的古今形式都没有强送气特征,遵循"以现代音变推测历史音变,二者音类上必须具有同一性"的原则[①],可以判断粤语疑、日母的[h]与溪母的[h]不属于同一来源,二者不具有同一性;

三、从今音或古音分类上能看出音变条件的,属于规则性音变;找不到音变条件的,暂看作不规则音变;粤语疑、日母今音[h],属于由类比产生的不规则音变。

以上三点基本上是根据语音的规则变化进行分析。如果有较可信的旁证说明早期声母的脱落(如第一点的发音方法上与音类的对应),便采取"从分不从合"的策略;如果古代音类不同(包括发音方法不同)而现代语音相同(如第二点),也采取"从分不从合"的策略;对于看不出音变条件的语音变化,则归属不规则的音变;造成不规则变化的原因有两个:一是类比,一是方言影响。

需要比较更大范围的方音材料才能确定疑、日母[h]音是否受其他

[①] 笔者(2006)提出该原则以及下面从古音分类上判断规则音变的原则,当时都未能论证;今以粤语溪、疑、日三母材料论证。

方言的影响①，此处暂且将其列为由类比产生。对于粤语疑母细音及日母 [ŋ]>[ɲ]>[n̠]>[z]>[j] 的历时音变路向，则有较充分的方音材料为基础。

以上对粤语疑、日母今音材料进行厘析，分辨哪些属于规则音变，哪些不属于规则音变，并尝试给予诠释，以显示粤语不同方言片的同一形式有的具备同一性，有的不具备同一性。例如，粤语疑、日母的 [h] 与溪母的 [h] 缺乏同一性，前者出于不规则音变，可能由 [j] 的类比而产生。再如，粤语溪母字的 [j] 与 [h] 有关，笔者 (2006) 通过比较中古牙喉音以及日母在现代粤语读 [j] 音的分布和交替情况，推测粤语 [j] 音至少有两个来源 (或者层次)：一是从 [h] 分化，如溪、晓母的 [j]；一是从其他声母脱落或演变而来，如疑、日、影、以、云、匣母的 [j]。笔者认为，对同一性材料的判断是厘析方音历史层次特别需要注意的方面。本书第七章第四节将对粤语牙喉音声母今读 [j] 音的两个来源进行详细探讨。

---

① 闽语疑母字读 [h] 的很多，如潮州话"鱼渔艾蚁瓦讶迓讹额颜 (姓)"。李新魁认为疑母上古与匣母发生关系，后来中原汉语失去塞音，中古归为疑母 [ŋ]；闽语则失去鼻音读为 [g]，再变为擦音 [h] (1997 [1993]:353)。顺德、广宁的例子是否受闽语影响，有待进一步考察。

第三章 比较法的分析与批判(上)

第一节 西方19世纪的历史比较法

1.1 比较法的兴起

本书第一章第一节引用了英国威廉·琼斯爵士1786年的一段话,这段话现在仍被视为比较语言学的开创之言。现将其中经典的一段摘引如下:

> 梵语,不管它的古老形式怎样,它具有奇妙的结构。它比希腊语更完善,比拉丁语更完整,比它们二者更精美;它在动词词根和语法形式上,将希腊语和拉丁语更紧密地联系起来。三者之间的关系如此紧密,偶然性绝对解释不了;比较之三者的任何一位语文学家都会相信,它们来自同一源头。

琼斯比较了希腊语、拉丁语、梵语动词词根和语法形式上的相似性,认为这种相似性无法用巧合或者借词来解释,那么,另一种可能就是它们具有亲属关系,三者出自同一源头。

自从1498年葡萄牙航海家伽马(Vasco da Gama)发现了从欧洲绕道非洲到达印度的航线,欧洲人就开始接触到印度的圣语——梵语。梵语在印度的地位,如同拉丁语在欧洲中古时期(5世纪至15世纪)的地位,欧洲学者自然对梵语产生了浓厚的兴趣,结果发现梵语与欧洲语言有惊人的相似。荷兰莱顿大学的Robert S.P. Beekes (1995:13)把梵语在这方面的意义概括为以下三点:

一、梵语的历史比当时任何其他已知语言的历史更为悠久,它最早的文献可追溯至前一千年;
二、梵语的词法相当清晰,它的早期形式保存完好,各类变形都是可分析的。相对而言,欧洲语言如希腊语的s以及滑音性的i和u都很早消失,再加上元音省略,使得原始形式难以追溯;
三、梵语清晰的结构可让梵文学家追溯它的演变,这对西方学者尤为重要。

下面以系词"是"的各种人称词形变化为例，说明梵语和拉丁语的相似性[1]。

(1)　梵语、拉丁语"是"的词形变化

梵语	拉丁语	词义
as-mi	s-um	'I am'
as-i	es	'you are'
as-ti	es-t	'he is'
s-mas	s-umus	'we are'
s-tha	es-tis	'you are' (复数)
s-anti	s-unt	'they are'

通过比较发现，一、梵语的as-相当于拉丁语的es-；二、在各种人称变形中，梵语、拉丁语具有不同形式的s-，显示两种变化：梵语为as-和s-，拉丁语为es-和s-；三、梵语词尾有-i，拉丁语没有；如果暂不考虑这个-i，二者的词尾几乎完全相等。梵语、拉丁语"是"的共同词尾形式见(2)(V代表元音，Ø代表无，括弧内成分表示不确定)。

(2)　梵语、拉丁语"是"的共同词尾

梵语/拉丁语	词义
-(V)m	'I am'
-Ø	'you are'
-t	'he is'
-mVs	'we are'
-t(h)V(s)	'you are' (复数)
-Vnt	'they are'

梵语、拉丁语的词尾如此相似，而一种语言的系词"是"不大可能从其他语言借用或受其他语言影响，显然，二者应该来自同一源头[2]，即

---

[1]　本节的例子来自 Beekes (1995:15)。

[2]　按照布龙菲尔德的说法，"某些语言彼此相似到某种程度，只有用历史的联系才能加以说明"(布龙菲尔德1980:374)。

原始印欧语。值得一提的是，欧洲历史语言学家对欧洲语言的相互关系有这样的认识是在达尔文1859年发表《物种起源》前将近一个世纪。

由于欧洲学者发现了东方的梵语与西方语言的相似性，再加上对不同语言进行比较分析，使得西方语言学家在语言的历史研究上开拓了一片新领域，形成了至今仍具影响力的历史比较法。比较法的运用，使得历史语言学第一次以大量而可靠的语言材料来分析语言的演变，它为现代历史语言学奠定了坚实的科学基础。

1.2 比较步骤解析一

下面以梵语、拉丁语"是"的词形为例，逐步解析西方历史语言学家是如何进行比较的[①]。

先看(1)的第一人称单数as-mi (梵语)和s-um (拉丁语)。梵语的音节起首有元音a，拉丁语没有，暂时无法知道二者孰先孰后；二者都有s，可假定它是古老成分。此外，梵语的as-mi词尾有元音i，拉丁语没有，暂时无法知道有元音的早还是无元音的早，也不知道这个i是否原来就存在。但二者都有m，假定这个m也是古老成分。于是，早期"是"的第一人称单数词形结构可表示为(V)s-(V)m(i)。

再看第二人称单数梵语的as-i和拉丁语的es。二者均以元音开头，表明该元音成分是古老的，但不知道它是a还是e，只能用元音符号V代表。第二人称单数的结构为Vs-(i)。再以同样方式可得到第三人称单数的早期结构形式为Vs-t(i)。

梵语、拉丁语"是"的复数词尾要复杂得多。梵语、拉丁语的第一人称复数都有s尾，这个成分应该属于早期形式。拉丁语的复数词缀开头与单数形式一样，有元音u，梵语没有；此外，梵语的词缀元音是a，拉丁语的词缀元音是u，仍以V代表这个元音成分。第一人称复数的结构为s-(V)mVs。

再比较第二人称复数。参考第一人称复数有s尾，或许推测梵语第

---

① 本节的例子来自Beekes (1995:15-6)。

二人称复数也有s尾，因为拉丁语的-tis有s尾。但西方比较语言学家并没有这么做，可能参考了拉丁语的其他变形或者欧洲其他语言的相关变形。也就是说，在比较过程中，除了分析比较的对象，还要参考其他情况，这会对比较结果产生巨大影响，这种参考的作用，以往介绍西方比较法时常被忽略。本章1.3节将详细讨论这个问题。

比较语言学家没有为早期第二人称复数形式重构s尾，因为觉得拉丁语第二人称复数s尾来源比较容易解释，即它由拉丁语第一人称复数的s尾引起，或者叫类比；反之，如果认为早期第二人称复数形式也有s尾，解释梵语s尾的消失就相对地困难了[1]。所以，第二人称复数的结构为(V)s-t(h)V。

第三人称复数形式又遇到了梵语词缀元音为a而拉丁语为u的情况，仍以V表示这个元音。对于梵语的词尾i，比较语言学家通常把它看作早期不确定成分，放入括弧内；不像对待拉丁语的第二人称复数s尾那样，把它看作受第一人称复数s尾的影响。这i尾又是一个参考了其他情况而影响比较结果的例子。第三人称复数的结构形式为s-Vnt(i)。

现将以上对梵语、拉丁语"是"的初步比较结果列为(3a)，将相应的PIE重建形式列为(3b)(h_1为清喉擦音)[2]，以资对照。

(3) "是"的比较结果及其PIE形式

a. 比较结果	b. PIE	词义
(V)s-(V)m(i)	*$h_1$es-mi	'I am'
Vs-(i)	*$h_1$es-si	'you are'
Vs-t(i)	*$h_1$es-ti	'he is'
s-(V)mVs	*h_1s-mes	'we are'
(V)s-t(h)V	*h_1s-th$_1$e	'you are' (复数)
s-Vnt(i)	*h_1s-enti	'they are'

---

[1] 困难的原因可参考本书第二章1.2节关于底层形式的分析。

[2] 按照Beekes (1995:126)的重构，PIE有三个喉擦音h_1, h_2, h_3，分别为清喉擦音、浊喉擦音、圆唇浊喉擦音，这类喉擦音可对应于其他印欧语的元音。此外，PIE单数形式的重音在词根上，而复数形式的重音在词缀上，此处重音符号省略。

通过比较(3a)和(3b)发现，梵语、拉丁语"是"的早期形式的比较结果与已被认可的PIE重建形式相当接近，这说明上面的比较步骤是正确有效的。

然而，要达到与PIE重建形式完全一致，确定括弧内的成分是否存在或者是什么形式，自觉采取以上步骤而不是跟随他人亦步亦趋，仅靠一个词的比较是不足够的。以上比较过程曾多次提及参考其他情况，包括什么样的选择较易解释，什么样的选择较难解释，这些参照成分必然对比较结果产生重大影响，所以，比较语言学家的古代语言知识以及其他相关语言的知识都会对比较结果产生积极的作用。

1.3　参照在比较中的作用

西方历史语言学家一开始就注意到比较过程中的参照内容。本章开头引述威廉·琼斯的那段经典语言，后面紧接着就是希望"讨论与波斯语古老性有关的任何问题"以求证古代波斯语是否与梵语有"同一源头"，这类"问题"大概属于比较过程中的参照内容。

法国历史比较学家梅耶(Antoine Meillet)在1924年题为《历史语言学中的比较方法》的一个演讲中说过[①]，"正因为语言事实的性质和它们的特殊细节必须在每一种情况下估价，所以要适当地利用这些事实，全靠语言学家的机智、见识和判断力"(引自岑麒祥1992:75)。这里所说的"语言学家的机智、见识和判断力"，就是指比较过程中如何运用参照。因为梅耶在该演讲中提出比较法"是建立语言史的唯一方法"，并说过"单有语文学却是连语言史的开端也无从着手的"这样的言辞，它们可能被误解为比较法不需要历史文献的知识。

其实，仅靠比较不能解决所有语言史的问题；如果缺乏参照，比较法的功能是有限的。梅耶曾这样评论比较法的局限性(引自岑麒祥1992:39)：

[①] 这是梅耶1924年应挪威比较文化研究所邀请参加该所开幕典礼时所作的学术演讲。详见岑麒祥(1992:1注脚)的说明。

因此，我们就没有把握说可以解释所有在共同语时期和有史时期之间所构成的新形式。语言学家对于拉丁语以 -uī 为词尾的完成体的来源，希腊语以 -thēn 为词尾的被动完成体的来源，哥特语以 -da (-ta)为词尾的过去时的来源，只能作出些不确定的和脆弱的假设，这是毫不足为奇的。这些形式都是长期酝酿的结果，酝酿时期中的情况是没法构拟出来的，因为我们没有材料来确定创新赖以实现的详细条件。要想不顾一切的来解释这些情况，以为在这里可以找到一些严格的证明，那就是忽视了比较方法的范围。

梅耶在该演讲中曾批评当时比较研究的不足，他说"现有的理论，与其说是以经过选择的材料为基础，不如说是以不完备、模糊和偶然的材料为基础"(引自岑麒祥 1992:80)。梅耶认为语文学的精密性可以使比较法进一步完善，他这样评价语文学(引自岑麒祥 1992:11)：

> ……语言学家应该利用最正确、最精密的语文学；每当语文学在精密性上有一次进步，语言学家才能有一次新的进步。幸亏语文学家和比较语言学家之间的接触已经逐渐密切起来。这种接触是必要的，因为只有这样，语言学家才能利用一切事实，利用确定的事实，利用观察得最精密的事实。

从梅耶的论述可以看出，比较法脱离不了对有关内容的参照，只是各人对参照物有不同的权衡罢了。虽然无法列出哪些内容可以参照，哪些内容不能参照，大概一切与语言历史及现状有关的现象都可以参照。然而，有一点是肯定的，比较对象越多，对应的语音成分越多，不相符的危险也就越小。梅耶曾以这样的例子说明比较对象与对应规律之关系(引自岑麒祥 1992:29)：

> 比方说，我们如果知道爱尔兰语的 f-与拉丁语的 u (辅音)和梵语的词首音 v 对应，那么，"寡妇"梵语叫做 vidhává，斯拉夫语叫做 vĭdova，古普鲁士语叫做 widdewū，哥特语叫做 widuwo，爱尔兰语叫做 fedb，拉丁语叫做 uidua就显然决不会是偶然的了。在这几个词里，w, j, dh, u等音的相符决不是凑巧的……

> 但是假如我们所比较的不是这样四个确定对应的音素，而是只有三个，证明就没有这样有力；如果只有两个，证明就显得很脆弱；如果只有一个，证明就几乎等于零了。

所以，比较法所做的工作不是拿一两个语言或方言的例子进行简单比较，而是要对尽量多的语言或方言材料进行比较，寻求对应规律。材料越多、越丰富，比较的结果才越逼近真实。

1.4　比较步骤解析二

据上所述，相关语言比较得越多，结果就越真实可靠。例(3)比较了梵语和拉丁语系词"是"现在时的词形变化，得到的结果与重构的PIE大致接近。如果增加一种与梵语、拉丁语相近的希腊语进行比较，结果肯定更加可信。

梵语属于古印度语，拉丁语属于古罗曼语，与二者亲属关系上最为接近的是古希腊语。希腊语有古老的历史文献，但古希腊的哲学家、语文学家对其他语言不感兴趣，所以直到发现印度的梵语，才出现印欧比较语言学。古希腊学者以"名实相应论"来解释词形和意义的所谓"词源学"(布龙菲尔德1980:2)，它对历史比较语言学的贡献甚微。

希腊语方言复杂，历史音变也很复杂，有些音变需要较多篇幅和背景知识才能解释清楚，下面的比较只注重希腊语几个相关音素的异同。希腊语的例子根据Szemerényi (1996:314)的希腊文转写，见(4)。

(4)　希腊语、梵语、拉丁语"是"的词形变化

希腊语	梵语	拉丁语	PIE	词义
eimi	as-mi	s-um	*h₁es-mi	'I am'
ei, eis	as-i	es	*h₁es-si	'you are'
esti	as-ti	es-t	*h₁es-ti	'he is'
eimes	s-mas	s-umus	*h₁s-mes	'we are'
este	s-tha	es-tis	*h₁s-th₁e	'you are' (复数)
eisi	s-anti	s-unt	*h₁s-enti	'they are'

先看第一人称单数。此前(3a)的结果为(V)s-(V)m(i)，希腊语的ei可视为长元音[ē] (Beekes 1995:68)，对应梵语的a，这样，词首元音可以确定。此外，词尾元音 -i 也能确定。通过比较希腊语材料，第一人称单数结构形式有两处(词首和词尾)可以确定，表示为Vs-(V)mi。

再看第二人称单数。此前(3)的结果为Vs-(i)，而(4)的希腊语其中一个读音ei也有i尾，所以第二人称单数的结构形式可重新表示为Vs-i，也增加了一个确定成分。

此前(3)对第三人称单数的比较结果为Vs-t(i)。通过比较希腊语的例子，词尾的i也能确定。

希腊语第一人称复数词首有元音，而此前(3)的比较结果没有词首元音，不妨在早期形式的词首位置上增加元音成分V。这样做还有一个考虑，对照PIE的*h_1s-mes，其中词首喉擦音成分h_1对应某些语言的元音(如希腊语的e)。此外，希腊语词尾的元音e对应梵语的a (希腊语、梵语的e~a对应在其他单数和复数形式里都反复出现)。经过重新比较的第一人称复数结构形式可表示为(V)s-(V)mVs。

希腊语、拉丁语的第二人称复数词首有元音，这使得此前不确定的词首元音能够确定。而希腊语的第二人称复数没有s尾，这证明了此前的考虑，即比较语言学家觉得拉丁语第二人称复数的s尾是由其第一人称复数s尾引起的，不是早期形式传下来的。第二人称复数结构形式可表示为Vs-t(h)V。

由于希腊语第三人称复数词尾有i，可以确定早期形式也有i。此外，可能与第二人称复数一样，词首有个元音。值得注意的是希腊语的i尾前有s，而梵语、拉丁语这个位置上都是t。本书第二章2.1节在介绍历史音变的相对年代时曾引用希腊语的一个音变例子，就是辅音s在两个元音之间脱落，但像tísis"报仇"这类词中间的s另有来源，tísis 来自PIE的*k^witis，希腊语历史上非词首的t在元音i前变为s。因此，我们可以将希腊语第三人称复数的s对应于梵语、拉丁语的t。这样，第三人称复数结构形式表示为(V)s-t(h)i。

现将今次的结果(5a)与此前的结果(5b)(转引(3a)内容)并列一起，看(5a)是否比(5b)更接近PIE形式。

(5) "是"的今次结果与此前结果比较

	a.　今次结果	b.　此前结果	PIE	词义
	Vs-(V)mi	(V)s-(V)m(i)	$h_1$es-mi	'I am'
	Vs-i	Vs-(i)	$h_1$es-si	'you are'
	Vs-ti	Vs-t(i)	$h_1$es-ti	'he is'
	(V)s-(V)mVs	s-(V)mVs	h_1s-mes	'we are'
	Vs-t(h)V	(V)s-t(h)V	h_1s-th_1e	'you are' (复数)
	(V)s-t(h)i	s-Vnt(i)	h_1s-enti	'they are'

毫无疑问，由于增加了希腊语的材料，(5a)与PIE的相似性更接近了。可以相信，随着参照内容的增加，重构的结果也会越来越逼近准确。

这就是比较法在19世纪历史语言学上取得巨大成就的不二法门。

1.5　比较法的假设与局限

历史比较法是建立在以下三个基本假设之上的。第一，它所假设的祖语具有一致性，即方言或社会变体不予理会。按照现今对语言的理解，这条基本假设受到质疑。但这个质疑并不能推翻比较法，因为我们同时看到，方言成分或者社会变体无法影响语言的整体规律，正如语法规律，它不会因为存在特殊现象就否认结构的规律性。

比较法的第二条假设是：语言分化之后就不再接触。按照我们对汉语方言的历史演变的理解，这一条也值得怀疑，因为汉语方言在不同历史时期受到不同时代雅言的影响。汉语方言语音，由于汉字读音和方言接触这两方面的因素，形成了音类多层次的叠置状况。如何离析和辨别汉语语音的历史层次，这是历史语言学的一个新课题。如何判断材料的同一性和相关性，还得靠汉语研究者的学养和探索，还有待于汉语史学者对由层次叠置而产生的系统音变的发掘和探讨。汉语音类多层次的叠置主要反映在不表音的汉字上，一个字有几个读音，哪个音借自其他方言，哪个音来自自身的变化，不易分辨。西方的拼音文字，语言分化之后的接触体现在不同的借词上，借词反映了语言接触，通过比较同源词分辨借词，这正是比较法的特长。所以，加入借词和语言接触的语言比较，比较法的第二条假设还是成立的。

布龙菲尔德看到了比较法这两条假设的局限，他对比较法有这样的评价(1980:393, 400-1)：

> 比较法既不考虑母语内部存在分歧，也不考虑亲属语言间发生共同的变化，所以只能带领我们走很有限的一段路程……

> 比较法是我们重构史前语言的唯一方法，只对内部绝对一致的言语社团和明确的突然分裂才能加以准确的运用。由于这些设想的前提永远不会充分实现，所以也不能要求比较法能够逼真地描画历史过程。

莱曼(Winfred P. Lehmann)在肯定比较法成功的同时，也指出它的局限性。他认为以比较法重建的语音形式，其实际的语音性质是不可靠的。比如，根据希腊语ph、日耳曼语b、斯拉夫语b、拉丁语b、梵语b^h、亚美尼亚语b^h，虽然可将它们的PIE重建为$*b^h$，却无法确定它的准确发音，所以重建形式须求证于类型学的发现(Lehmann 1992:151)。

比较法的第三条假设也是它最有价值的假设：音变是规则的。历史语言学家重构语言的早期形成，就是通过语音的规则变化推测出来的；如果没有音变规则，就没有比较法，历史语言学也不可能成为真正的科学。本章第三节将以西方历史语言学的典型例子深入评述这一假设。

第二节   比较与类比

2.1   同源词的比较

在比较不同语言或方言时，最容易发现彼此相同的是同源词。所谓同源词，就是一组意义相近、语音相似、具有共同来源的词。在无法确定是否属于共同来源之前，那些意义相近、语音相似的词最容易引起注意。但是，词义相近或者语音相似都没有成为独立的学科，只有研究词的起源才是专门学科，叫词源学(etymology)。其英文词根来自希腊语的étymon，意为"词的真正的意思"。

如果比较不同的语言和方言，首先发现的一定是那些意义相同、语音相似的词语。比如"父亲"的概念一般没有歧义，在不同印欧语言里这个词的语音形式具有极大的相似性，下面举古希腊语、拉丁语、梵语的例子[①]。

[①] 本节印欧语的例子主要来自 Hock & Joseph (1996:115, 121, 155-6, 169)，除非另注出处。

(1) 古希腊语、拉丁语、梵语"父亲"的发音

古希腊语	拉丁语	梵语
patér	pater	pitá

如果暂不理会梵语的元音 i (详细讨论参见第六章 1.2 节)，以上三个词具有相似的发音，毫无疑问它们应该属于同源词。

再比较印欧语言的另一个语系——日耳曼语的例子 (材料来自布龙菲尔德1980:381)，见(2)。

(2) 日耳曼语"父亲"的发音 (重音落在首音节)

哥特语	古北欧语	古英语	古弗里斯兰语	古撒克逊语	古高德语
fadar	faðer	fæder	feder	fader	fater

可以看到日耳曼语系诸语言"父亲"这个词都以擦音 f- 开头，而希腊语、拉丁语、梵语都以塞音 p- 开头。词中间的辅音，日耳曼语言大多为 d，希腊语、拉丁语、梵语则是 t。此外，这些词的前一个元音大多为 a，后一个元音大多为 e。除梵语外，所有词最后都有 r。"父亲"的PIE 为 *pətér，原始日耳曼语为 *fáder (布龙菲尔德1980:386)。

其实，古希腊语、拉丁语、梵语与日耳曼语言的对应是很整齐的，词首的 p~f 对应，反映了格里姆定律 (Grimm's Law)；词中间辅音的清浊对应，则反映了维尔纳定律 (Verner's Law)。本章第三节将评述这两条定律。

比较不同印欧语言"父亲"的发音，同源词透露了"同一来源"的很多信息，它们能显示语音对应规律 (如拉丁语、梵语与日耳曼语系的 p~f 对应，t~d 对应)；如有其他参照，就能推测出哪个是较早形式；如果分析正确，还能够帮助重构 PIE 形式。比如，布龙菲尔德 (1980:382) 依据"父亲"的古日耳曼语都以 f- 开头而认为该词现今高地德语区某些方言 (如荷兰语) 以浊音 v- 开头的读音是较晚的形式，他参照的是方言的地理分布。也就是说，既使没有历史文献记载，凭借该形式与其他语言的对应以及可参照的内容，也能在一定程度上为两个相关形式推测它们的历时先后。

汉语方言存在着最为丰富的同源词，它们是研究汉语方音历史的重要材料。然而，判断一组意义相近、语音相似的汉语词是否为同源词，却非常困难。除了"意义相近"这条标准不易把握，"语音相似"更不好把握。这有两方面的因素：一是汉字不能确切地表音，语音变化了，汉字字形不变；二是哪个读音是早期的，哪个读音是后期的，只有通过研究才能决定。王力(1982)的《同源字典》不分早期晚期，他在序里解释了该部字典之所以不叫《语源字典》，因为有时候很难断定哪个是源，哪个是流。

比较意义相近、语音相似的同源词，这样的比较在同一亲属语言的内部进行，或者说是在预设具有同源关系的语言之间进行比较，因为最终还是利用这些词来证明不同语言的亲属关系。这种操作程序上的假定性不包括任意两个语言的比较，这一点基本保证了分析起点的正确[①]。

因此，不能将凡是意义相近、语音相似的词都看作同源词。比如，现代希腊语的['mati]是"眼睛"，马来语的[mata]也是同样的意思，但不能说它们是同源词。"假使我们对于这些语言的历史毫无所知，我们就得从头到尾检查他们的词汇和语言来寻找旁的相似点"(布龙菲尔德1980:374)。因为同源词不可能只限于若干孤例，应该是一大批有对应规则的基本词汇。

此外，受历史文化影响，不同语言间的词汇互借完全可能产生一批相似的"同源词"，如果将这些借词当作同源词分析，这对重构早期形式、追溯语言演变，不但没有帮助，反而产生误导。比如，拉丁语的dentālis"属于牙齿的"，英语的dental"牙齿的"，虽然彼此相似，但二者并非同源词，英语的dental是从拉丁语借来的。

如果考察较多的材料，就能避免这种由"偶然相似"引起的误导。比如，英语和德语同属日耳曼语系，二者关系紧密；而法语(连同意大利语、西班牙语、葡萄牙语)属于拉丁语系，所以英语与法语的关系没有与德语的关系密切。然而，英语在历史演变中，由于诺尔曼人

[①] Beekes甚至说"不存在任何单一方法能保证分析的结果准确无误。虽然理论上应该有这个方法，但在实际上却不是那么回事"(1995:103)。

(Norman，法国北部)于11世纪曾经征服过英国，产生了语言接触，所以下面这些英语词与法语词相似，它们是由语言接触引起的"偶然相似"，也不属于同源词，见(3)[①]。

(3) 英语、法语由接触产生的相似词

英语	法语	德语	词义
calf		Kalb	小牛
veal	veau		小牛肉
cow		Kuh	母牛
beef	bœuf		牛肉
swine		Schwein	猪
pork	porc		猪肉

即使缺乏这方面的历史知识，不了解英国历史上曾被诺尔曼人征服过，通过比较更多的基本词汇，如(4)，还是能够发现(3)的英语词与法语词之间的借用关系。

(4)

英语	法语	德语	词义
to	à	zu	介词(语法的)
too	trop	zu	也
two	deux	zwei	二
twenty	vingt	zwanzig	二十
eat	manger	essen	吃
bite	mordre	beissen	咬
father	père	Vater [f-]	父亲
mother	mère	Mutter	母亲
three	trois	drei	三
thou	tu	du	汝(旧用)

如果比较范围不够大，选词不够多，也可利用其他手段来判断同源

[①] (3)、(4)两例来自 Hock & Joseph (1996:462-3)。

词。音义相似就是一条硬标准。它分为语音相似和语义相似，两个方面不能偏颇。

首先，语义标准是相对的，不是绝对的，不能作为单一标准使用。我们说同源词都具有相关(相近)的语义，绝不是说词义相近的词就是同源词(有学者称之为关系词)。比如，名词"犬"在由拉丁语演变的罗曼语里，如意大利语、法语、西班牙语等，有不同的形式，但词义都相同，见(5)[①]。

(5)   <u>意大利语</u>   <u>法语</u>   <u>西班牙语</u>   <u>词义</u>
       cane   chien   perro   犬
       [ka:ne]   [ʃjɛ̃]   [pɛro]

意大利语的[k]在a前对应法语的[ʃ]，[ka:ne]与[ʃjɛ̃]有同源关系。但西班牙语perro的发音与二者相差很大，原来perro不属于这一组同源词。这是词义相同、语音不同的非同源词例子。

语音标准也是相对的，不是绝对的，因为正是通过比较语音相关的词以寻求对应关系，如果在选择比较对象时就认定它们在语音上相关，那么此后的分析必然为循环论证。因此语音相似也只是辅助手段。在掌握历史音变之前，所谓语音相似或者不相似都是未经证实的，只是假设，不能作证。只有一组音、义同时呈规则对应的词才是证明同源词的最可靠的方法。

2.2 词形变化比较

比较法不仅仅限于同源词，靠同源词产生不了19世纪历史比较语言学。在印欧语言里，最能显示语言系统的是词形变化，它也叫词的屈折变化(inflexion)。19世纪欧洲学者在比较词的屈折变化和同源词的基础

[①] 本例来自Fox (1995:59)。英语dog"狗"在日耳曼语系和由拉丁语演变的罗曼语都有其对应形式，如德语是dogge、瑞典语是dogg、法语是dogue、西班牙语是dogo，它们都来自古英语的docga。古英语的这一形式于16、17世纪进入欧洲大陆语言，通常指某一种狗，不是犬的统称。

上形成了历史比较语言学，可以说词的屈折变化是西方历史比较语言学的主要研究对象之一。

对于欧洲学者来说，梵语之所以有巨大的吸引力，就是因为梵语保持了丰富的词的屈折类型。梅耶这样评价梵语的屈折变化(引自岑麒祥1992:19)[①]：

> 共同印欧语是代表这种所谓"屈折"的最极端的类型。所有词的用法，所有词与词之间的关系，都用词的内部形式的差异来表示。在梵语里，这种"共同印欧语"的特征保存得特别好。"我是"说成ásmi，"他们是"说成sánti，"他曾经是"说成āsa，如此等等。"父亲"这个词用作主语时是pita (主格)，用作直接宾语时是pitáram (宾格)，用作名词的补语时是pitúḥ (离格)。可见同一个词的各种形式之间的差别是很大的，而各个词的功用就要靠这些差别来表示。直到现在，各个印欧系语言，哪怕最进化的，都或多或少保存有一些这种古代的类型。

本章1.1节和1.2节曾以印欧语言"是"的人称变化为例说明比较法的分析步骤。印欧语言的动词时态变化也属于词形变化，下面以梵语和古英语动词"选择"(choose)的时态变化为例，说明如何通过词形变化分辨不同的音变类型。比较(6)的粗体字母[②]。

(6)

	梵语	古英语	现代英语	词义
a.	ǰóṣate	kēosan	choose	选择(现在时)
b.	ǰuǰóṣa	kēas	chose	选择(过去时，单数)
c.	ǰuǰuṣúr	kuron	chose	选择(过去时，复数)
d.	ǰuṣaṇá-	(ge)koren	chosen	选择(过去分词)

先看(6a)和(6b)，梵语带翘舌的擦音 ṣ对应于日耳曼语系古英语的清音s；比较(6c)和(6d)，发现梵语的ṣ对应于古英语的浊音r。如何解释这样的词形变化？印欧语演变的一条重要定律——维尔纳定律(Verner's

---

[①] 引文中梵语符号说明:ā表示长元音a；"父亲"的离格pitúḥ的ḥ表示喉擦音(参见Hock & Joseph 1996:31)。此外，根据Hock & Joseph (1996:115)，梵语"父亲"的主格为pitá。

[②] 根据Hock & Joseph (1996:33)，梵语ṣ、ṇ下面的点表示带翘舌色彩的音。梵语ǰ为[dʒ]，此处笔者将古英语的c改写为k (参见Hock & Joseph 1996:128)。

Law)可说明原始日耳曼语的擦音浊化现象①。

　　(6a)和(6b)的梵语ṣ不符合维尔纳定律(因重音的关系)，所以对应于梵语ṣ的古英语s依然是清音；而(6c)和(6d)的ṣ因为它的前音节不带重音(后音节带重音)，所以在古英语里变为浊音r。

　　再比较(7)哥特语和英语的粗体字母(材料来自Campbell 2004:162)。

(7)	梵语	希腊语	拉丁语	哥特语	英语	词义
a.	saptá	heptá	septem	si**b**un	se**v**en	七
				[si**β**un]		
b.	śatám	(he)katón	centum	hun**d**a (pl.)	hun**d**red	百
	[ʃətəm]		[kentum]			
c.	śrutás	klutós	---	---	hlu**d** (古)	响亮的
	'heard'	'heard'				

　　以上哥特语和英语的粗体字母的浊音，它们前面的音节都不带重音，所以对应古典语言(指梵语、希腊语、拉丁语)的清音。

　　比较(6)的词形变化，除了看出音变规律，还看出由类比产生的音变，后者体现在现代英语的词形变化上。下面将古英语和现代英语"选择"(choose)的词形变化与其他两个日耳曼语言——古高地德语和新高地德语的词形做比较，见(8)②。

(8) 英语、德语词形变化举例

	古高德语	新高德语	古英语	现代英语	词义
a.	kiosan	küren	kēosan	choose [z]	选择(现在时)
b.	kōs	kor	kēas	chose [z]	选择(过去时，单数)
c.	kurun	koren	kuron	chose [z]	选择(过去时，复数)
d.	(gi)koran	gekoren	(ge)koren	chosen [z]	选择(过去分词)

　　比较(8)的粗体字母。古高地德语与古英语一样，原始日耳曼语的

---

① 对维尔纳定律的评述见本章3.3节。

② 高地德语指德国南部山区。新高地德语等于现代德语(Hock 1986:168)。

*s经历维尔纳定律，现在时和过去时(单数)依旧是s，但过去时(复数)和过去分词则变为r。新高地德语则不同，原始日耳曼语的*s全部对应于r。我们不能认为新高地德语的r都无条件地经历了维尔纳定律，也不能认为现代英语的s([z])都没有经历维尔纳定律。

其实，(8)所反映的变化属于另一类变化，叫作类比(analogy)，也叫类推变化。(8)的类比变化是将那些在意义上或功能上不重要的形态音素变化部分地消除。新高地德语的现在时和过去时(单数)的r，类比了它的过去时(复数)和过去分词的r而派生，消除了它原来的形态音素s；现代英语的过去时(复数)和过去分词的s，类比了它的现在时和过去时(单数)的s而派生，消除了它功能上不太重要的形态音素r。

2.3 类比

类比(analogy)是通过词形派生规律以寻求不同语言的语音对应，从而推测语言之间的亲属关系。类比是19世纪西方比较语言学关于语言变化的重要论证手段之一，它与音变规律并重，成为19世纪新语法学派(Neogrammarians)的两条最重要的原则。

对于新语法学派提出的"音变规律无例外"来说，音变规律和类比是一对互相补足的概念。音变规律产生不规则的形态变化，因为音变是不考虑形态的；而类比则是简化词的形态变化，使之规则化，可以说类比是对音变规律所造成的不规则进行修补(Beekes 1995:76)。

类比分为两种：具有对应关系的类比和没有对应关系的类比，前者更常见的名称是"拉平"(leveling)，后者更常见的名称是"四项类比"(four-part analogy)。本节2.2曾引述梅耶所说，印欧语言的词的用法、词与词之间的关系都是以词的内部形式差异来表示的。大多数的词都有自己的词形变化表(paradigm)，"拉平"就是消除词形变化表里的某些形态音素变化，而"四项类比"通常延伸某种形态的类型，如英语名词复数形式加-s的延伸。

2. 3. 1 对应性类比——拉平

所谓"拉平"(leveling)，就是将那些在意义上或功能上不太重要的形态音素变化部分地或全部地消除(Hock & Joseph 1996:155)。将词形变化表的某些形态音素变化消除，等于采取词形变化表里的其他形态音素，在这个意义上，我们可以把"拉平"简单地理解为一种合并。(8)以新高地德语和现代英语动词"选择"的形态音素变化为例，比较了它们与古高地德语和古英语的不同，说明新高地德语将古高地德语的s~r变化拉平(或合并)为r，而现代英语则将古英语的s~r变化拉平(或合并)为s。

下面仍以英语和德语动词"选择"(choose)的古今形态音素变化为例，说明拉平不仅体现在词根尾辅音上，也体现在这一动词过去时形态的词根元音上。比较(9)的粗体字母。

(9) 英语、德语古今词根元音拉平举例

	古高德语	新高德语	古英语	现代英语	词义
a.	ki**o**san	k**ü**ren	k**ē**san	choose	选择(现在时)
b.	k**ō**s	k**o**r	k**ēa**s	chose	选择(过去时，单数)
c.	k**u**run	k**o**ren	k**u**ron	chose	选择(过去时，复数)
d.	(gi)k**o**ran	gek**o**ren	(ge)k**o**ren	chosen	选择(过去分词)

在古英语里，该动词的三种过去时(9b-d)词根元音在ēa~u~o三者之间交替；在现代英语里，三者拉平为o[1]。也就是说，原来的词根元音ēa、u被消除，过去时形态的词根元音都合并为o。相似的拉平也发生在新高地德语，它将古高地德语的三种过去时形态词根元音ō~u~o交替拉平为o。注意，以上的拉平只发生在过去时的词形变化上，不发生在现在时的词形上。

此前说过，把若干不同的形式拉平为其中的一个形式，可将拉平理解为合并，如(8)英语、德语动词"选择"的原有形态音素r~s交替，在现代英语里合并为s，在新高地德语里合并为r。再如(9)英语、德语的词

---

[1] 'chose'里o的发音为复合元音[əʊ]，'choose'里oo发音为长元音[u:]。此外，ē, ō的发音比相应的e, o长。

根元音的拉平现象，古英语的ēa, u, o三种元音合并为o，古高地德语的
ō, u, o合并为o。然而，这种由拉平而产生的音素变化与一般所说的音
变是不同的，前者指特定音素在特定的词形变化表里的替代；后者指
所有符合条件的相关音素都必须变化。比如，(1)和(2)所举的希腊语、
拉丁语、梵语与日耳曼诸语词首p~f的对应，日耳曼诸语言的词首*p>f
的变化，它是格里姆定律所代表的早期印欧语言的一般音变规律。在
分析历史音变时，不可将由拉平产生的音素变化与一般音变混为一谈。
比如，不能以(8)的古英语s~r拉平为现代英语s [z]的例子来证明古、今
英语存在r>s音变；同样也不能以(8)的古高地德语s~r拉平为新高地德
语的r来证明古、今高地德语存在s>r音变；更不能说现代英语走了一条
r>s音变路向，新高地德语走了一条相反的s>r音变路向。

2.3.2　非对应性类比——类比公式

四项类比(four-part analogy)属于典型的非对应性类比，或者叫成
比例的类比(proportional analogy)。格里姆定律发明者之一、丹麦历
史比较语言学家拉斯克说过①："如果两个语言之间最基本的词语所呈现
的词形对应达到了可以用规则来解释其语音差异的程度，那么，这两种
语言就具有基本的亲属关系。" 四项类比通常表示为(10)的形式。

(10)类比公式

　　a : a' = b : X

　　X = b'

该公式表示，由一对已知的a:a'词形变化，类比另一对b:X的词形
变化；在后一对成分里，b为已知项，X为未知项。由前一对a:a'的词形
变化对应于后一对词形变化，可以推测未知项X为b'。

四项类比通常用来分析印欧语言的词形派生演变规律。例如，英
语名词cow"母牛"，它的复数词形是cows，但它的早期形式是kine。原
来，英语"母牛"的复数派生词形cows是通过类比其他名词的复数(如

---

① 引自罗宾斯(1997:191)。拉斯克也是格里姆定律的重要发明者之一，参见本章3.1节。

stones"石头"、arms"手臂"等)的形式而产生,从而取代了它的早期形式 kine。它的类比程序表示为(11)(Hock & Joseph 1996:160)。

(11) 英语cows的类比程序

```
stone    : stones
arm      : arms
pig      : pigs
horse    : horses
…        : …
─────────────────
cow      : X = cows (取代早期形式kine)
```

从这个例子看出,只要存在某种对应关系,一个新形式就可能通过类比而产生。新、旧形式之间虽有古今关系,但二者不存在音变关系。所以,类比公式不是音变规则,它不代表语音变化,它只显示两种相关语音现象存在着某种对应性。

类比公式以对应性显示两种语言的异同,从而说明两种语言可能存在的亲属关系。

2.3.3   类比公式在汉语史研究中的运用

历史比较语言学的类比公式运用于词形变化,可以解释某些古今不同的形式,它不属于一般的语音变化。汉语缺乏形态(词形)变化,古代汉语的某些词类(如代词)的形态虽然比现代汉语丰富,但汉语基本词语的词形从古至今没有规则的词形变化,所以,用于印欧语言词形变化的类比公式,在汉语史研究中不能直接照搬。

然而,类比公式的真正价值在于以对应性说明平行性。对于公式 a:a' = b:b',其中a与a'相关,b与b'相关;但a与b不直接相关,a'与b' 也不直接相关。这个公式的主要意义在于前后两组之间的对应性,即 a:a'对应于b:b'。对应性也叫平行性,即a与a'的关系平行于b与b'的关系。这种由两对相关项构成的平行关系可用来说明两种语言(方言)的对应程度,从而推测它们的历史渊源关系。

鲁国尧(2002, 2003)"'颜之推迷题'及其半解"的文章，为了破解汉语史著名的颜之推迷题——"南染吴越，北杂夷虏，皆有深弊，不可具论"，详释"北""南"兼"吴越"，运用"历史文献考证法"与"历史比较法"相结合的二重证据法，论证了4世纪南朝通语的存在，并提出今通泰、吴、赣方言与之有直接的继承关系。文中所运用的历史比较法，集中体现在比较今通泰、吴、赣方言的咸摄覃、谈两韵和山摄寒、桓两韵的读音，看出该四韵(谈/覃、寒/桓)由不同声母而造成不同主元音的平行分布：舌齿音声母与前元音相配，唇音和牙喉音声母与后元音相配。它们的均衡分布表示为(12)的四韵公式(框中虚线内的"舌齿"与前元音相配)。

(12)四韵公式

鲁国尧认为，该四韵主元音"1/4对3/4"的平行分布在今通泰、吴、赣方言具有很强的一致性，与《切韵》音系相距甚远；而四韵在官话、湘、客、闽方言的今音与《切韵》音系的分合比较接近，从而推断通泰、吴、赣方言与4世纪南朝通语有直接的历史渊源关系。鲁国尧的四韵公式"谈：覃=寒：桓"是以现代方言之间的平行性来论证通泰、吴、赣方言与4世纪南朝通语的对应性，这是将历史比较法的类比运用于汉语史研究的一个范例。

王洪君(2004)认为，鲁国尧的四韵公式里的"寒/桓"与"谈/覃"不对应，所以该四韵公式不成立。她的主要论点是，在北部吴语、吴语处衢片、北部赣语里，同在牙喉音声母条件下，"寒/桓"有开合对立，而"谈/覃"没有，如在大多数吴语和北部赣语里，"肝寒"≠"官桓"而"敢谈"="感覃"。所以，寒/桓、谈/覃四韵在吴语里的韵母关系并不平行，这种不平行关系表示为(13)。

(13)吴语寒/桓、谈/覃四韵不平行关系

舌齿	舌齿
谈	覃
牙喉	牙喉

舌齿	舌齿
寒	桓
牙喉	牙喉合口

比较(13)与(12)的不同,(13)的桓韵牙喉音为一组合口,有u介音,即"寒/桓"牙喉音声母有开合的对立,所以吴语、赣语不存在谈/覃、寒/桓四韵像鲁文所主张的平行关系,吴语、赣语与通泰方言之间缺乏一致性,进而无法证明南朝通语与切韵音系语言的分野。以上是王洪君的观点。

鲁文以翔实的书证重申南朝通语的存在,以四韵主元音的"1/4对3/4"对应性提出今通泰、吴、赣方言与之有直接继承关系。王文的论证只针对吴语、赣语里四韵的开合不平行性,并没有对鲁文的四韵主元音"1/4对3/4"的平行性提出质疑。笔者认为,如果"南朝通语"这个早期形式不与今通泰、吴、赣方言形成直接的继承关系,便无法证明颜之推"南染吴越"中的"吴越"即今吴语[1],也无法破解"颜之推迷题"。可以看出,四韵公式的成立与否,是鲁文论证的关键所在。

西方历史语言学的类比公式以已知的三项类推未知的第四项,它的重点在于推测第四项内容。类比公式的前提是四者之间必须形成双重平行关系,以公式a:a' = b:b'为例,第一重平行关系是a与b以及a'与b';第二重平行关系是a:a'与b:b'。鲁文的四韵公式不存在类推第四项内容,它的关键在于四项之间的双重平行关系。笔者认为,鲁文的第一重平行关系应该成立,即"谈/覃"韵的舌齿音声母与前元音相配,唇音声母和牙喉音声母与后元音相配;"寒/桓"韵也存在类似的配合关系。

按照王洪君的分析,鲁文四韵公式的不平行性表现在第二重平行关系上,即"谈/覃"与"寒/桓"不对称,因为桓韵牙喉音为合口,声母与主元音之间有u介音,而"谈/覃"韵并不存在开合对立,因此"谈:覃"≠"寒:桓"。

---

[1] 丁邦新(2006)赞同何大安的看法,认为《颜氏家训》中的"吴越"指越族或山越语言,它们是"非汉语"成分。

可以看到，王文认为的不平行性的依据是u介音的有无，鲁文的四韵公式则是看主元音舌位前后对立所形成的"1/4对3/4"分布，二者的参照物实际上有所不同。然而，作为类比公式的第二重平行关系a:a' = b:b'，前后两对("谈/覃"和"寒/桓")除了所比较的内容不同(主元音舌位前后对立)，其他方面的内容也应该尽量一致。

以上汉语史研究的例子说明，运用类比是寻求语音的对应关系，这样的对应关系可以揭示两种语言(或方言)是否具有渊源关系。

下面以上古汉语人称代词的词形为例，说明通过类比，可用其他语言材料帮助重构原始汉语形式。王力认为，上古汉语第一人称代词"吾"、"我"有格的分别，"吾"用于主格和领格，"我"用于主格和宾格。当"我"用于宾格时，"吾"用于主格；当"吾"用于领格时，"我"往往用于主格。此外，第一人称"吾"、"我"和第二人称"汝"、"尔"的韵母也有相同的屈折变化(1980:260-1)。它们的对应关系表示为(14)。王力推测，按照"吾"、"我"格的分别，"汝"、"尔"也应该有格的分别，但现有史料无法证明后者也有这种分别。

(14) 上古汉语人称代词的屈折变化

	第一人称	第二人称
主格/领格	吾 *ŋa	汝 *nǐɑ
主格/宾格	我 *ŋɑ	尔 *nǐa

考察其他汉藏语言，发现缅甸语的人称代词也有类似的格变化，见(15)(Hock & Joseph 1996:179)。

(15) 缅甸语人称代词的屈折变化(上标数字代表声调类别)

	第一人称	第二人称
名词格	ŋa^1	nĩ^1
非名词格	ŋa^2	nĩ^2

比较(14)和(15)，缅甸语的屈折变化体现在声调上，上古汉语的屈折变化体现在韵母元音上；此外，二者声母、韵母也有整齐的对应。只是不能以(15)的声调变化推测(14)也有声调屈折变化，因为"汝"、"尔"的声调没有分别。

2.4   类比和音变的双重影响

此前说过，由类比产生的音素变化不同于一般的语音变化，前者作用于词形变化表里的某些形态音素，后者出现于一切符合音变条件的语音环境。然而，之二者在语言演变中通常相互联系，二者的结合对词的结构产生巨大影响，形成西方语言学里的形态学(morphology)。比如，古英语的名词具有丰富的格变形，"石头"(stone)的变形见(16a)；现代英语只剩下两种形式，见(16b)(Hock & Joseph 1996:10)。

(16)古今英语名词stone的格变形[①]

a.   古英语   b.   现代英语

单数	复数		单数	复数	
stān	stānas	主/宾格	stone	stones	基本式
stāne	stānum	与格			
stānes	stāna	领格	stone's	stones'	领格

以上古、今英语的差异属于语音变化，该音变消除了所有的格的后缀元音以及与格复数的m尾。然而，如果仅仅是以上音变规则起作用，那么现代英语stone的形式应该是(17)，而不是(16b)。

(17)

单数	复数	
stone	stones	主/宾格
stone	stone	与格
stones	stone	领格

(17)的与格已丧失了自己的形式，而主格与领格的单复数形式正相反，所以该系统的一致性较差。这时，类比发挥作用，它将原有的主格/宾格复数的-s延伸到其他复数形式。此外，如果类比跟音变规则一样，现代英语的领格也应不复存在；正因为类比未发生在领格形式上，现代英语的领格仍保留了单数的-s，它与复数的-s发音上完全相同，仅在书写上有些差异。

[①] 现代英语的词尾e不发音。

现代英语stone的这个类型也影响到其他词的格变形。比如，名词"照顾"(care)的格变形被看成跟随stone的格变形，它也是通过类比而产生，见(18)(Hock & Joseph 1996:177-8)。

(18)古今英语名词care的格变形

a. 古英语

单数	复数	
caru	cara	主/宾格
care	cara	与格
care	cara/carena	领格

b. 现代英语

单数	复数	
care	cares	基本式
care's	cares'	领格

汉语史也存在类比和语音变化相互关联的现象。比如，上古汉语由动词"结"而派生出名词"髻"，且派生词大多为去声(王力1982:51-2)[①]。根据郑张(2003:361)的构拟，"结"的原始汉语为入声*kiid (在郑张的系统里，ii为长元音，尾音d与t不对立)，"髻"的原始汉语为去声*kiids。"结"、"髻"的区别，郑张认为主要是有无 *-s尾，王力认为是声调的不同。这里不讨论王力的名词派生手段(去声)和郑张的音节结构 *-s尾孰是孰非，而是将二者合而为一，既把它看作一种派生手段，同时也看作音节结构的一种韵尾，这么做是为了说明它在后来的演变中受到类比和语音变化的双重作用而消失，因为目前还没有材料证明这种派生手段和*-s尾的消失孰先孰后。

笔者认为，此处的"类比和语音变化的双重影响"应该这么理解：语音变化上，根据郑张的观点可把*-s尾首先看作原始汉语的韵尾特征，其次才与伴随声调(去声)相关；到了中古音*-s尾变成了去声，这属于语音变化。类比变化则指所有的*-s尾(包括派生词尾)到中古音都消失了，这大概是受到音节结构上的类比。

[①] 王力的上古音构拟是"结"*kyet (入声)、"髻"*kyet (去声)，他认为后者属于同音不同调的派生词(1982:51)。

2.5 寻找对应规律

本章所说的形式比较，包括了意义相近、语音相似的同源词和词的形态音素变化的比较，通过语音形式发现对应关系(参见第四章2.3.1节)；对应关系积少成多，便形成对应规律。

将类比公式运用到汉语史研究，不像类比公式(10)所代表的以已知项类推未知项，因为汉语的词形变化不丰富，不存在可类推的屈折系统；此外，汉字也不具备表音特征。所以，汉语史研究应该以公式的四项所包含的双重平行关系来揭示相关语音的对应性，从而说明语言(或方言)间的渊源关系，这也是通过语音形式寻找对应规律的做法。然而，汉语方言之间的关系错综复杂，可以找到的平行关系各种各样，有些关系有代表性，具有较高的历史价值，有些关系没有代表性，历史价值不那么大；需要认真地权衡这些平行关系，优先考虑那些历史价值较高的对应性。在这一方面，可借用第二章1.4节介绍的优选论的制约系统，由于排列制约条件的等级是因具体方言而异的，所以判断某个汉语方言如何在各种因素的互动中演变发展，或许优选论的同一组制约条件的不同排序，即以上所说的历史价值或大或小且具有平行关系的语音对应性，可为显示汉语历史音变的共性与个性提供一个理论框架(蒋平2005)。

所谓寻找对应规律，就是发现对应关系；对应关系积少成多，便形成规律。此处的"积少成多"有两层含义：一是对应的面广，二是对应的量大。前者指对应关系的种类多，后者指某种对应关系所涵盖的词语多。

此外，意义相近或语音相似的标准不易掌握，它们相近或相似到何种程度可以参考，何种程度不能考虑，都是见仁见智的。然而，正是由于对应关系所揭示的音变规律使得比较法成为历史语言学的一门真正的学科，因此，比较的对象不是单个的、偶然的例子，而是将比较作为一个立足点，作为一个系统性的研究方法，它应将所有的相关材料放在一个系统内进行考察。

第三节　印欧语的一般音变规律

3.1　格里姆定律

　　格里姆定律(Grimm's Law)在历史比较语言学中的地位，可媲美 Chomsky & Halle的《英语音系》在经典生成语言学的地位。要了解历史比较语言学的实质，必须知道格里姆定律及其相关定律。本章2.1节曾比较"父亲"一词的古希腊语、拉丁语、梵语与日耳曼诸语言的发音，显示后者以擦音f-开头，前者以塞音p-开头，词首位置上的p~f对应正是格里姆定律的反映。

　　格里姆定律主要是解释日耳曼语言与原始印欧语的不同。早在1786年，英国威廉·琼斯爵士的那段被誉为比较语言学的开创之言里提到的"哥特语"(Gothick)与梵语有共同的源头，这个"哥特语"大概是指日耳曼语[①]。

　　然而，早期印欧比较语言学家只注意各种语言词形结构的异同，他们缺乏语言变化的概念，特别是缺乏语音变化的概念。举个例子，德国历史语言学家波普(Franz Bopp) 1816年出版的《希腊语、波斯语、日耳曼语与梵的动词变化之比较》一书，对历史比较语言学产生了极大的影响，但他对语音演变却一无所知[②]。他的观点受到当时唯理语法学派的影响，他相信任何句子都包含三个不可缺少的元素：主语、谓语、

[①] 威廉·琼斯那段话里的'Gothick'可能指日耳曼语，该语支包括英语、德语和哥特语 (Hock & Joseph 1996:42)。哥特语的年代在3世纪至5世纪。

[②] 裴特生对波普的批评一针见血，他说(裴特生 2010[1931]:238)："在那本专门讨论形态 (动词变化)的比较研究里，他并没有将音韵部分独立分开；在他的著作里凡是涉及音韵的时候，就暴露了他还是完全缺乏了解……他所考虑的语音演变并不服从任何规律。要是由同一个出发点得出两种不同的结果来，他也毫不介意。音变是一种自由，一个语言可以随便使用或者不使用。照他的估计，这样的变化是任意的，偶然的。他用了一些浮华空泛的词句，如果认真推敲，简直是毫无意义"。

系词。对于系词的功能，他这样论述(引自岑麒祥1988:127-8)^①：

> 一个动词，就这个名辞的最严格的意义来说，是语言中的一个词类，人们用这个词类把主语和它的谓语联系起来。按照这个定义，语言中只能够有一个动词，即实体动词，在拉丁语是esse，在英语是to be……像希腊语、拉丁语等这样结构的语言可以用一个这一类的动词来表达整个逻辑上的命题，但是里面那个表示主语和谓语的联系的词类可以完全省略或暗藏着。例如，拉丁语的动词dat表示"他给"或"他正在给"这个命题，t这个字母表示第三人称，是主语；da表示谓语"给"；语法上的系词被隐藏着。可是在动词potest"他能够"里，这个系词就被表现出来；potest本身包含有这三个部分：t是主语，es是系词，pot是谓语。

Hock & Joseph (1996:113)批评了早期学者这种不成熟的想法，比如，对于希腊语的lú-s-ō 'I will loosen' (我将松开)，因为其中的s表示将来时态，所以早期学者认为它必然与词根es- 'to be'有直接的关系。

只有到了丹麦语言学家拉斯克和德国语言学家格里姆(Jacob Grimm)^②，他们比较了日耳曼语系和其他三种古典印欧语言(希腊语、拉丁语、梵语)，结果有如下发现：

一、日耳曼语系属于印欧语言；

二、日耳曼语系和其他印欧语言之间的差异可用系统的语音变化来解释；

三、同样一套音变规则也可解释德语与其他日耳曼语言之间的差异。

---

① 通过比较北京大学出版社1988年出版的岑麒祥《语言学史概要》和世界图书出版公司2008年出版的岑麒祥编著、岑运强评注的《语言学史概要》，笔者发现后者的个别国际音标有误，所以本书只参考1988年版。比如，岑麒祥(1988:131-2)概括格里姆的语音变化规律，其中一句"希腊、拉丁语的清塞音p, t, k变成了峨特语的送气清音f, þ, h,"后半句在新版里成为"峨特语的送气清音f, ø, h"(岑麒祥2008:111)。按照岑麒祥(1988)的"正误表"，此处峨特语的[þ]应为[ɸ]。其实，[ɸ]是双唇清擦音，常用于希腊语，如pherō 'I carry'的词首辅音ph，参见本节的(1c)。此外，[þ]是研究日耳曼语的传统符号，是个清齿擦音，它的常见形式为[θ] (Hock & Joseph 1996:31)，如布龙菲尔德(1980:457)以[f, θ, h]表示原始日耳曼语。[þ]、[ɸ]二者语音相近，不是孰正孰误；但新版用[ø]却是个错误，因为[ø]是个元音符号。

② 格里姆的弟弟威廉·格里姆(Wilhelm Grimm)更为中国人所了解，因为他是《格林童话》的作者，弟弟的姓通常译为格林，参见罗宾斯(1997:192)。

拉斯克和格里姆的最初成果分别发表于1818年、1819年，轰动了当时的整个语言学界，从此，历史比较语言学成为一门真正的科学。

在介绍格里姆定律之前，先解释为什么叫"格里姆定律"而没有拉斯克的份儿。其实，发现日耳曼语系与古典印欧语言之间的对应是丹麦人拉斯克的功劳(Hock & Joseph 1996:115)。拉斯克1814年完成他的著名论文《古北欧语与冰岛语起源研究》，该论文1818年以丹麦文发表，被称为印欧历史比较法的先驱(Pedersen 1931:248)。对于语言比较，拉斯克说，只有语法上的对应才是表明语言亲属关系或初期统一体的最可靠标志。在该论著的Thracian"色雷斯语"部分里[1]，拉斯克将希腊语、拉丁语与日耳曼语比较，列出最重要和最必要的352个常用词，说明希腊语和拉丁语与日耳曼语有某种相同的变形。尽管拉斯克只有短短的几页涉及语音问题，但它意义巨大，因为这是有史以来第一次显示语音演变是规则的(Pedersen 1931:251-2)。

德国人格里姆1822年重新发表他的《德语语法》时，在拉斯克词表的基础上巧妙地将语音对应以公式来表示。结果，在非德语国家，该公式以"格里姆"命名；在德国反而没以"格里姆"命名。格里姆自己称之为"语音变换"'Lautverschiebung'(德语)，它在德国的常见名称是"第一日耳曼语语音变换"(First Germanic Sound Shift)，以区别于"古高地德语语音变换"，后者又叫"第二德语语音变换"(Second German Sound Shift)(Hock & Joseph 1996:115)。

下面以三种古典语言(希腊、拉丁、梵语)为一组，以日耳曼语的哥特语和古英语为另一组，比较词首辅音(以粗体字母标示)的异同，见(1)[2]。

---

[1] 拉斯克这部论著的"色雷斯语"部分1822年以《论色雷斯语的分类》为题译成德语发表，他的"色雷斯语"指希腊语和拉丁语(见威廉·汤姆逊 2009 [1960]:63-5)。

[2] 本节关于格里姆定律和维尔纳定律的说明和例子来自 Hock & Joseph (1996:115-22)。

(1) 古典语言与日耳曼语词首辅音比较(重音符号省略)[①]

	希腊语	拉丁语	梵语	哥特语	古英语	词义
a.	patēr	pater	pitā	fadar	fæder	'father'
	treis̯	trēs	trayas	þreis	þrī	'three'
b.	deka	decem	daśa	taihun	tēon	'ten'
	geuomai	gustus	ǰoṣ-	kiusan	keosan	'choose'
c.	pherō	ferō	bharāmi	baira	beoru	'I carry'
	thē-ka	fē-c-ī	dhā-m	dē-þ-s	dæd	'put/do; deed'
	kheuō	fu-n-d-ō	ho-tar-	giutan	gēotan	'pour'

　　比较这些同源词的词首，可以推测它们的PIE形式。 (1a)应该是清塞音；(1b)应该是浊塞音；(1c)应该是浊送气音，因为古典语言的形式有清有浊，但都明显地送气，而日耳曼语的形式都是不送气的浊塞音。

　　从以上比较看出，日耳曼语与古典语言有明显的规则的对应。 (1a)的古典语言为清塞音，日耳曼语为清擦音；(1b)的古典语言为浊塞音或塞擦音，日耳曼语为清塞音；(1c)的古典语言为送气音，日耳曼语为不送气的浊塞音。拉斯克和格里姆提出三条音变规律解释从PIE到原始日耳曼语(前1世纪)的演变，史称"格里姆定律"，见(2)。

(2) 格里姆定律

i.　PIE的清塞音变成原始日耳曼语的清擦音；

ii.　PIE的浊塞音变成原始日耳曼语的清塞音；

iii.　PIE的浊送气音变成原始日耳曼语的浊塞音。

　　(2i)解释了(1a)的不同，(2ii)解释了(1b)的不同，(2iii)解释了(1c)的不同。格里姆定律不仅影响所有塞音，它还涉及众多词语，(1)只列举了数以百计中的七个。

[①] 根据Hock & Joseph (1996:33)，梵语daśa 'ten'的ś带腭音色彩。笔者把引例中希腊语的treîs 'three'改为treis̯，其中i̯为短元音，依据了Joseph (1989:419-20)对希腊语ei̯>ē的说明以及Beekes (1995:68)对希腊语ei相当于长元音ē的解释。根据Pedersen (1931:252)的例子，希腊语的ph为[ɸ]，th为[θ]，kh为[χ]。此外，[þ]是日耳曼语常用的符号，它相当于[θ]。

(2i)和(2ii)不能循环使用，而且存在相对年代的先后，否则这两条规则会将日耳曼语的塞音和擦音合二为一(参见(3a)的前两排)。布龙菲尔德(1980:457)曾说过，"在前日耳曼语时期，只有在原始印欧语[p, t, k]早已转化为原始日耳曼语[f, θ, h]这一类型以后，原始印欧语[b, d, g]才能转变为原始日耳曼语[p, t, k]，这个次序是很清楚的——因为日耳曼语的实际形式显示了这两组音位并没有合流"。关于格里姆定律三条规则的关系，本章3.5.3节将讨论三者之间存在"拉链"或者"推链"的可能性。

格里姆定律在19世纪初发表以后，许多类似的音变规律也在其他语言里相继发现。比如，高加索山脉以南的亚美尼亚语(Armenian)有类似的词首辅音的变换规律(Beekes 1995:130)；甚至非洲南部班图语的清塞音也有类似变换，该班图语正是以此有别于其他班图语(Hock & Joseph 1996:117)。

Beekes (1995:130)用音标符号把PIE到原始日耳曼语的语音变换表示为(3a)。此前提及格里姆定律在德国更常见的名称为"第一日耳曼语语音变换"。德语的历史演变还有一套"古高德语语音变换"(也叫"第二德语语音变换")，例如，*opan>off an 'open'，*taihun>zehan 'ten'，*dauhtar>tohter 'daughter'，*broþar> bruoder 'brother'，*þat>dazz 'that'。Beekes (1995:131)把这套发生在4世纪至8世纪的古高地德语的辅音变换表示为(3b)。

(3a) 从PIE到原始日耳曼语的语音变换[①]

PIE		原始日耳曼语
p, t, ḱ, k^w	>	f, þ, χ, χ^w
b, d, ǵ, g^w	>	p, t, k, k^w
b^h, d^h, ǵ^h, g^{wh}	>	b, d, g, g^w

[①] 根据Beekes (1995:124)的说明，PIE的ḱ代表腭化的k，其余的以此类推。χ为小舌清擦音。

(3b) 古高德语语音变换①

p>pf (or ff)	b>p
t>z (or zz)	d>t þ>d
k>kch (or hh, ch)	g>k

下面引用拉斯克的例子(引自 Pedersen 1931:252),将希腊语、拉丁语与原始日耳曼语(以古北欧语为例)的辅音对应(以粗体字母标示)排列为(4)(括号里的例子由 Pedersen 从拉斯克的词表里选出)。

(4) 希腊语、拉丁语与古北欧语的辅音对应②

对应	希腊语/拉丁语	古北欧语	汉语词义
ɸ/f:b	**ph**ēgós 'oak' / (**f**āgus 'beech')	**b**ók 'beech'	橡树/山毛榉③
	phérō 'I carry' / (**f**erō 'I carry')	**b**era 'to carry'	携带
θ:d	**th**yrā 'door' / (**f**orēs 'door')	**d**yrr 'door'	门
χ:g	**kh**ytó-s 'poured'	**g**jóta 'to pour'	灌/倒
	kholé 'gall'	**g**all 'gall'	胆汁
	(**h**ostis 'stranger')	(**g**estr 'guest')	陌生人/客人④

下面引述岑麒祥(1988)对格里姆"语音变换"规律的概括。其中代表希腊语、拉丁语的送气清音"f, th, ch"在(3a)里没有对应的形式,其余的字母符号所代表的语音需要参照(3a)、(3b)以及(4)的内容才能得到正确

---

① kch的c表示塞擦,h表示送气。括号内的形式出现在元音之间(Beekes 1995:131)。

② 希腊语的ph为[ɸ],th为[θ],kh为[χ]。

③ 日耳曼语系的bók与拉丁语fāgus和希腊语phēgós为同源词。山毛榉 'beech' 的果实是古代欧洲牲畜的食物,木块可能被用于书写,所以bók也是英语 'book' 的早期形式(Barnhart 1988:85, 106)。该词的意思到了巴尔干半岛的希腊语里肯定起了变化,因为山毛榉越往南越稀少(Pedersen 1931:322)。橡树属于山毛榉的一种。

④ "陌生人"PIE为 *gʰostis,既是客人,也是敌人。拉丁语为hostis"陌生人、敌人",哥特语为gasts"陌生人、客人"(Beekes 1995:39, 58)。从"陌生人"演变为"敌人"是理所当然的。而英语的host是招待陌生人的人(Barnhart 1988:492),它与guest同源。

的诠释①。

> ……希腊、拉丁语的清塞音 p, t, k 变成了峨特语的送气清音 f, þ, h，高德语的浊塞音 b, d, g；希腊、拉丁语的浊塞音 b, d, g 变成了峨特语的清塞音 p, t, k，高德语的送气清音 f, z [ts], ch [x]；希腊、拉丁语的送气清音 f, th, ch 变成了峨特语的浊塞音 b, d, g，高德语的清塞音 p, t, k。由希腊、拉丁语变为峨特语的这一阶段他叫做"第一次语音变化"，由峨特语变为高德语的这个阶段叫做"第二次语音变化"。

参考以上表述，本书作者将以上的"语音变换"诠释为下面三组系列变化：

一、古高德语的浊塞音 b, d, g 由峨特语的送气清音 f, þ, h 变来(如(3b)的 þ>d)，峨特语的 f, þ, h 由 PIE 的 p, t, k 变来(如(3a)的 p, t, k>f, þ, χ 系列)；

二、古高德语的送气清音 f, z [ts], ch [x] 由峨特语的清塞音 p, t, k 变来(如(3b)的 p>pf (or ff) 系列)，峨特语的 p, t, k 由 PIE 的 b, d, g 变来(如(3a)的 b, d, ǵ>p, t, k 系列)；

三、古高德语的清塞音 p, t, k 由峨特语的浊塞音 b, d, g 变来(如(3b)的 b>p 系列)，峨特语的 b, d, g 由 PIE 的 b^h, d^h, $ǵ^h$ 变来(如(3a)的 b^h, d^h, $ǵ^h$>b, d, g 系列)。

这三组系列变化好像构成了某种循环。

格里姆认为，古高德语的塞音变换(以(3b)为代表)与格里姆定律 PIE 的送气音变成浊塞音是平行的，二者具有很大的相似性。以致格里姆相信可以把 PIE 的浊送气音跟原始日耳曼语清擦音归为一类(包括送气音、塞擦音、擦音)，叫送气音 'aspiratae'，它与浊塞音(格里姆以

---

① 岑麒祥解释格里姆的"语音变换"规律以希腊语、拉丁语为"第一日耳曼语系语音变换"的起始形式(1988:131-2)。根据 Beekes (1995:132-3)的说明，PIE 没有清送气音系列，PIE 的所谓浊塞系列和浊塞送气系列也可解释为紧喉(glottalized)系列 [p'] 和送气系列 [p^h]。根据这个解释，岑麒祥所说的"希腊语、拉丁语的送气清音"应该对当 PIE 的送气系列 b^h, d^h, $ǵ^h$, g^{wh}，例如，PIE *b^h>希腊语 ph ([ɸ])，PIE *neb^hos >希腊语 néphos >古高德语 nebal 'cloud'；PIE *d^h>希腊语 th ([θ])，PIE *h_1uid^heu >希腊语 ēítheos, 拉丁语 vidua 'unmarried; widow' (Beekes 1995:127)。

'mediae'表示)以及清塞音(格里姆以'tenues'表示)对立①。于是，从PIE到原始日耳曼语(PGmc)再到古高德语(OHG)的演变可用(5a)概括②，它们之间的变换表示为(5b)的循环图(A代表aspiratae，M代表mediae，T代表tenues)(Hock & Joseph 1996:352)。

(5) 格里姆定律和"古高德语语音变换"的概括形式

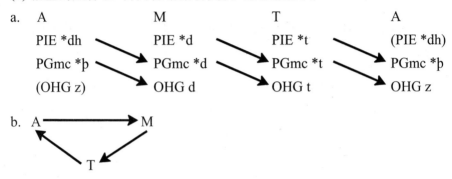

Hock & Joseph (1996)认为，虽然"古高德语语音变换"的某些方面确实与格里姆定律很相像，但格里姆这样概括是错误的，理由是：

  一、语音学上，格里姆将浊送气、清塞擦、清擦音归为一类的做法不能接受；

  二、虽然齿音的þ和d分别变成d和t，但相应的唇音p和软腭音k却没有类似的平行演变③。

  "古高德语语音变换"与格里姆定律有所不同，前者的系统变换只在清塞音，并且它只适用于瑞士及德国西南部的Alemannic语言④；从中部德语(Central German)至低地德语(Low German)，它的规律性逐渐消失(Hock & Joseph 1996:353)。

---

① 德语的"送气"是Aspirata，"清塞音"是Tenues。

② Szemerényi (1996:17)认为应该是清塞音变成送气音，送气音变成浊塞音，浊塞音变成清塞音；这个变换的第一步与Hock & Joseph (1996:136)的看法一致，参见本章3.5.3节的链移。

③ 岑麒祥对这两点也有类似的批评，见岑麒祥(1988:132)。

④ 该地区叫Upper German。而"高地德语"包括Upper German和Central German，与低地德语相对(Hawkins 1989:113)。

罗宾斯(1997:191)也提到格里姆把古高德语的送气音、塞擦音、擦音归为一类的做法，"这种错误只有在当时把语音研究当作字母研究的一部分的情况下，才可能发生"[1]。

然而，正如Szemerényi (1996:18)所说，"尽管格里姆犯了一些错误，甚至在某些重要的环节上，如送气音的性质，但这些错误对他的历史贡献丝毫没有影响"。

3.2 从格里姆定律到维尔纳定律

格里姆定律出现后，拉斯克、格里姆及其同道者虽然发现语言变化如此规则，但他们并没有指望语言变化无例外。实际上他们发现格里姆定律不能运用于所有的词。比如，根据格里姆定律的第二条音变，PIE的浊塞音变成日耳曼语的清塞音，但有些日耳曼语的词却像古典语言那样保留了浊塞音，如英语day，拉丁语为dies，德语为Tag [tāk]。英语和德语属于日耳曼语，德语的词首辅音为清音，符合格里姆定律；但英语的day是浊音，与拉丁语同，这不符合格里姆定律。再看(6)的例子(Hock & Joseph 1996:118)。

(6) 格里姆定律例外举例一[2]

	拉丁语	古英语	词义
a.	**c**aptus	**h**æft	'captured'
b.	**p**is**c**is	**f**isk	'fish'
c.	**sp**uō	**sp**īwan	'spew, spit'
	stō	**st**andan	'stand'

(6a)和(6b)的情况很有意思。二者的词首辅音符合格里姆定律(2i)，即(6a)的c [k]>h [x]和(6b)的p>f；但二者后半部分的辅音 [t]或 [k]却未变擦音，这不符合格里姆定律。(6c)的例子则说明，即使前面没有其他塞

---

[1] 19世纪历史语言学家对于字母与语音的认识，参见第五章第二节的内容。

[2] 拉丁语的c发音为 [k]。

音，p或t也不变化。以上例子说明有些清塞音没有变成擦音①。

此外，不少日耳曼语的词把古典语言的清塞音变成浊音，比较(7)的哥特语和古英语的粗体字母(材料来自Hock & Joseph 1996:119)。

(7) 格里姆定律例外举例二

	拉丁语	梵语	哥特语	古英语	词义
a.	pater	pitá	fadar	fæder	'father'
	māter	mātá		mōdor	'mother'
b.	frāter	bhrátá	brōþar	brōþor	'brother'

(7a)的哥特语和古英语将古典语言(拉丁语、梵语)的t变成浊音d，这不符合格里姆定律；而(7b)的日耳曼语则变成清擦音þ，这符合格里姆定律。同样是亲属词，有的跟定律变了，有的没有跟随定律。

Hock & Joseph指出，英语day和拉丁语dies不是同源词，它们是一对"假词源"②。与拉丁语dies同源的英语词是Tuesday的前半部分③，二者的PIE为*dy(e)u-，意思是'sky, light, day'。此外，有一些例外来自借词，如拉丁语的pondus 'weight'，古英语为pund，现代英语为pound，英语的这个词借自拉丁语，所以未受格里姆定律影响。

排除了非同源词和借词因素以后，罗德纳(Lottner 1862)发现，(6)的例外并非偶然，也是有规律的。规律就是那些未变擦音的清塞音，它们前面还有一个清擦音，不管这个清擦音是源自PIE还是从格里姆定律变来的。比如，(6b)的[k]以及(6c)的p, t没有变为擦音，因为它们前面都有清擦音s；(6a)的古英语也没有变成擦音，因为它前面有清擦音f，这个f由PIE的*p变来。

这个发现将日耳曼语清擦音后面的清塞音从规则的例外中排除，使得格里姆定律具有更大的普遍性。此外，还能看到某些音变会影响另一些音变，后者叫作条件音变。罗德纳的发现属于条件音变，格里姆

---

① 本书第四章第一节将详细介绍19世纪历史语言学家对格里姆定律三组例外的分析。

② 布龙菲尔德(1980:438)把这种偶然的巧合叫"假词源"。

③ Tuesday的古英语形式为Tiwesdæg，意思是'Tiu's day'。Tiu是日耳曼神话里的天空之神。

定律属于无条件音变。

　　(7a)的清塞音变成浊音，这个例外比较复杂，直到1877年丹麦语言学家维尔纳(Karl Verner)才发现这些所谓例外也是有规律的。这个规律经过半个多世纪才发现，不是这些例外被忽视，而是它们不可能通过修改格里姆定律来解决，需要另起炉灶，需要另找规律。此外，如果眼光只盯着日耳曼语言，也找不到出路，许多历史比较学者后悔为什么自己没能像维尔纳那样，从其他语言入手寻找规律。这个新规律——维尔纳定律(Verner's Law)，它的音变条件很隐蔽，从日耳曼语本身看不出来，要考察希腊语和梵语，必要时还要参考印欧语言的重音位置。

3.3　维尔纳定律

　　(7a)的例外是两个元音之间的清塞音变成浊音，并且所对应的梵语的前一个音节不带重音。因为梵语保存了PIE的重音位置，可以说(7a)日耳曼语的例外与原始印欧语的重音有关。

　　本章2.2节曾以梵语和古英语动词"选择"(choose)的时态变化为例，分辨音变类型，这一变形也证明了维尔纳定律。为了便于说明，现将本章2.2节的(6)转引如下。

(8)　<u>梵语</u>　　　　<u>古英语</u>　　　　<u>词义</u>
a.　ǰóṣate　　　kēosan　　　'choose'　(现在时)
b.　ǰuǰóṣa　　　kēas　　　　'chose'　(过去时，单数)
c.　ǰuǰuṣúr　　　kuron　　　'chose'　(过去时，复数)
d.　ǰuṣaṇá-　　　(ge)koren　'chosen'　(过去分词)

　　梵语带翘舌的擦音ṣ在(8a)和(8b)对应于古英语的清音s，但在(8c)和(8d)却对应于古英语的浊音r，后者的环境为两个元音之间，且所对应的梵语前一个音节不带重音。综合(7)和(8)的情况，它说明维尔纳定律影响了日耳曼语的塞音和擦音，不论这个擦音是从PIE直接继承下来的，还是由PIE的清塞音变化而来的(即格里姆定律)，见(9)。

(9) 维尔纳定律

原始日耳曼语的擦音在同时满足下面三个条件时变为浊音：

　　i.　不在词首位置上；

　　ii.　它的前面音素和后面音素都必须是浊音；

　　iii.　它的前一个音节不带PIE重音。

从(8)的词形变化表看出，由于PIE重音可能落在词形变化的不同音节，产生了日耳曼语同一语素(不同形态)有的变、有的不变的情况，因此，维尔纳定律也叫"语法交替"(Campell 2004:163)。

比较格里姆定律和维尔纳定律[1]，这两条定律存在相对年代先后，因为维尔纳定律的运用条件包括了格里姆定律，反之则不然。此外，在维尔纳定律之后，又发生了重音转移，即重音从词缀移至词根(多数情况下落在首音节)，正是这个重音转移使得维尔纳定律的音变条件变得模糊而难以发现。

维尔纳定律解释了(8c)和(8d)的例外。对于(7a)的例外，还要增加一点说明，在古英语之前，fæder, mōdor中间的d应为擦音[ð][2]。这样，维尔纳定律也解释了(7a)的例外。下面以英语的father和brother为例，说明古英语从原始印欧语经过格里姆定律、维尔纳定律、重音转移的历史音变过程，这三个音变的相对年代必须排列为(10a)的"音变相对年代"，而不能像(10b)或者(10c)那样产生fæþer*不正确的古英语形式(Hock & Joseph 1996:122，布龙菲尔德1980:388)。

(10) 格里姆定律、维尔纳定律、重音转移的相对年代[3]

	father	brother	音变相对年代
a.	*pətḗr	*bhrā́tēr	PIE

---

[1] 维尔纳把自己的文章定名为《论第一语音变换的一个例外》(罗宾斯1997:202)，"第一语音变换"(译文为"第一音变")指格里姆定律，它在德国常被称为"第一日耳曼语系语音变换"。

[2] 见Hock & Joseph (1996:122)的说明。对于原始日耳曼语 *fader中间的d，布龙菲尔德(1980:388)这样解释：PIE为*t，第一次变化(格里姆定律)为t>θ，第二次变化(维尔纳定律)为θ>d，第三次变化为重音转移。

[3] 词后的*号表示该形式不正确，以区别于原始形式。

	faþér	brṓþer	格里姆定律
	faðér	----	维尔纳定律
	fáðer	brṓþer	重音转移
	fæder	brōþor	古英语
b.	*pǝtér	*bhrátēr	PIE
	----	----	维尔纳定律
	faþér	brṓþer	格里姆定律
	fáþer	brṓþer	重音转移
	fæþer*	brōþor	古英语
c.	*pǝtér	*bhrátēr	PIE
	pǝ́tēr	bhrátēr	重音转移
	fáþer	brṓþer	格里姆定律
	----	----	维尔纳定律
	fæþer*	brōþor	古英语

维尔纳定律对历史语言学的影响极其深远。在这之前，引起音变的细微的语音环境没有得到应有的重视；维尔纳定律所反映的细小的条件音变让历史比较语言学家认识到语言变化的环境是如此的重要。维尔纳的发现还使学者们认识到一切语言的演变都是有规律的，有些表面上看来是例外，其实还未找它的规律。维尔纳于1875年曾写过一篇论文《不规则中必定有规律，问题在于去找它》，主张把"没有一个规律没有例外"改为"没有一个例外没有规律"，并且说"语言中每一个规律的例外都必有原因"(引自岑麒祥1988:147)。

3.4 "语音规律无例外"

从格里姆定律到维尔纳定律，促使当时德国莱比锡大学的一群年轻语言学家提出了"语音规律无例外"的口号，并将它看作历史语言学的一个公理；另一个类似的说法是"音变不受人的制约"。所谓"不受人的制约"，指由音变造成的差异虽然对人们的交际产生不便，但音变不会因此而停止。

新语法学派的"语音规律无例外"先由舍雷尔(Wilhelm Scherer)于1875年提出，三年后在Hermann Osthoff和Karl Brugmann两人合办的刊物《印欧语言形态学研究》的前言中出现。现将这一口号的实际表述翻译如下(Szemerényi 1996:21)：

> 每个音变由于机械地进行，所以都遵循了无例外的规则。也就是说，对一个语言社区的所有成员来说，音变方向总是相同的，只有方言分化属于例外；相同条件下的语音变化，所有词毫无例外地受到影响。

这里所说的"音变"指受语音条件限制的音变，它不包括非语音条件的音变。比如，由类比产生的音变是属于非语音条件的。此外，新语法学派十分清楚地意识到有些不规则的音变不属于类比，比如，由换位(metathesis)和异化(dissimilation)造成的变化，新语法学派把这些不规则变化归入言语错误(speech errors)。例如，古英语bryde"鸟"变成现代英语bird，其中ry和ir前后两个音素换位；英语colonel"上校"的发音变成[kərnəl]，前者有两个l，后来第一个l异化为r。

新语法学派提出的"语音规律无例外"原则以及类比在语音演变中的作用(参见本章2.3节)，把历史比较语言学大大地推进了一步。虽然"语音规律无例外"口号从一开始就受到强烈批评，但这个假设还是为众多历史语言学家所接受。不少研究证明，音变不总是规则的，但这些研究同时也说明大多数音变近乎规则，因此，这个假设仍可作为历史语言学的一个普遍准则。正因为语音变化基本上是规则的，我们才能通过语言比较推测语言的早期形式。罗宾斯(1997:209)说得对："语音定律没有例外的论点，与其说是对事实的描述(虽然研究证明是有事实根据)，不如说是方法上的需要"。

3.5   音变形式

3.5.1   同化、弱化、元音变移

维尔纳定律显示了日耳曼语的浊音化现象：清擦音在两个浊音之间受到同化而变成浊音。同化(assimilation)指某个音素受其前后音素的影

响而变成与其中之一或之二相似或者相同。同化是最常见、也是最主
要的语音变化，它可分为部分同化和全部同化、紧邻同化和间隔同化、
逆同化和顺同化。

　　英语assimilation本身就是一个说明同化的典型例子。这个词来自拉
丁语的两个成分ad- 'to'和similis 'similar'组成assimilare 'to make similar
to'，可以看到拉丁语的原有成分ad-的d受到后面紧邻音素的逆同化而变
成s。

　　早期日耳曼语有一种词根元音受后缀元音影响而变化的现象叫
"元音变移"(umlaut)，也叫"曲音"[①]，它也可看作一种间隔同化(distant
assimilation)(Campbell & Mixco 2007:212)。举个古英语kū 'cows'的例
子，见(11)[②]。

(11) 古英语"元音变移"举例

古英语早期	古英语中期	古英语	词义
kū-z	kū-z	kū	'cow'
kū-iz	kǖ-iz	kǖ	'cows'

　　以上"元音变移"发生在"古英语中期"，受复数后缀元音i的同化，
词根元音从后元音ū变成前元音ǖ (即[y:])。到了"古英语"时期，词缀元
音脱落，引起"元音变移"的条件也随之消失[③]。

　　以上的"元音变移"还显示了日耳曼语的另一种更重要的历史音变：
通过"元音变移"导致整个后缀脱落的词根元音，接替了原词缀所表示

[①] 把"元音变移"叫作"曲音"，指以词根元音变化表示词的屈折变化，这是日耳曼语言
的一个重要历史音变。印欧语言还有一种以不同元音表示词的形态的更为普遍的现象，
叫"元音变等"，它跟"元音变移"是两种不同的历史音变。第四章2.2.1节将详细介绍"元
音变等"。

[②] 本节的例子及说明来自Hock & Joseph (1996:128-30)。

[③] 第二章2.3.2节介绍对应性类比时曾引用英语cows的例子，说明现代英语的复数cows
以类比手段取代了现代英语早期的kine。 kine属于以 -n尾表示复数的类型，如英语"阉
牛"(ox)，复数为oxen。 kine由古英语kū和现代英语cow-en通过紧缩(blending)构词手段
而形成的现代英语早期形式(Hock & Joseph 1996:166)。"元音变移"的进一步分析参见第
六章1.3节的音位分化。

的语法形态的功能。现代英语的许多所谓不规则的名词复数形式，就是通过元音变化表现的，它们最初由"元音变移"引起。常见的例子有foot: feet，tooth: teeth，mouse: mice，man: men，woman: women，等等。

再看日耳曼语的另一种同化现象：尾音清化(final devoicing)，即音节尾音的辅音变成清音。在德语里，"尾音清化"甚至使词尾的塞音或擦音丧失清浊对立，或者说这两类音的清浊对立在尾音的位置上被中和(neutralized)了，见(12)。

(12) 德语"尾音清化"举例

古高德语	现代德语	词义
tag	Tag [tāk]	'day'
taga	Tage [tāgə]	'days'
stab	Stab [ʃtāp]	'staff, stick'
staba	Stäbe [ʃtēbə]	'staffs, sticks'

在现代德语音系里，k, g是对立的，但该对立在尾音位置上被中和了，如Tag的词尾塞音读清音 [k]。当后面有表示复数词缀的音素，这个塞音才读浊音[1]。比较(12)古高德语和现代德语的单数形式，可以推测现代德语发生了"尾音清化"。

弱化(weakening或者lenition)是发音的简化，指某个发音动作的松弛、减弱甚至完全消除。由清音变为浊音是发音动作的弱化，不是强化，所以维尔纳定律所反映的音变属于弱化。即使在现代语言里，由清音变浊音也是发音动作的松弛，不是发音动作的强化。比如，在美式英语里，'better'的发音常常是[bedər]，中间的t实际上发作[d]；而在英国英语里，它的发音为[beʔə(r)]。[bedər]和[beʔə(r)]的共同点是清塞

---

[1] 如果着眼于现代音系，这个例子就不能看作历史音变，而是归纳现代音系底层形式的例子，它也是结构语言学标记理论的典型例子。布拉格学派的特鲁别茨库依(Nikolai Trubetzkoy)和雅可布逊(Roman Jakobson)在20世纪30年代末提出，/t/与/d/的不同在于二者拥有一组共同特征以及一个区别特征，后者即声带振动。特鲁别茨库依认为德语/t/与/d/的不同在于后者有个标记(marker)。当/t/与/d/二者发生中和时，出现简单的无标记成分，即清音/t/；当需要表示复数概念时，才出现复杂的有标记成分，即浊音/d/ (见Joseph, *et al.* 2001:19-20)。

音t的发音动作在两个浊音之间松弛了。

　　此外，由塞音或塞擦音变为擦音也是弱化；由辅音变成滑音(glides)，同样是发音动作的弱化。如果将以上的同化分析为发音动作的松弛或者简化，那么，可以说同化也是一种简化。

　　在西部罗曼语言里，两个浊音之间的塞音常常发生变化，比较(13)拉丁语的 [p, t, k] 在西班牙语分别为浊擦音 [β, ð, ɣ]，而拉丁语的 [d, g] 在西班牙语里则完全消失(以 Ø 表示)(Hock & Joseph 1996:130)。

(13) 西班牙语塞音弱化举例

拉丁语	西班牙语	词义
lupus	lobo [β]	'wolf'
status	estado [ð]	'state'
locus	luego [ɣ]	'place'
vider	ve(e)r Ø	'see'
legere	leer Ø	'read'

3.5.2　增音、插音

　　词首的辅音丛插入元音是一种常见的增音(epenthesis)现象。而插入辅音，特别是在鼻音和流音(r, l)之间插入辅音，也是一种常见的增音(或者叫插音)。比如，古英语的 þunrian "打雷"(to thunder)变成 þundrian，再到现代英语的 thunder，n和r之间插入了一个d (Hock & Joseph 1996:132)。Hock & Joseph认为，这是由于鼻音 [n] 的发音机制与同部位的浊塞音 [d] 是一致的，只是鼻腔通道的开闭状态不同。在 þunrian > þundrian 的例子里，从鼻音 [n] 到流音 [r]，需要前后两个发音动作的精密配合。然而，从鼻音到非鼻音的转变与从塞音到流音的转变在动作的时机(timing)上是同时的；如果 [n]、[r] 前后两个动作的时机稍微有些不配合，也就是说从鼻音到非鼻音的时机转变略微提前一点，即鼻腔通道关闭略早一点，就容易在二者之间产生一个同部位的口腔塞音，þunrian > þundrian 的插音 [d] 就是这样形成的。

以上是从发音机制上解释增音现象。虽然语音的历史演变并不需要发音机制上的详细分析，但合乎语音自然性的音变通常是更容易接受的音变。

3.5.3　链　移

新语法学派认为语音演变纯粹是语音性质的，只受语音环境的影响，"不受人的制约"。然而，20世纪法国历史语言学家马尔丁内(André Martinet)的研究说明，语音变化不是任意的，也不完全受具体语言环境的影响，而是由音系结构引起的。典型的例子是元音系统的连锁变化，叫作链移(chain shifts)。所谓链移，就是若干互相关联的音变影响到整个语音系统，这些音变不是孤立的，是以某种方式互相依赖。

链移所反映的是语音系统趋于对称和自然，一旦语音系统出现不对称或者不自然，就出现空缺(gap)，系统就会填补空缺，使得系统重新趋于对称和自然。然而，某个填补空缺的音变可能导致新的空缺，从而引起其他音变，这些音变形成了一组连锁反应。

链移分为两类：推链(push chains)和拉链(pull chains或者drag chains)。在推链变化里，如果一个发生变化的A音闯入B音的发音地盘，会引起B音的变化，使它离开原有位置以维持与A音的适当距离，或者说保持与A音的不同；如果这个B音又闯入C音的地盘，又会引起C音的变化，这样的连锁变化叫推链。

拉链的变化为：某个音变使语音系统产生一个空缺，为了填补空缺，另一个音从其他位置上被"拉"了过来；如果这样的填补又造成新的空缺，又会有其他音被"拉"来填补新的空缺。这样的连锁变化叫作拉链。

以上两种变化的作用力不同，推链由A的变化而"推动"B以及C的系列变化，如(14a)(箭线表示A推动B)；拉链由A的变化而"拉动"B以及C的系列变化，如(14b)(<表示A拉动B)。

(14) 推链和拉链的相反方式

a.　推链　　　A→B→C

b.　拉链　　　A＜B＜C

　　二者的区别在于两端。先看起点。推链是由于A闯入B的地盘而引起的系列变化；拉链是由于A变为别的音，留下的空缺吸引了另一音来填补，从而引起系列变化。再看尾端。推链是两个音可能发生碰撞而引起其中一个变走，所以，除非变走的音不再与别的音碰撞；否则，连锁音变不会停止。拉链是为了填补空缺，空缺的吸引力可能比不上两音碰撞力那么大。我们能够看到音系的空缺，因为空缺有时保留一阵子而不引发即时音变；但我们看不到由推链产生的碰撞。所谓碰撞，笔者认为大概是猜测某种历史音变的起因罢了。

　　推链和拉链的变化反映了语音系统试图维持两个语音间的最大区别(maximum differentiation)，它表现为语音系统充分利用发音部位所提供的空间。例如，一个语言如果只有三个元音，它们在口腔的分布通常有两种状态：前、后两个高元音加一个低元音，因为高舌位的发音空间较大，低舌位的发音空间较小，如(15a)；或者是高、中、低三个元音，如(15b)。

(15) 三元音系统的舌位分布

a.　　i　　　　u　　　　　b.　i

　　　　　　　　　　　　　　　　o

　　　　　a　　　　　　　　　　a

　　历史演变过程中的一组相关语音变化，它们属于推链还是拉链，不能仅仅比较吸引力或推动力，最好有充分的材料证明哪些音变先发生，哪些音变后发生。如果没有材料证明链移起始的情况，就应该仔细考察链移尾端的状况，因为后期音变的材料相对地比较容易发现。下面以"英语元音大转移"为例，说明西方学者如何确定它的链移方式[①]。

[①] "英语元音大转移"材料主要来自Hock & Joseph (1996:137-8)。

现代英语字母i在词里有两种发音：[i]或者[ai]，二者的区别来自它早期是短元音还是长元音。古英语或中古英语为长元音的，现代英语也是长元音，如(16a)的"咬"(bite)；古英语或中古英语为短元音的，现代英语也是短元音，如(16b)的"咬(过去分词)"(bitten)。以莎士比亚时代为界的"英语元音大转移"图解为(17a)和(17b)。

(16) 英语长、短元音对照①

a.　<u>古英语</u>　　<u>中古英语</u>　　　<u>现代英语</u>　　　<u>词义</u>

　　bītan　　　bīten　　　　bite [ai]　　　咬

　　hūs　　　　hūs　　　　　house [au]　　房子

　　hē　　　　 hē　　　　　 he [i:]　　　　他

　　dōm　　　　dōm　　　　　doom [u:]　　　厄运

　　dǣd　　　　dǣd　　　　　deen [i:]　　　行为

　　stān　　　　stōn　　　　　stone [ou]　　石头

　　nama　　　 nāme　　　　　name [ei]　　　名字

b.　biten　　　biten　　　　bitten [i]　　　咬(过去分词)

　　sungen　　 sungen　　　　sung [ə]　　　唱(过去分词)

　　better　　 better　　　　better [e]　　好(比较级)

(17) 英语元音大转移

a.　<u>莎士比亚前</u>　　　　　　　　b.　<u>莎士比亚后</u>

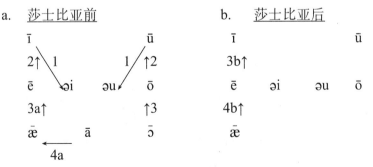

---

① 古英语的nama 'name'的前一个a为短元音，经过词尾元音异化namə以及开音节延长，元音a成为长元音，再经过元音升高而变成ē (Hock 1988:166)。

　　多数西方学者认为"英语元音大转移"属于由空缺引起的拉链。在(17a)的"莎士比亚前"时期，第一步长元音 ī, ū 分别变成新的复合元音[əi], [əu](以数字1标记)，然后高元音的空缺引起中元音 ē, ō 来填补(以数字2标记)，接着是后低元音 ɔ 的升高(以3标记)以及前低元音 æ 的升高(以3a标记)，最后是央低元音 ā 的前移(以4a标记)。在(17b)的"莎士比亚后"时期，两个音变(以3b和4b标记)继续影响着 ē 和 æ。

　　也有西方学者认为"英语元音大转移"的链移方式属于推链，由于中、低元音的升高使得最高的元音无法上升，使高元音裂化为复合元音。还有学者认为"英语元音大转移"是推链和拉链的混合，它由最初的中元音 ē, ō 升高而产生两方面的作用：一是推动高元音 ī, ū 的裂化，二是原有的中元音空格拉动低元音上升(Fennell 2001:159)。

　　判断哪种链移方式更合乎历史的真实，仅凭这两张表是不可能的。Hock & Joseph (1996)以不同时代的英文拼写法显示，(17a)高元音裂化为复合元音的音变在莎士比亚时期已经完成，而滞后的 æ, ā 在莎士比亚时代之后才分别变成 ē, æ。这两个低元音的滞后现象正好说明了"英语元音大转移"是由于高元音首先裂化为复合元音而造成高元音的空缺，为填补空缺而形成了拉链；它不是由于中、低元音升高产生碰撞而形成推链。如果真是推链，应该看到低元音的变化率先发生，成为整个系列音变的先锋。

　　格里姆定律似乎也可看作链移变化，属于拉链，见(18)(Hock & Joseph 1996:135-6)。

(18)格里姆定律的拉链方式

ph	th	kh
	1↑	
p	t	k
	2↑	
(b)	d	g
	3↑	
bh	dh	gh

　　清塞音 p, t, k首先增加送气成分，变成ph, th, kh，如(18)以1标记的音变①。送气塞音再按照以下步骤变成擦音：送气的喉音[h]先同化于前面的塞音，产生一组塞擦音，如[ph]>[pɸ]、[th]>[ts]、[kh]>[kx]；塞擦音再失落塞音成分而简化为擦音[f], [þ], [x]；后一阶段的音变在原始日耳曼语里得到证实②。

　　当早期日耳曼语的送气清塞音开始变化，它们在系统里的原有位置空出；原来的浊塞音去填补这个空缺，如(18)以2标记的音变；这个变化又使原来的浊塞音位置出现空缺，于是原来的浊送气音再去填补空缺，如(18)以3标记的音变。以上2、3所代表的两组音逐个填补空缺的变换就是拉链。

　　如果把格里姆定律看作推链，那么变换次序正好与(18)相反：浊送气音先发生变化，移向浊塞音的位置；后者为了避免与前者的合并(碰撞)，原来的浊塞音移向清塞音，原来的清塞音再变成清送气音。

　　此前说过，推链和拉链的区别在于两端。虽然链移的一端——清塞音变为清擦音的变化有现代印欧语言材料可以证实，但链移的另一端——PIE的"浊送气"到底是什么状况，不太确定③。因此，无法判断PIE的清塞音演变为原始日耳曼语的清擦音，究竟是链移的起点还是终点。

　　在缺乏可靠的历史材料证明之前，任何推测都有不确定性。Hock & Joseph (1996)认为，从格里姆定律的内容看，链移确实在一定程度上起作用。但具体是什么样的链移，在不同时期发生还是同一时期发生，都有待新的历史材料的发掘。

---

① 向上箭头不代表舌位升高，只表示音变路向。

② 参见本章3.1节(3a)"从PIE到原始日耳曼语的语音变换"。

③ 比如Beekes (1995:132-3)认为，PIE的所谓浊塞系列和浊塞送气系列可解释为紧喉(glottalized)系列[p']和送气系列[pʰ]，因为清浊不是PIE辅音的区别性特征。

第四章　比较法的分析与批判(下)

第一节　格里姆定律的三组例外及其解释

第三章3.2节提及维尔纳定律是在试图解释格里姆定律的众多例外后才被发现的，并且举了两组简单的例子显示格里姆定律的例外。其实，格里姆在1822年重新发表《德语语法》之前，相信他看了丹麦语言学家拉斯克1818年发表的《古北欧语与冰岛语起源研究》所揭示的日耳曼语塞音与古典印欧语的对应而受到启发(Lehmann 1992:28)，格里姆将日耳曼语的塞音系统与其他印欧语的对应关系以公式化的方式表示出来，该对应关系因而被称为"格里姆定律"。同时格里姆也列出了该定律无法解释的众多例外。此后的历史语言学家逐个地分析并解释这些例外，逐步理解了语音演变的一般规律，使得历史比较法达到了一个几近完善的境界。可以这么说，由解释这些例外所产生的历史价值，丝毫不逊于格里姆定律本身的价值。所以，要全面认识格里姆定律的重大意义，必须同时认识该定律的例外所产生的重大影响。

下面具体评述19世纪历史语言学家如何对格里姆定律的例外进行逐类解析以及由此产生的历史意义，以此说明对于例外的分析和研究同样可以产生巨大的历史影响。

1.1　对第一组例外的分析

按照格里姆定律，PIE的清塞音应该变成日耳曼语的清擦音，但有些PIE的清塞音在日耳曼语里未发生变化，依然是清塞音。比较(1)哥特语(属早期日耳曼语)的粗体字母(Lehmann 1992:29-30,153)。

(1) 格里姆定律第一组例外

	PIE	拉丁语/希腊语	哥特语	词义
a.	**sp**	s**p**arásion (希腊语)	s**p**arwa	'sparrow'
		s**p**uō	s**p**eiwan	'spit, spew'
b.	**st**	s**t**ía (希腊语)	s**t**ains	'stone'
		es**t**	is**t**	'is'
c.	**sk**	s**k**ótos (希腊语)	s**k**adus	'darkness, shadow'
d.	**pt**	ca**pt**us	ha**ft**s	'captured'
e.	**kt**	nox, no**ct**is	na**ht**s	'night'

　　(1a)至(1c)说明清塞音没有变化,因为它们都在清擦音后面。比较 (1d)和(1e),与PIE一致的拉丁语的两个塞音对应于哥特语的一个擦音和一个塞音,哥特语的第一个擦音反映了格里姆定律,即由清塞音变成清擦音;哥特语的第二个塞音为规律的例外。在格里姆定律发表之后,罗德纳于1862年对格里姆定律的第一组例外给予合理的解释,历史语言学家才意识到语音变化是受制于语音环境的,日耳曼语的清塞音维持不变,因为它们紧跟在别的清擦音后面。

　　对于这一组例外的成功解释,让19世纪早期的历史语言学家看到了语音环境以及发音机制在音变中的重要作用。以上这一现在看似简单不过的音变条件,格里姆却意识不到音变受制于语音条件,因为格里姆本人并不重视语音,他的表达式甚至不区分字母、书写符号和语音三者的不同(Lehmann 1992:29)。对于这一组例外的分析,语言学家认识到发音机制的意义,从而开始研究发音机制,形成了19世纪后期以亨利·斯威特(Henry Sweet)的《语音学手册》为代表的科学意义上的语音学研究。

1.2 对第二组例外的分析

　　格里姆定律的第二组例外是关于送气与否。按照格里姆定律,日耳曼语的浊擦音和浊塞音对应于古典印欧语的送气浊塞音(即PIE的送气

浊音变成日耳曼语的不送气浊音），而日耳曼语的例外情况则对应于古
典印欧语的不送气浊塞音。例如，按照格里姆定律，哥特语的 **bindan**
'binds'应该相对于梵语的 ***bhandh-** (b对应bh)，然而它却对应梵语的
badh-náti (Lehmann 1992:30)。经过19世纪历史语言学家赫曼·格拉斯
曼(Hermann Grassmann)的分析，这是因为古典印欧语里两个相邻的送
气浊音，其第一个送气音异化为不送气音，这一发现被称为"格拉斯
曼定律"。比较(2)梵语词的第一组粗体字母(材料来自Hock & Joseph
1996:142)。

(2) 格里姆定律第二组例外

	PIE	梵语	词义
a.	**bhudh**-ye-toy	**budh**-ya-tē	'is awake'
b.	**bhe-bhowdh**-e	**bu-bōdh**-a	'was awake'
c.	**dhi-dhē**-t	**da-dhā**-ti	'puts, places'

　　根据格拉斯曼的解释，日耳曼语与古典印欧语的这种例外对应，不
是日耳曼语变了，而是古典印欧语起了变化。"格拉斯曼定律"不仅仅解
释了格里姆定律的例外，它更重要的意义在于揭示梵语并不等同原始
印欧语，梵语也像其他古典印欧语一样经历了自身的语音变化。此外，
"格拉斯曼定律"还说明考察语音变化不仅要看语音本身以及它邻近的
音，还要考察整个的词，因为不相邻的语音也会互相影响。

1.3　对第三组例外的分析

　　格里姆定律的第三组例外是关于清浊的，它由维尔纳定律完美地解
决了(参见第三章3.3节)。格里姆定律说明PIE的清塞音变成日耳曼语
的清擦音，但例外情况是PIE清塞音变成了日耳曼语的浊擦音。这组例
外曾困惑了历史语言学家很长时间，直到1877年丹麦语言学家维尔纳
的一次偶然发现，才彻底解决了这个困惑。维尔纳发现梵语和希腊语
的重音不会出现在塞音之前，而这些塞音正好对应了日耳曼语的浊擦
音；于是，维尔纳这样解释日耳曼语的浊擦音的例外：在前后音素都

为浊音并且前面不紧邻重音的环境下，对应于PIE清塞音的原始日耳曼语的清擦音(连同已有的清擦音s)变为浊音 (Lehmann 1992:154)。为了说明这一规律，现将第三章3.3节(8)梵语和古英语(属于日耳曼语)"选择"(choose)的例子转引如(3)。

(3)   <u>梵语</u>   <u>古英语</u>   <u>词义</u>
a.   ǰóṣate   kēosan   'choose'
b.   ǰuǰṓṣa   kēas   'chose'
c.   ǰuǰuṣúr   kuron   'chose'
d.   ǰuṣaṇá-   (ge)koren   'chosen'

梵语擦音ṣ在(3a)、(3b)对应于古英语的清音s，在(3c)、(3d)则对应古英语浊音r，后者的环境为两个元音之间，且浊音r所对应的梵语ṣ前面不紧邻重音。

维尔纳的这一重大研究不但在历史比较语言学上令所有人难以望其项背，而且将历史比较法推至一个近乎神话的境界。由于维尔纳定律的重大发现，历史语言学家声称可将之前"没有一个规律没有例外"的口号改为"没有一个例外没有规律"，并且提出"语言中每一个规律的例外都必有原因"(引自岑麒祥1988:147)。

纵观西方19世纪历史语言学对于格里姆定律三组例外的分析，可以看到历史比较法的巨大成功不是一蹴而就的，而是逐步地、由浅入深地完成。首先得到解释的是日耳曼语某些未发生变化的例外(第一组例外)，语言学家认识到语音的变化受制于语音环境，要注意音素的相邻成分。其次，"格拉斯曼定律"说明语音的变化还必须考察整个词，不相邻的语音也会互相影响(如第二组例外)；格拉斯曼的成功是基于对第一组例外的解释。最后才是维尔纳定律，语音变化不仅是元音、辅音的事，语音中超音段的成分如音高、重音、声调等也能影响音变。总之，在维尔纳以后，语音的所有因素都纳入语言学家的分析范围。

第二节 比较法和构拟法的一般原则

2.1 比较法和构拟法的历史价值判断

重建原始印欧语是德国历史语言学家施莱赫尔(August Schleicher)于1861至1862年出版的《印度—日耳曼语系语言比较语法纲要》提出来的，这是他对历史比较语言学的最大贡献。施莱赫尔的重建(reconstruction)概念是这样定义的(引自岑麒祥1988:137)：

> 所谓"重建"，就是就所比较的语言材料用历史统计的方法为每个形式、每个词构拟出一个对每种语言说来都适合的"一般历史性的公分母"，用来代表那最原始的形式，并表示各有关的个别语言的以后的演变。

所谓"历史性的公分母"应该是一种符号，相关语言的历史演变根据这套符号找到对应关系。从这一点看，不能以重建形式作为判断历史价值的标准。

重建有两种手段，比较法一向被认为是最可靠、最合理的重建手段之一。然而，比较法本身不具有历史意义。法国历史比较语言学家梅耶在《印欧语言比较研究导论》序言中说："比较语法的目的不是重建印欧系母语，而是在于确定共同要素的对应关系，并阐明在各种有历史证明的语言中什么是继承自语言的古代形式的，什么是它们独自发展的结果"(引自岑麒祥1981:7)。

重建的另一重要手段叫内部构拟(internal reconstruction)。内部构拟只考察一个语言的结构形式，不依靠与其他语言的比较。它的基本理念是：一个语言的早期形态可以从它的现有结构类型里推断出来，因为语言现状或多或少地保存了它早期状态的遗迹，这些历史遗迹或者异常总是会通过这样或那样的手段反映出来，内部构拟就是系统地发掘这些遗迹和异常。有学者甚至提出内部构拟法只注意语言的不规则交替(Anttila 1972:264)。

由此可见，比较法和内部构拟法是两种不同的分析法，对于重建语言的原始形式，二者是相关的。通过内部构拟，发现早期形式；通过语言比较，发现不同形式的对应关系及对应规律，从而说明语言(或方言)间的亲属关系。再比较这些有亲属关系的语言的早期形式，就能够逐步重建语言的原始形式。

其实，比较法和内部构拟法本身并不具备历史价值。本书第一章第一节曾引用威廉·琼斯爵士的比较语言学的开创之言，说明比较法只是研究不同语言间的对应关系，不是证明比较法的历史价值；只有讨论具体语言的古老性问题才使比较法具有历史价值。内部构拟法也只是根据语言的共时层面，试图从共时材料里发掘语言的早期状态。举个北京话的例子。比如"楷"的口语音为[tɕiɛ]，还有一个发音为[k'ai]。通过与其他方言的比较，发现这个字的[k']声母是它的早期形式。至于这个早期形式属于哪个时代，北京话的共时材料无法证明，要查询历史韵书才有结果。

方法本身具有逻辑性和一致性，但不具有历史性。比较法被称为"历史地研究语言的方法"，并不意味着这种方法本身具有历史的概念，只表示它是研究语言演变的正确方法之一。

史学家余英时1997年在他的《陈寅恪晚年诗文释证》(增订本)自述里说到重建陈寅恪晚年的思想世界，其中有句话对历史的重建极有启发。他说："历史重建的最低限度的要求是通过文献研究所得到的证据(evidence)和经过谨严推理所建立的论辩(argument)。两者缺一不可。"[①]对于语言重建，证据就是历史文献，论辩就是方法论，二者不可偏颇。比较法代替不了文献证据。

福克斯(Fox 1995:13)指出，方法作为一种程序，能产生特定的结果，这结果虽然可以看作对历史事实的假设，但是它们的历史有效性(historical validity)仍依赖其他相关因素，比如，依赖我们对于语言演变、语言结构和使用原则的知识，以及其他历史的或偶然的证据，这些证据足以影响我们的判断。

以上这段话说明，历史比较语言学完全可以只依靠比较法或者内部构拟法来证明语言的亲属关系，并且这类研究不可或缺，它能独立成

[①] 见"陈寅恪研究因缘记——《陈寅恪晚年诗文释证》(增订本)书成自述"，载《学术批评网》http://www.acriticism.com，浏览日期:2008-1-26。

为历史语言学的一个部分；但是，这类研究只是对语言历史演变的一种假设，它不是直接的证明。要使比较法或内部构拟法的分析结果具有历史价值，必须参考语言的古老性，或者对语言历史的了解，以及其他任何"历史的或偶然的证据"。

2.2 内部构拟法

19世纪的历史语言学是比较法，19世纪末20世纪初转向内部构拟法。内部构拟是受了德·索绪尔(Ferdinand de Saussure)结构主义语言学的影响才出现的。其实，"内部构拟"这个术语正是索绪尔本人早在1879年出版的《论印欧语言元音的原始系统》中提出来的。遗憾的是，索绪尔运用内部构拟法所发现的印欧语元音的原始系统过于抽象，再加上当时的比较法无法证明他的发现，使得索绪尔的这本光辉著作被忽略了，直至20世纪中期才被普遍接受。因为20世纪初在土耳其的亚洲部分有个考古发现，出土了前17世纪至前12世纪希底特语(Hittite)的楔形文字，其语音古朴而简单，有人猜测它或许属于一种与PIE有姐妹关系的Anotolian语(Beekes 1995:31)[①]。据研究，希底特语的某些语音现象与索绪尔的推测有吻合之处。本章2.2.2节的"喉音理论"将详细评述索绪尔如何运用内部构拟法来推测印欧语的原始元音系统。

语言规则变化所造成的交替(alternation)是结构语言学的一个重要研究对象。交替的概念至关重要，它来自语言形式的规则分布，考察不同环境下有关音素的分布，从而确定语言单位的同一性，这在音系学上叫互补分布原理。交替也出现在形态上，如英语名词复数语素的同位语素/-s/、/-z/、/-iz/分别出现在cats、dogs、horses后面，这些交替形态一般纳入共时语言的音系描写。

生成音系学也看语音交替，生成规则也参考交替形式。虽然生成形式与历时形式有相似之处，但生成规则是共时的，代表说话人的语言直觉；规则本身不具备历史价值，规则的附加意义才使它们可能具

[①] Beekes同时认为，Hittite语古朴而简单的形式是由于丢失部分特征而造成的，不是从远古形式直接继承下来的。

有历史意义。所谓附加意义，就是把历史演变过程作为规则顺序的旁证。比如，德语北部方言有 Tag [tak]('day' 的单数)和 Tage [ta:gə]('day' 的复数)的不同，单数为短元音，后接清辅音；复数为长元音，后接浊辅音。这在音系上可描写为同一底层 /tag/，单数形式由词尾清化规则生成，如(1)的"清化规则"；复数的长元音由元音延长规则(在浊辅音前)生成，如(1)的"延长规则"。因为元音延长不发生在单数形式里，所以"清化规则"一定发生在"延长规则"之前[①]。

(1) 德语北部方言词尾清化和元音延长

底层形式	/tag/	/tagə/
清化规则	tak	--
延长规则	--	ta:gə
表层形式	[tak]	[ta:gə]

现代标准德语则有不同的读法：单数的 [ta:k] 和复数的 [ta:gə]。如果早期的单数短元音是通过类比而变为长元音，这在生成音系学看来，只要将同样的规则改变其顺序即可解释现代标准德语，见(2)。

(2) 现代标准德语词尾清化和元音延长

底层形式	/tag/	/tagə/
延长规则	ta:g	ta:gə
清化规则	ta:k	--
表层形式	[ta:k]	[ta:gə]

因为现代标准德语形成的时代晚于德语北部方言，所以(2)的生成规则是可以接受的。

以上德语方言和现代标准德语的不同交替现象说明，生成规则的次序与历时的演变不存在本质上的对应，规则次序本身不具备历史意义。要让交替形式具备历史价值，必须寻求那些具有历史价值的语音材料。

印欧语言史上有两种著名的交替现象直接导致了内部构拟法的发

[①] 德语方言和标准德语的例子及其说明来自 Fox (1995:47-9)。

明，这两种相关的交替现象分别叫"元音变等"和"喉音理论"[①]。

2.2.1　元音变等

　　"元音变等"(vowel gradation, ablaut)也可叫"元音互换"或者"转音"，指动词词根元音的不同"等"(grade)的交替现象[②]，如英语动词"唱"sing~sang~sung、"驾驶"drive~drove~driven (一般时、过去时、过去分词)，它表现为同一基本语素的三种不同形式，差别在于元音的"等"。"元音变等"与"元音变移"(umlaut，如 foot~feet)属于两种不同的历史音变，"元音变等"出现得很早，在许多印欧语言(如希腊语、拉丁语、梵语、日耳曼语)都有平行现象。该音变相信是受了PIE重音的影响，以后的语言演变使得人们看不到它的早期音变条件(即重音)，所以"元音变等"又被看作一种形态变化(Campbell & Mixco 2007:2)。而"元音变移"主要发生在早期日耳曼语里，词根元音受了后面音节的前元音或者滑音(glide)的影响而前移，它在语音上可看作一种间隔同化。"元音变移"有时导致了后缀脱落，词根元音便接替原词缀所表示的形态意义[③]。

　　许多动词变形表，如果仅靠比较法是构拟不出它们的早期形式的；必须加上内部构拟法，才有可能发现古今变化规律。比较(3)日耳曼语动词的主元音变化[④]。

[①] 以下关于"元音变等"和"喉音理论"的介绍曾发表于笔者与鲁国尧合写的"《十九世纪欧洲语言学史》述评"，见[丹麦]裴特生：《十九世纪欧洲语言学史》，钱晋华译，鲁国尧、侍建国校订，世界图书出版公司2010年版。

[②] 以往对vowel gradation或者ablaut的中文翻译为"元音互换"或者"转音"，但这两个译名都未能表示出vowel gradation所代表的语音变化。从本节的分析可以看到，本书"元音变等"的翻译比较符合英文原意。

[③] "元音变移"所引起的词根元音接替原词缀所表示的形态功能的例子，参见第三章3.5.1节"元音变移"所引起的词根元音分化的例子，也可参见第六章1.3节。

[④] 本例及其说明来自Fox (1995:169-72)。

(3) 日耳曼语元音变等举例①

	现在时	过去时	过去分词	词义
a.	I类			
古英语	grīpan	grāp	gripen	'grasp' 抓紧
哥特语	greipan	gráip	gripans	
古高德语	grīfan	greif	gigrifan	
b.	II类			
古英语	kēosan	kēas	koren	'choose' 选择
哥特语	kiusan	káus	kusans	
古高德语	kiosan	kōs	gikoran	
c.	III类			
古英语	bindan	band	bunden	'bind' 捆
哥特语	bindan	band	bundans	
古高德语	bintan	bant	gibuntan	
古英语	helpan	healp	holpen	'help' 帮助
哥特语	hilpan	halp	hulpans	
古高德语	helfan	half	giholfan	
古英语	weopan	wearp	worpen	'throw' 扔
哥特语	wáirpan	warp	wáurpans	
古高德语	werfan	warf	giworfan	

　　通过比较，(3a)的I类动词"抓紧"现在时元音的早期形式构拟为*i:；过去时的元音为*ai，因为古高德语的greif是个复合元音；过去分词的元音为*i。(3b)的II类动词"选择"的现在时元音的早期形式为*iu；过去时的元音为*au，因为古英语的kēas是个复合元音；过去分词的元音为*u，因为该动词古英语koren和古高德语gikoran的o对应于哥特语kusans的u，且这一对应也在III类动词里出现。(3c)的III类动词现在时的元音有两种可能，*i或*e；过去时的元音为*a；过去分词的元音为*u。以上的比较结果可概括为(4)。

————————————

① 哥特语的ei等于[i:]，ái大致等于[ε]，áu大致等于[ɔ]。

(4) 日耳曼语元音变等类型一

	现在时	过去时	过去分词
I类	*i:	*ai	*i
II类	*iu	*au	*u
III类	*i/*e	*a	*u

当然，如果比较更多的材料，也能得到正确的结果。但运用内部构拟法能帮助我们在仅有的材料中发现原始日耳曼语的规则形式。

首先，内部构拟法排除III类动词现在时元音 *i /*e的两可状态，因为这一类元音后面有两种情况：或者是鼻音[n]，如(3c)的"捆"；或者是流音[l]、[r]，如(3c)的"帮助"和"扔"。元音在鼻音前为 *i，其他情况下一般为 *e。因此，我们只需要其中一个元音，当然是选择 *e，为了跟I类有别。

其次，如果将I类现在时的长元音[i:]分析为ii，元音交替就会显得更规则，使I、II类动词的交替形式完全平行，即I类的i在它的三种交替形式(ii, ai, i)里前后一致，II类的u也在三种交替形式(iu, au, u)里前后一致。

此外，为了对应III类的 *e，再将这两类动词现在时的ii和iu分别构拟为 *ei和 *eu (只是将第一个i改为e)；这样，*e>*i不仅发生在III类的鼻音前面，也发生在I、II类的高元音i, u前面。于是I、II类动词元音交替的类型可用一个公式表示，即(5)[①]：

(5)

现在时	过去时	过去分词
e + i,u	a + i,u	Ø + i,u

经过内部构拟法的分析，(3)的元音变等可表示为更规则的(6)。

[①] "+"后面的i, u分别代表I、II类的元音，Ø代表无。

(6) 日耳曼语元音变等类型二

	现在时	过去时	过去分词
I类	*ei	*ai	*i
II类	*eu	*au	*u
III类	*e	*a	*u

如果暂不考虑过去分词的情况，III类动词的元音也符合公式(5)，可将[n]、[l]、[r]、[i]、[u]归为同一类——响音，于是(5)的现在时和过去时可改为(7)。

(7) | 现在时 | 过去时 |
|---|---|
| e + i, u, n, l, r | a + i, u, n, l, r |

对于III类动词的过去分词，所期望的形式为Ø + n, l, r，但实际上是u + n (如"捆")和u + l, r (如"帮助"和"扔")。在形态音位上，因为这里的u对应于Ø，可先建立一个对应组u/Ø；再根据I、II类的状况，前后一致的做法应该将这个原始音位的最早形式构拟为*Ø，因为该类元音在鼻音、流音前为u，其他情况下为Ø。于是，(3)的原始日耳曼语动词三种形式的元音分别为*e、*a、*Ø，它们又分别叫e-等(e-grade)、a-等(a-grade)、Ø-等(Ø grade)。这个"等"就是"元音变等"之"等"。

对于*Ø-等的"零音位"构拟看起来不可思议，但它作为相关形式的"元音"成分却是完全可能的。此外，PIE的元音变等是以*o而不是*a代表过去时元音的形式，因为PIE的*o对应于原始日耳曼语的*a。

希腊语的一些动词词根元音正体现了PIE *e/*o/*Ø的变等类型，见(8a)和(8b)的粗体字母[①]。但要解释(8c)长元音的*Ø等为什么是个短元音，则需要索绪尔的"喉音理论"。

[①] (8a)来自Beekes (1995:100)，(8b)和(8c)来自Mallory & Adams (2006:48-9)。

(8) 希腊语元音变等举例①

		e-等	o-等	Ø-等	词义
a.	短元音	leíp-ō	lé-loip-a	é-lip-on	离开 'leave'
		eíd-o	oĩd-a	íd-men	知道 'know'
b.	短元音	derk-	dork-	dr̥k-	看见
		'I see'	'I have seen'	'I saw'	
c.	长元音	thē-	thō-	the-	堆放
		'I put'	'heap'	'put'	

综合以上"元音变等"的例子，内部构拟法以语音系统的规则性和简约性为目标，尽量减少动词变形的多样化，这样才有可能将不同的交替组归结为单一形式，它或许折射了原始语言固有的、潜在的音系模式。

2.2.2 喉音理论

"喉音理论"(Laryngeal Theory)由索绪尔 1879 年在《论印欧语言元音的原始系统》中首先提出来，直至 20 世纪初希底特语的考古发现这个理论才被认可。波兰结构语言学家库利洛维奇 (Jerzy Kuryłowicz) 在 1927 年的一篇论文里提出，希底特语软腭擦音的某些位置正符合索绪尔半个世纪前所构拟的原始系统的喉音的位置 (见 Beekes 1995:180)。索绪尔对于印欧语元音原始系统的构拟，被以后的历史语言学家称为"喉音理论"，它堪称印欧语言史上最重要的单一发现。

所谓"喉音"，就是根据内部构拟法而重建的三个原始音位 (以抽象符号 *A、*O、*E 代表)，索绪尔把它们叫作"响音系数"(sonant coefficients)，后来学者们称之"喉音"(或者咽音)，因为它们的发音部位在深喉。

---

① 希腊语 *e/*o/*Ø 变等所对应的时态为现在时、过去分词、过去时 (Fox 1995:172)，这与日耳曼语 *e/*a/*Ø 变等所对应的时态顺序不同。这里，我们应该将语音形式与语法意义分开，什么语音形式对应什么语法意义，要由具体的语言决定。

索绪尔在1879年的这部著作中，首次运用内部构拟法发现了古希腊语的长元音与短元音的交替存在着某些相似状况，e-等、o-等的长元音对应复合音(元音和响音的组合)，而∅-等的长元音却对应短元音，如(8c)。于是索绪尔列出e-等与∅-等的对照，见(9)[①]。

(9) e-等   ei   eu   en   el
     ∅-等   i   u   n   l

索绪尔首先把对应于希腊语短元音/a/的PIE形式构拟为*A，把希腊语的/a:/~/a/交替对应于PIE的*eA~*A，如(10a)；再以同样的方式，根据希腊语的/ɔ:/~/o/交替构拟了PIE的另一"响音系数"*O[②]，于是希腊语的/ɔ:/~/o/交替所对应的原始形式可表示为(10b)。

(10) a. e-等   *eA   b. e-等   *eO
        ∅-等   *A   ∅-等   *O

以上的*A、*O附于主元音(∅也是一种主元音)，它们属于共响音(resonant)，有别于一般的响音。

根据以上的内部构拟，索绪尔再将PIE的词根分为两类：完整词根(full roots)和弱词根(reduced roots)，二者词根元音的交替表示为(11)。

(11)索绪尔"元音变等"表

完整词根	e	ei	eu	en	em	er	eA	eO
弱词根	–	i	u	ṇ	ṃ	ṛ	A	O

如果根据希腊语的/ɛ:/~/e/交替，索绪尔应该再构拟一个"响音系数"*E，但这第三种情况拉丁语里缺乏对应，因此索绪尔没有这么做。后来有学者(缪勒 Hermann Møller)循着索绪尔的思路提出一种对应，见(12)。

[①] 本例及其分析来自 Fox (1995:173-9)。以今天的观念理解，其中∅-等应理解为"弱"，而不是"空"。

[②] 原文为*Ọ，此处笔者以*O代之。

(12) 原始元音　　　　　*eA　　*eO　　*eE
　　 验证的元音　　　　　a:　　　ɔ:　　　ɛ:

　　索绪尔将希腊语的长元音重构为一个短元音加上一个响音系数的做法，使(8c)长元音*Ø等的短元音的"例外"得到了圆满的解释：因为它的主元音为Ø等。

　　PIE的所有长元音被重构为由一个短元音(主要是*e)加上一个响音系数。这样做也统一了PIE的词根结构；否则，词根的收尾，或者是短元音加响音系数，或者是长元音。而对于词首的结构，虽然大多数以辅音开头，但也有一部分以元音开头，如希腊语的/ag-/ 'lead, carry'、/od-/ 'smell'以及希腊史诗里的/ed-/ 'eat'，它们都以元音开头。鉴于多数词根动词的主元音为*e，缪勒把以上词根的开头分别重构为*Ae-、*Oe-和*Ee-，前二者的*e受到前面共响音*A、*O的影响而变成a-或者o-[①]。PIE的喉音与希腊语词根开头的对应关系可表示为(13)[②]。

(13) 喉音与词首元音对应举例

PIE	希腊语	词义
*Aeg-	ag-	'lead, carry'
*Oed-	od-	'smell'
*Eed-	ed-	'eat'

　　索绪尔的"喉音理论"对印欧语言学史的影响是多方面的，以上仅举了很少的例子。这个理论在希底特语材料里得到了一定程度的证实，库利洛维奇曾举例说，索绪尔重构的*terA- 'cross over'对应于希底特语的同源成分*tarh-，他认为希底特语的h是个喉音，它正对应索绪尔重构的*A。库利洛维奇的这个看法已经为西方历史语言学界广泛接受(见Hock 1986:549)。

　　当然，西方历史语言学者也有持不同看法的。对于索绪尔和缪勒的*Ae-、*Oe-、*Ee-三个响音系数及其语音性质，有人分别以三个喉擦音

[①] *E对元音不发生任何影响(见Fox 1995:179)。

[②] 类似的例子徐通锵(1991:202)也曾简单介绍过。

*h₁, *h₂, *h₃表示(参见本书第三章1.2节例(3)的分析与脚注)，也有学者重构了四个甚至更多的喉音(见Fox 1995:179)。

综上所述，索绪尔的内部构拟法显示，类型上的一致性能够帮助消除语音系统的多样化，它必然产生相当程度的规则性和简约性，而后者正是内部构拟法的精华所在。

将内部构拟法运用在汉语史的研究，李方桂(1980)对于上古汉语卷舌介音 *r的构拟就是一个成功范例，这一卷舌介音帮助解释了不少上古声母系统的难点(详见本书第五章第五节以及第六章5.1节)。

2.3　重建的基本步骤

本书第三章第一节曾引用古典语言动词"是"的各类人称的词形变化为例，说明如何通过比较法来寻找对应关系。比较法一向被视为最可靠、最合理的重建手段之一，然而法国历史比较语言学家梅耶曾说："比较语法的目的不是重建印欧系母语，而是在于确定共同要素的对应关系"(引自岑麒祥1981:7)。从这句话看出，比较法虽能确定对应关系，但重建原始语还需要其他手段，如内部构拟法，对语言历史的了解等等。

重建语言早期形式是一个复杂的过程，不存在一个标准模式，必须根据材料以及不同语言状况进行重建。重建的结果某些方面可能会简单一些，某些方面可能会复杂一些，或者说不确定的因素多一些。如果将一般的重建过程分解为若干个简单以及可操作的步骤，我们还是能够列出重建的基本步骤。

福克斯提出运用比较法的重建过程可分为以下三个有逻辑先后的步骤(Fox 1995:60)：

一、建立对应关系；

二、设立早期音位；

三、为早期音位寻求语音形式。

西方19世纪的历史比较法没有第二步，因为音位理论还未出现[①]，当时的做法是直接以对应关系探求语音形式。其实，如果能正确把握不同语言的对应关系，缺少第二步并不妨碍重建的结果，所以没有音位理论并不影响19世纪历史比较法在历史语言学上的里程碑意义。在生成理论看来，第二步的作用相当于分析语言的底层形式，决定语音规则的次序，并以规则次序来解释语音演变的历时先后。因此第二步可以帮助说明历史演变过程，有助于以形式化手段表示语言的演变。下面分别说明这三个步骤。

2.3.1　建立对应关系

建立对应关系是整个重建过程的基础，也是关键。如果对应关系搞错，重建结果一定不正确。先说明建立对应关系时经常碰到的情况[②]。

比如，印欧语名词"母亲"(mother)的古老形式开头都有辅音 [m]，见(14a)，毫无疑问，它的早期形式也应该以 m 开头；然而，并非所有词都有如此整齐的对应，比如"温暖"(warm)的古老形式，几种古典语言的词首辅音没有一个是相同的，见(14b)。

(14) 拉丁语　　希腊语　　梵语　　　古高德语　　词义
a. ma:ter　　ma:tɛ:r　　ma:ta:　　muoter　　'mother'
b. formus　　tʰermos　　gʰarmas　　warm　　'warm'

(14b)拉丁语的词首辅音是清唇齿擦音 [f]，希腊语是清送气齿塞音 [tʰ]，梵语是浊送气软腭塞音 [gʰ]，古高德语则是唇腭近音 [w]。什么样的音素在语音上能与这四个不同的音对应？传统的做法是综合四个音素的特点，将它重建为 *gʷʰ。

但是，综合语音特点的做法常常是错误的，很多情况下必须从音系上考虑。比如，印欧语的"八"(eight)、"英亩"(acre)的古老形式分别为

[①] 音位理论的产生参见第五章第二节的内容。

[②] 本节例子和说明主要来自Fox (1995:58-60)，不同来源另注。

(15a)和(15b)[①]，它们的词首元音无法以综合语音特点的手段来重建。

(15) | 拉丁语 | 希腊语 | 梵语 | 古高德语 | 词义 |
|---|---|---|---|---|
| a. | okto: | oktɔ: | aṣṭau | axto | 'eight' |
| b. | ager | agros | aɟras | akar | 'acre' |

(15a)拉丁语、希腊语的词首元音[o]对应梵语、古高德语的[a]，而(15b)四种语言的词首元音都是[a]。即使我们排列更多的材料，还是不能消除拉丁语、希腊语[o]/[a]的对立。如果采用综合语音特征的手段，一般会在[a]、[o]之间重建一个元音X；然后解释这个X在拉丁语和希腊语里一分为二，在梵语和古高德语里则体现为[a]。这是一种错误的做法。本书作者的解释是，这种就事论事的随意做法很不可靠，必须全面考察有关材料之后才能下结论[②]。我们需要从音系上考虑(15)的情况属于音位合并还是音位分化。如果是音位合并，早期形式为两个音位/a/和/o/，二者在梵语和古高德语里合并了；如果是音位分化，早期形式只有一个，它在拉丁语和希腊语里分化为两个。(15)的情况实际上属于合并，PIE的o在梵语里与a合并，日耳曼语也发生同样的变化(参见本章3.1节(1d)和(1e)日耳曼语的词首音a)；而拉丁语、希腊语则保持了早期的两个元音。

(14)和(15)都排除了非同源词，所以能放手大胆地进行重建。如果比较材料里混入非同源词，不管是综合手段还是音系手段，都会使重建陷入歧途。本书第三章2.1节曾引用意大利语、法语、西班牙语"犬"的例子，现再加上英语的例子，见(16)。

(16) | 英语 | 意大利语 | 法语 | 西班牙语 | 词义 |
|---|---|---|---|---|
| canine | cane | chien | perro | 犬 |
| [ka:ne] | [ʃjɛ̃] | [pɛro] | | |

[①] 梵语字母下面加点表示带翘舌色彩，参见(Hock & Joseph 1996:33)；[ɟ]是舌面中浊塞音。对照Hock & Joseph (1996:467)，希腊语的[ɔ:]也可表示为[o:]，参见本章3.1节(1d)的标音。此外，本书作者根据Beekes (1995:35)将原文的词义'field'改为'acre'。

[②] 根据"腭音律"(参见本章3.2节)，(15)的情况应该是梵语和古高德语发生了元音合并，不是拉丁语和希腊语的元音分化。

　　据福克斯(Fox 1995:59)的推测，西班牙语的perro不属于这组同源词，perro与这组词没有对应关系。如果将perro作为重建材料之一，后果不堪设想。

　　当然，西班牙语的perro与意大利语的cane、法语的chien语音上相距甚远，也许会怀疑perro不属于同一组。但这种想法也仅仅是猜测。因为在某些情况下，历史演变会造成语音形式的极不相似，如果不了解它的特殊演变过程，就可能将之排斥在同源词之外。典型例子是PIE的 *dw-对应于亚美尼亚语(Armenian)的[erk-]，见(17)[1]。

(17) PIE的 *dw-对应亚美尼亚语的erk-

PIE	亚美尼亚语	词义
*dwō(w)	erku	'two'
*dwey-	erkiwł	'fear'
*dwāro-	erkar	'long'

　　按照Hock (1986)的分析，亚美尼亚语历史上音节起首r的前面曾增加一个元音，所以erk-由rk-演变而来。此外，PIE音节起首的d对应于亚美尼亚语的t；在首音节的元音前面，PIE的w对应于亚美尼亚语的g；再加上亚美尼亚语的清阻塞音(包括塞音、擦音、塞擦音)后面的g曾发生浊音清化。于是Hock认为从 *dw-变成erk-的演变过程依次为 *dw- > tg- > tk- > rk- > erk-[2]。

　　以上例子说明，不能简单地以语音相似来判断重建材料之间的同源性，必须综合考虑各种因素。

　　第三章2.1节分析同源词时曾提到，语音和语义标准都是相对的，不是绝对的，不能以语音或者语义的相似性判断材料的同源性，二者同时具有对应关系才是可依赖的判断标准。此外，还应该特别注意对应关系和同源关系之间的联系，勿将二者混为一谈，陷入循环论证。建立对应关系是为了确定同源词，避免非同源词的掺和。逻辑上应该

---

[1] 本例及其分析来自Hock (1986:583-4)。

[2] Hock (1986:584)认为其中tk- > rk-的演变不易解释，虽然t > r可能是弱化，但清塞音[k]前面的音节起首位置似乎不应是发生弱化的环境。

是先有对应关系,然后才能确定同源词。但是,常常会遇见这样的论证:由于若干词来自同一原始形式,所以它们必定是同源词,语音上便有对应关系。其实,所谓"原始形式"应该是建立在这些词具有同源关系的假设之上。

举个例子。比较拉丁语的"父亲"pater和古高德语的"父亲"fater,发现二者语音上有p~f对应,从而建立它们的原始音位 *p;结论是拉丁语的pater与古高德语的fater同源,因为p和f来自同一个原始音位 *p (Fox 1995:63)。以上论证的前半部分(即建立原始音位 *p)是后半部分的前提,而后半部分的论证(即 pater与fater同源)其实是将前半部分的论证作为前提。这种前、后两部分互为前提,构成了循环论证。

福克斯(Fox 1995:63-4)认为,这种循环论证对于仅依赖内部关系的方法而言,是难以避免的。这种循环论证虽无伤大雅,但有时会导致曲解。比如,按照这种推论,可将(16)意大利语的 [ka:ne]和西班牙语的 [pεro]看成k~p对应,如果相关材料掌握得不多,就会接受k~p对应这个似是而非的结果。所以,仅根据语音或语义相似来判断同源性是不足够的。

在确定对应关系时,还要注意对应组的每个成员不但具有同源关系,而且具有对等性。所谓对等性,打个简单的比方,就是同一家族成员之间具有相同的辈分。福克斯用下面的树型图说明对应成员的对等性(Fox 1995:61-2)。

(18) 语言关系图

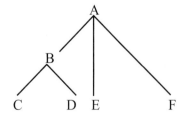

A、B、C、D、E、F代表六种有亲属关系的语言,它们都有同源关系。其中B、E、F直接从A演变而来,C、D则是从B演变而来。在对等性上B、E、F三者对等,C、D二者对等;但C、D跟E、F不对等,C、D跟B也不对等。如果考虑对应组成员之间的对等关系，应该在同源词之间分出孰先孰后，才能分辨谁与谁对等。

在对应关系的成员中分出早晚，或者在对应组里考虑到不同层次上的对等，这种做法基于语言演变的两种理论：谱系树理论和波浪理论。谱系树理论以语言演变直线性为依据，所谓直线性，以(18)为例，就是C语言的特征从它的上一辈B语言直接继承而来，与D、E、F语言没有直接的关系。谱系树理论指有亲属关系的语言从主干到分支的直接影响，它的语言变化传播常常是单向的。然而，谱系树理论创始人施莱赫尔的学生史密特(Johannes Schmidt)发现印欧语系的若干语支之间往往存在相似点，这些相似点无法用谱系树理论解释，他因此提出语言变化传播的波浪理论。波浪型传播指中心语言对邻近语言的影响，或者是语言间的相互影响，它的传播常常是双向的。

根据美国著名的社会语言学家拉波夫20世纪60年代所做的一系列社会语言学的调查研究，音变由语音自身的变异性开始，通过某种非语言学因素向外传播(Hock & Joseph 1996:150)。音变的传播通常有两种模式：一是树型，二是波浪型[①]。

谱系树理论和波浪理论虽然是两种不同的观点，但为了揭示语言演变规律，可以将两种理论结合起来，把后者看作对前者的一种补足。汉语的历史演变，特别是汉语方音的历史演变，是综合多种因素的、层次重叠的复杂过程，无法用(18)的模式来表示。汉语方音层次的叠置状态既可证明波浪型传播的演变规律(张琨1984:248，徐通锵1991:221)，也可证明它们具有中古音甚至上古音的特点，后者说明谱系树的历史传承也有一定的根基。如果把汉语方音完全看成是波浪型演变的结果，很容易把汉语方音看作历时音变的杂乱的投影[②]。

[①] 对这两个演变模式的介绍和分析，参见第六章2.2节和2.4节。

[②] 本书第七章3.2.4节所提出的汉语方音历史演变中的"血缘"对应，就是要将之与"雅言"的渐次对应区别开来，后者可视为波浪型传播，前者可视为一种有谱系关系的接触型传播。

2.3.2 设立早期音位

有了对应组，就可以考虑它们的早期音位形式了。其做法与现代音位理论大同小异："大同"之处是将互补分布的音素归纳为同一个音位，剩下的呈对立分布的音素则"各自为政"；"小异"之处才是历史语言学家需要认真对待的，即从早期音位到特定的对应形式，其间经过了一段历史时期，可能经历某种形式的过渡，也可能存在音变的相对先后，还可能有其他变化。所以，设立早期音位要充分考虑曾发生过的历史变化，不能将晚期形式与早期形式混在一起。比如，第三章2.1节的(1)和(2)曾举了"父亲"一词在不同印欧语里的形式，现将有关形式列为(19)。

(19) <u>古希腊语</u>　<u>拉丁语</u>　<u>梵语</u>　<u>古高德语</u>　<u>原始日耳曼语</u>
　　 patér　　　 pater　　 pitá　　 fater　　　　 fader

以上前三种语言的词首辅音相同，与后两种的不同。如果不了解格里姆定律，就不知道原始印欧语的清塞音p变成原始日耳曼语所对应的清擦音f。此外，要想解释前四种语言的第二个辅音t与原始日耳曼语d的不同(*t>þ>ð>d)，还必须加上维尔纳定律，知道原始日耳曼语的擦音在同时满足三个条件时变为浊音，这三个条件是：一、不在词首位置；二、它的前、后两个音素都必须是浊音；三、它的前一音节不带原始印欧语重音(参见第三章3.3节的内容)。如果昧于语言演变的历史，只注意在方法论上将有关的对应成员集合起来提取公约数，会把(19)的p和f综合为一个音位，再把t和d综合为另一音位，这种以综合法产生的结果，价值不大。

这里，在方法论上似乎遇到了"鸡与蛋"的困惑。如果没有假设的早期音位，就难以解释语音演变；而假设的早期音位好像在建立对应关系之前就已经存在，因为只有这样才能避免将所有相关成员一视同仁的做法。显然，这与上面福克斯提出的逻辑步骤不相符合。

其实，在实际的操作中，建立对应组和设立早期音位这两个步骤往往同时进行，互为参照。只是在顺序上，从发现和寻找对应成分，再

到判断孰早孰晚，从而假设它的早期形式，这样的顺序体现了逻辑的
先后。

本书作者认为，运用历史比较法进行汉语方音比较是一项具体的研
究，但研究者只有对该领域的宏观研究有了足够的了解，才能正确地
把握重建的分寸。设立早期音位并非另起炉灶，而是比较某一特定系
统与其他系统的关系，从而为这一特定系统假设一个基本形式。中国
的传统音韵学已经大致建立了汉语语音演变的历史阶段，我们在比较
具体方音时，必须充分考虑到汉语语音史的宏观演变。这一方面，笔
者借用李如龙的观点说明方音史的微观研究与宏观研究的关系。他说，
从宏观研究的角度"把诸多方言的不同层次的语音特点放在一个平面上
考察，往往可以看到语音演变的历史过程"(李如龙2001:16)。这个所
谓把不同层次的语音特点放在一个平面上考察的做法，其实是运用以
小看大、以局部看整体的方法。笔者认为，设立早期音位也应该"以大
统小"，在大的历史背景(即汉语语音演变的主要历史阶段)下发掘具体
方言的差异。笔者还主张参照历史演变大势，逐个比较若干相关方言，
最后才能剥离具体方言的不同层次。只有这样，才能把握具体方音演
变的历史过程，面对诸多方言的不同层次的语音特点而不会迷失方向。

如何设立早期音位，涉及对实际的语言材料和历史阶段的理解以及
相应的操作步骤。本章2.2.2节所介绍的索绪尔的"喉音理论"，就是根
据具体材料而采用的特定的构拟手段，它不是依据既定的方法，也没
有既定的模式可参照；一切对于语言演变的知识，都有助于判断和分
析特定语言的早期音位，也有助于决定哪种手段最直接、最有效。

以上从逻辑顺序以及历史演变的角度论述了设立早期音位与归纳音
位的不同。至于设立早期音位的具体例子，可参考本书第五章第五节
对于李方桂构拟上古卷舌介音*r的分析。

2.3.3　为早期音位寻求语音形式

以上第二步的设立早期音位，它们只要满足音系上相互区别就可以
了，甚至采用抽象符号来表示早期音位，如本章2.2.2节"喉音理论"所

构拟的 *A, *O, *E三个"响音系数";因为这一步骤还不能确定每个音位的全部语音特征。另一方面,音位理论在19世纪末才出现,在这之前,西方历史比较语言学家使用不同的语音符号或者字母代表早期形式,这些不同符号或者字母为归纳音系带来诸多不便,尽管归纳音系并非早期历史语言学家所关注的内容。但是,虽然完整的音位理论出现得较晚,音位的概念却早已有之。从若干相关符号中选定一个具有代表性的符号,或者以一个复杂符号甚至抽象符号概括相关音素的基本语音特征,如本章2.3.1节(14b)所例举的几种古典语言里"温暖"(warm)的词首辅音的古老形式,所谓"综合语音特点"的做法其实也反映了早期对于音位概念的探索。

判断一个符号是否具有音位概念,主要看该符号有无代表性,或者说有无概括性。一个能在尽量多的语音环境中能够自然实现的语音形式,必定具有广泛的代表性。所谓"自然实现",跟经典生成音系理论对于分析底层结构所依据的语音自然性是一致的[1]。语音的自然性,指发音部位或者发音方法的协同性,它也包含语音演变的一般规律。所谓违反语音的自然性,就是在发音部位或者发音方法上不协调的变化,或者与历史音变相违背的变化[2]。下面以梵语和古英语例子说明,PIE的 *s的基本语音特征为齿龈清擦音,在不同语言的不同环境下实现为不同形式,(20)以粗体字母表示它的不同形式(材料来自Fox 1995:30-1)。

(20) <u>梵语</u>   <u>古英语</u>   <u>词义</u>

a.   vas(ati)   wes(an)   住

b.   snus̱a: snoru   媳妇

(20a)的两个[s]形式上与音位符号相同。(20b)梵语的[ṣ]为翘舌清擦音,它由 *s在唇音或者圆唇音环境下演变而来;古英语的[r]直接由浊音[z]变来,而[z]则出自浊化的 *s。

维尔纳定律解释了(20) PIE *s的不同形式。原始日耳曼语的清擦

---

[1] 参见本书第二章1.2节的"经典生成理论的底层形式"。

[2] 这条标准执行起来有一定的难度,我们很难确定什么样的音变历史上从未发生过。

音如果同时满足三个条件就变为浊音(参见第三章3.3节)。(20)两个词的PIE重音不同:(20a)"住"的重音在首音节,PIE为 *´wes-;(20b)"媳妇"的重音在第二音节,PIE为 *snu´sa:。根据维尔纳定律的第三个条件,*´wes-的s不变浊音,因为它的前音节带重音(维尔纳定律的第三个条件要求前音节不带重音);而 *snu´sa:的第二个s在古英语里变成浊音,因为它的前音节不带重音。

以上例子说明PIE *s的基本语音特征是清擦音,它在不同环境下实现为不同的语音形式,这个变化具有广泛性和自然性。广泛性指这种音变在不同语言里普遍存在,自然性在于清音在两个浊音之间常常发生浊化。反之,如果将浊音规定为该音位的基本特征,再以"浊音清化"来解释(20)的清音,语音上不自然,普遍性也差。

以上三个重建步骤只是一个理想的结果,实际情况远非如此理想。历史重建如果缺乏历史文献的证实,它仅仅是方法上的论证而已。研究者能做到方法论上不出错,但难以保证材料上不出错,经常会遇到材料不齐全、材料性质不明确等情况。福克斯(Fox 1995:87-8)认为,大多数的研究过程都是对各种假设的反复测试,在材料与假设之间左右徘徊,直至发现一个最合理的结论。所以,上面他所提出的三个步骤只是代表逻辑先后,并不代表程序上的绝对先后。

按照这个说法,我们可以把历史重建过程理解为在材料与假设之间进行不断权衡和取舍的过程;最后所选取的,通常不是那些最多材料所论证的,而是方法论上缺陷最少的那种结果。如果承认这两点,即直接的历史文献的匮乏以及相关材料的性质不确定,那么,在方法与材料二者之间,方法似乎更容易把握一些。所以,福克斯(1995)这么评价历史比较法的意义:"在外部材料匮缺的情况下,历史比较法最重要的价值正在于它有能力进行语言重建"[①]。

[①] 福克斯的原文是:Indeed, for the most part the value of the Comparative Method lies precisely in its ability to reconstruct in the absence of external data。见 Fox (1995:89)。

第三节　不应该无必要地扩大假设

3.1　"奥坎剃刀"

本章 2.1 节曾提到内部构拟法的基本理念是根据语言现有结构推断它的早期形式，因为历史遗迹总会通过现有的某种迹象反映出来。这样的推断常常会在若干假说之间徘徊。在决定取舍时，应该有所制约，著名的"奥坎剃刀"就是一条重要的制约。

Hock & Joseph (1996)认为，历史重建必须遵循"奥坎剃刀"这一原则，这条原则也是其他科学研究必须遵守的。它是 14 世纪最有影响的哲学家"奥坎的威廉"(William of Ockham)提出来的。"奥坎的威廉"是西方哲学史上唯名论的著名人物，他 1285 年出生在英格兰萨里郡的一个叫奥坎(Ockham，也写作 Occam)的村子。他的名言是"以较少的东西可做好的事情，不必花费较多的东西去做"[1]，后人称之"奥坎剃刀"(Ockham's Razor)。"奥坎剃刀"常用于两种假说的取舍，如果对于同一现象有两种不同的假说，应该选择比较简单的那种。

下面以梵语、希腊语、拉丁语、日耳曼语材料为例(比较粗体字母)，说明在元音重建中如何体现"奥坎剃刀"原则[2]。

(1)　原始元音的重建

	梵语	希腊语	拉丁语	日耳曼语	词义	元音重建
a.	idam	---	id(em)	ita (哥特语)	'it, that'	*i
	ritka-	é-lip-on	(re-)lic-tus	---	'left'	
b.	yugam	zugón	iugum	juk (哥特语)	'yoke'	*u
	budh-	puth-	---	budon (古英语)	'(a)bide'	

---

[1] 奥坎的威廉在《箴言书注》2 卷 15 题说，'Pluralities are never to be put forward without necessity.'"切勿浪费较多东西去做用较少的东西可以做好的事情。"资料来自维基百科 http://en.wikipedia.org/wiki/Occam's_Razor 及中文版 http://zh.wikipedia.org/wiki/ 的"唯名论"条目，笔者对网上的中文翻译略作文字的调整。浏览日期：2008-02-28。

[2] 本例材料及其说明来自 Hock & Joseph (1996:467)，不同来源另注。

c.	**a**sti	estì	est	**i**st (哥特语)	'is'	*e
	atti	édomai	edō	**i**tan (哥特语)	'eat'	
d.	**a**ṣtau	oktṓ	octō	**a**htau (哥特语)	'eight'	*o
e.	**a**ǰati	ágō	agō	**a**ka (古北欧语)	'drive'	*a
f.	pitar-	patḗr	pater	f**a**dar (哥特语)	'father'	*ə

梵语、日耳曼语有三个元音，希腊语、拉丁语有五个元音。对于(1a-e)所重建的五个原始元音，应该没什么问题。而对(1f)的重建，因其语音性质有多种可能，哪种可能比较自然和简单呢？Hock & Joseph 认为，如果重建为*ə，它能自然地分化为[a]和[i]，如(2)所示；而其他形式都会令重建变得复杂和不自然。

(2) *ə的自然分化

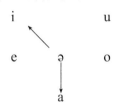

本书作者赞同Hock & Joseph的分析，认为(1)的重建虽然多了一个原始元音*ə，并且这个元音形式不出现于古典语言，但对于重建的简单性和自然性而言，在略微增加元音总数上所付的代价，是物有所值的。重建的*ə既没有破坏元音系统的整齐性，又以最自然的音变方式(ə与[i]以及ə与[a]都是相邻的音)诠释了它在不同语言的不同演变。如果将这个元音看作其他五个元音中的任何一个，所付的代价会更大。比如，将(1f)重建为*a，就不能区别于(1e)的情况，也无法区别于(1d)；如果为了压缩元音数量而这么做，那只有靠增加不自然的、零散的规则来解释原始元音*a变为印度—伊朗语的[i]或[a]，却找不到任何能分辨的诱因。因此，简单性原则不等于数量越少就越简单，还要考虑语音演变规则的自然和合理。那种牺牲演变规则的自然和合理而追求数量的简省，不符合简单性原则。

3.2 "腭音律"

从若干假设中选择一个较简单的，也可理解为在重建过程中不能随意扩大假设。本书作者把"奥坎剃刀"解释为"不应该无必要地扩大假设"，就是说历史重建项目必须尽量依据材料，不能随意扩大假设。在音位和音变规则的重建中，材料是重要的，但相关材料却是有限的；假设却是多种多样的，有的可能会将结论引导得离材料很远。下面以西方历史语言学的"腭音律"(Law of Palatals)说明基于语言比较的论证比假设的前提(有些甚至已经公认了)更有价值。

"腭音律"产生于19世纪70年代，它常被用作说明19世纪后期比较法复杂性的范例[①]，不少历史语言学家曾先后对它进行论证[②]。

如何解释印欧语不同的元音系统,19世纪70年代之前一直没有定论。如(1)所示，梵语为三元音系统，[i]、[u]、[a]，而拉丁语和希腊语都是五元音系统，[a]、[e]、[i]、[o]、[u]；当时尚不清楚二者之间的对应关系究竟怎样。犹如本书开头引述威廉·琼斯爵士的那段著名言辞，梵语通常被认为最接近原始印欧语的语言，所以,19世纪前半期的研究都围绕着如何从梵语元音系统演变为其他元音系统，也就是拉丁语和希腊语如何从三元音系统演变而来。这一做法不仅得到梵语古老性的支持，而且[i]、[u]、[a]的高低两层和前后两度(低元音不分前后)的元音系统也被看作最悦耳、最自然的舌位分布。比如，德语有一类动词的词根元音交替为[i]~[a]~[u]，像动词"唱"的不定式、现在时、过去分词变形分别为singen~sang~gesungen (粗体字母为词根元音，-en和ge-分别是后缀和前缀)。此外，常见的印欧语语法范畴也呈现三分的状态，例如，性有三类：阴性、阳性、中性；数有三分：单数、双数、复数；时有三界：过去、现在、将来。

其实，从三元音系统到五元音系统之间不存在规则性的音变。这

[①] "腭音律"的例子及其说明主要来自Fox (1995:27-9)，不同来源另注。

[②] 见Collinge(1985:136)。

一研究发现是19世纪后期的学者从一个看似无关的问题上找到了答案，即东方的梵语与西方的语言之间某些辅音的不平行分布跟元音有关。梵语的辅音有硬腭音(palatals)和软腭音(velars)两套，而拉丁语、希腊语和其他西方语言只有软腭音一套。1875年出现的"腭音律"重新诠释了梵语与拉丁语、希腊语之间的硬腭音和软腭音的不平行性，意外地发现这种腭辅音的不平行是由不同的元音系统造成的。

　　梵语里不同元音与硬腭音和软腭音的组合，其分布是不同的：[u]前面不易出现硬腭音，[i]前面不易出现软腭音，[a]前面则无此倾向；此外，也存在同一词根有硬腭音和软腭音的交替。这些现象显示，梵语的腭辅音分布不像是一种原始状态，而是某种音变的结果。如果将拉丁语、希腊语的五元音系统视为早期形式，将梵语的三元音系统当作晚期形式，以五元音系统替代梵语的词根元音，就能发现梵语的硬腭音和软腭音分布呈规则状态：硬腭音通常出现在前元音[i]、[e]之前，软腭音通常出现在其他三个元音[a]、[o]、[u]之前。下面以原始印度—伊朗语为早期的五元音系统，比较它如何演变为梵语的三元音系统，见(3)(字母c代表硬腭音，k代表软腭音；演变过程从左至右，中间的两个音变简称步骤一、步骤二)。

(3) "腭音律"举例

	原始印度—伊朗语	i和e前腭化	e和o合并	梵语
a.	*-ki-	*-ci-	---	-ci-
b.	*-ke-	*-ce-	*-ca-	-ca-
c.	*-ka-	---	---	-ka-
d.	*-ko-	---	*-ka-	-ka-
e.	*-ku-	---	---	-ku-

　　原始印度—伊朗语被看作梵语最直接的祖先，它只有一套腭辅音。这套辅音对应梵语的两套辅音：在[i]之前为硬腭辅音c，如(3a)；在[u]之前为软腭辅音k，如(3e)；梵语元音[a](经过步骤二)的前面则c、k两可，如(3b-d)。这说明梵语的三元音系统是从五元音系统演变来的，即五元音的[e]、[o]合并为[a]，如(3)的步骤二。此外，在元音合并之前，

原始印度—伊朗语的腭辅音依据元音舌位的前后，分化为梵语的硬腭音和软腭音，分化条件是：与前元音组合变成硬腭音，见步骤一；与非前元音组合变成软腭音。

以上两个音变，步骤一的硬腭音变和步骤二的元音合并，二者具有相对年代的先后：硬腭音变在先，元音合并在后。硬腭音变以五元音系统的前元音i或e为音变条件，而步骤二的元音合并则模糊了早期腭辅音分化的条件，使后人看不到硬腭音变的条件。这也是为什么仅靠梵语的元音分布已经看不出早期的五元音系统。

布龙菲尔德也提到"腭音律"，他是这样评述的(1980:470)：

> 根据这些事例，我们推断印度伊朗语单一的 [a] 是后来发展的结果：前印度伊朗语里一定还有个[e]不跟旁的元音相混，这个[e]导致了前面舌根塞音的腭化。并且，因为这个[e]跟欧洲语言的[e]相应，这个区别必然存在于原始印欧语，而不是欧洲诸语言的联合创新。这个发现结束了介于原始印欧语与欧洲诸语言(跟印度伊朗诸语言相对立)之间的共同母语的想法。

布龙菲尔德所说的"印度伊朗语"对应于以上(3)的步骤二，他所说的"前印度伊朗语"对应于(3)的原始印度—伊朗语，而他所说的介于PIE与欧洲语言之间的"共同母语的想法"则相等于欧洲语言由三元音系统演变而来的想法。

福克斯(Fox 1995:29)认为，腭音律说明了比较法和构拟法需要注意的两个方面：第一，研究者思路要宽，有些答案可能存在于那些看似不相关的材料里。第二，在方法论上，不能将梵语的古老和纯洁奉为圭臬。梵语也像其他语言一样经历过历史的演变。就"腭音律"而言，梵语与PIE之间的差距，比拉丁语和希腊语与PIE的差距更大。其寓意十分清晰，即只有那些具有比较价值的证据才能决定原始语言的起始形式[1]，认为某种语言在历史上或文化上更优越的假设往往是靠不住的；同时，也不能认为古老的语言就一定比后来的语言(later ones)更"简单"、更"完美"。

---

[1] 福克斯的原文是：Comparative evidence alone must determine the original form of the proto-language (Fox 1995:29)。

笔者认为"腭音律"也可以印证"奥坎剃刀"原则：不应该无必要地扩大假设。对梵语的三元音系统而言，梵语的古老性只能是一个假设，不能将之随意扩大，以为拉丁语、希腊语的五元音系统一定是从梵语的三元音系统发展而来。如何理解"只有那些具有比较价值的证据才能决定原始语言的起始形式"，就是将梵语与原始印度—伊朗语进行有效的(即有价值的)比较，二者所揭示的腭辅音和元音之间的对应关系，才是真正的"具有比较价值的证据"。

第四节　合肥话-i韵舌尖化的历时演变

本章3.1节曾以重建PIE原始元音 */ə/ 为例，说明不能将简单性原则理解为数量越少越好。数量的多少不是唯一标准，简单性原则还需要权衡语音演变规则的自然和合理。然而，我们又无法为简单性原则排出一个次序表，列出哪些因素必须优先考虑，哪些因素可以暂缓考虑[①]。对于简单性原则，各类相关因素的价值需要根据具体的材料及论证的目标来判断。下面以汉语合肥话的 [i]>[ʅ] 音变为例，说明如何在汉语方音比较中运用简单性原则[②]。

合肥话的 [i]>[ʅ] 音变在官话的近代演变中是个有争议的话题，围绕它的音变动因及方式存在两种不同的看法：一种认为它由 [iɪ]>[i] 音变引起(王福堂2005)，另一种认为它促使了 [iɪ]>[i] 音变(赵日新2007)。本节通过比较两种不同的观点，提出汉语方音比较的三项原则，其中的广泛原则与简化原则可概括为"奥坎剃刀"原则；再根据该原则对合肥话

[①] 本书第二章1.4节在介绍优选论时，曾评价该理论的同一组制约条件的不同排序能否为表达汉语历史音变的共性和个性提供一个理论框架，比如，汉语历史音变受到什么因素的制约，某个特定的汉语方音如何在各种因素的互动和冲突中演变。但目前我们还未看到这方面的研究。

[②] 本节初稿曾在汉语方言国际学术研讨会暨全国汉语方言学会第十五届学术年会(2009年12月，澳门)上宣读，获得热烈反响。感谢与会专家郑张尚芳、汪平、陈忠敏、石汝杰、伍巍、刘俐李、李蓝、刘新中等提出的宝贵批评和建议，笔者因此做了较多的修改。

[i]>[ʅ]音变的动因及方式提出个人看法；最后顺带讨论汉语[ʅ]的音系性质，认为[i]的舌尖化应看作[i]韵的[z̩]化。

4.1 方音比较原则一：求近与广泛

现代合肥话有[i]韵和[ʅ]韵，没有复合音[iɪ]韵。 [i]韵与[tɕ, tɕ', ɕ]声母以及零声母配合，也配[l]声母的"你"；而[ʅ]韵配其他声母，也配零声母。因此合肥话的[i]、[ʅ]是两个独立的音位。比较(1)的三个例字在合肥话、和县话(位于合肥以东一百公里)的不同读音(王福堂2005:3)[①]。

(1)

	资 (止开三精脂)	鸡 (蟹开四见齐)	姐 (假开三精马)
合肥话	tsʅ	tsʅ	tɕi
和县话	tsʅ	tɕi	tɕiɪ

王福堂认为合肥话早期的情况大概跟和县话相似，后来合肥话的字音发生了变化，"姐"字的韵母从[iɪ]变为[i]，"鸡"字的韵母从[i]变为[ʅ]。他进一步推测"鸡"字的韵母变化是在"姐"字韵母变化的影响下发生的：当"姐"的韵母由[iɪ]向[i]变化，促使"鸡"的韵母由[i]变成[ʅ]；[iɪ]>[i]在先，[i]>[ʅ]在后。这种音变由语音系统的制约引起，即早先的[iɪ]变为[i]，迫使原先的[i]变为[ʅ]。

赵日新(2007)提出另一种看法："鸡"的韵母先高化为[ʅ]，与"资"的韵母合流，这时音系缺乏[i]音，它的空格吸引邻近的[iɪ]来填补；即[i]>[ʅ]在先，[iɪ]>[i]在后。赵日新认为首先是[i]>[ʅ]音变产生了合肥音系上i的空格，然后该空格"拉动"[iɪ]>[i]音变。

比较以上两种不同看法，首先是链移的动因，即什么样的音变率先发生。王福堂认为是"姐"的韵母由[iɪ]向[i]变化，赵日新认为是"鸡"的韵母由[i]变为[ʅ]。其次是链移的方式，王福堂认为是[iɪ]>[i]变化"推"动了[i]>[ʅ]变化，赵日新认为由于[i]的舌尖化而产生i的空格，该空格

[①] 括号里的内容代表各字的中古音类别，由笔者所加，以资对照。

"拉"动了[iɿ]>[i]音变。

对于同一个[i]>[ɿ]音变有不同的解释是不以为奇的，值得注意的是分析的理据。下面是笔者的分析。

古代通语的[i]韵变成舌尖音[ɿ]，最早出现在北宋时期(周祖谟1943)。古代通语的[ɿ]韵只与精组声母拼合，现代合肥话的[ɿ]韵除了与[ts, ts', s]组合以外，还可以与其他声母组合，甚至包括零声母，这说明合肥话的[i]>[ɿ]音变在其演变过程中所涉及的声母比北方官话更为广泛、更为复杂。汉语方言的[i]>[ɿ]演变是普遍现象，此处选择合肥话作为分析对象，因其相关的韵母演变较为规则。

笔者认为，探究合肥话[i]>[ɿ]的历时演变过程应该从它历时上最近的变化向上追溯，因为可用现代方言来验证最近的变化。什么样的材料能反映这种变化？选择标准成为方音比较的第一条原则。

历史比较法的比较对象是同源词。然而，不管是意义相近、语音相似的词，还是根据所谓"语音的对应"或者地理分布的推测，它们都无法保证所选择的对象准确无误。历史比较法唯一有把握的是不能拿任意的两个语言进行比较。布龙菲尔德有句话可以帮助解释什么是"任意的两个语言"："假使我们对于这些语言的历史毫无所知，我们就得从头到尾检查他们的词汇和语法来寻找旁的相似点"(布龙菲尔德1980:374)。也就是说，如果两个语言(或方言)缺乏词汇和语法的相似点，它们就不能成为比较对象。

根据以上定义，所有的汉语方言都具有词汇和语法的相似点，它们似乎都可作为汉语方音的比较对象，但实际上不这么做。选择合肥话[i]>[ɿ]音变的比较对象，应该从它的邻近方言寻找。选择比较对象要做到"求近"与"广泛"，求近就是寻找周边毗连方言，广泛就是不限于一个周边方言。根据汉语方言演变的一般规律，一种方言，如果不是特定的方言岛，当地历史上又没有发生过大量移民，大概能认定该方言的所在地区与其周边地区长期以来存在着人口流动和经济文化上的紧密联系，它们的方言也应该相互影响，由此形成波浪型的传播模式。波浪的起源是一个中心点向四周扩展；不同点的交互影响所形成的波纹，就不是只朝着一个方向扩散，而是一个方言点可能受到四周波纹的波及。分析合肥话与其周边方言所遵循的求近与广泛的原则，如果以波浪的形式作类比，"求近"就是波纹的毗连性，"广泛"就是波浪的周边性。

王福堂提出合肥话 [i]>[ɿ] 音变是由于其他音变的推动，他所选择的比较对象是位于合肥以东一百公里的和县话。赵日新不赞同 [i]>[ɿ] 来自其他音变的推动，也不以和县话作为比较对象，他主张将合肥话与巢湖话进行比较。

巢湖位于合肥与和县之间，从地理位置上巢湖更靠近合肥，巢湖话似乎是更好的选择。然而，据孟庆惠(1997)的报道，和县、巢湖两地方言除了"儿"字韵母不同以及 [an]/[aŋ] 和 [uan]/[uaŋ] 的分与不分(巢湖话分，与合肥话同；和县话不分)，其余都一样。合肥、和县、巢湖都属于皖中江淮官话。赵日新选择巢湖话，因为巢湖话近年才在青少年人群中出现 [i]>[ɿ] 音变，借以说明巢湖话因音系上缺乏动力而导致 [i]>[ɿ] 音变发生迟缓，从而旁证合肥话的 [i]>[ɿ] 音变也经历了i的空格，该空格拉动了 [iɪ]>[i] 音变。

巢湖话很多止、蟹摄开口三四等字今仍读 [i]，如"币祭艺米弟犁妻洗鸡系獜皮骑牺椅比地饥姨李医衣"(孟庆惠 1997:114-8)，孟庆惠认为巢湖话青少年中出现的 [i]>[ɿ] 音变说明了省城合肥话的 [ɿ] 化向外扩散的迹象。笔者认为，如果用巢湖话的情况类比合肥话的 [i]>[ɿ] 音变，可能会模糊合肥话、巢湖话在这一音变上的因果关系。另一方面，如果以巢湖话音系上因缺乏动力而造成 [i]>[ɿ] 音变的迟缓来推测合肥话的 [i]>[ɿ] 音变亦有相同的性质，则是以巢湖话的共时变异推测合肥话的历时音变，这一推测需要更多的论证。

再看合肥周边方言 [ɿ] 韵的分布。以合肥为中心的皖中江淮官话，其中肥东、肥西、舒城、六安、霍山都有 [i]>[ɿ] 的情况；合肥南边的江淮官话(如庐江)也有丰富的 [ɿ] 韵；而合肥北边的江淮官话(天长话例外)，除了 [ts, tsʻ, s] 后面出现 [ɿ] 韵，其他情况下没有 [ɿ] 韵。皖南徽语歙县话只有精庄章组止摄开口三等读 [ɿ] 韵(孟庆惠 1997:432)，徽语休黟片的宏村方言有一些深摄字也读 [ɿ]，如"深十"(谢留文、沈明 2008:34)，它们都不足以与合肥话形成对应。徽语绩溪话和合肥话虽然都有 [i]>[ɿ]，但

绩溪话缺乏 [ii]>[i] 的变化[1]，而合肥话的 [i]>[ɿ] 音变直接与 [ii]>[i] 挂钩，所以在演变类型上绩溪话与合肥话不对应，绩溪话不适合做比较对象。

从以上选择比较对象看出，[i]>[ɿ] 音变在皖中江淮官话有一定的普遍性；将合肥话与其他皖中江淮官话比较，大概能够推测合肥话 [i]>[ɿ] 音变的过程。

4.2 方音比较原则二：区分共时变异与历时音变

此前说过，巢湖话的 [i]>[ɿ] 音变主要出现在青少年人群，属于共时变异。把巢湖话的 [i]>[ɿ] 音变分析为青少年受了省城合肥话的影响，这种社会语言学的解释既简单，又合理。青少年向来是新词语、新发音的创造者，也是推动者。但他们的语音不一定代表该语言社团音变的一般趋势。

青少年处于学习阶段，受到多方面的影响，他们属于未定型的社会人群，其发音并不代表语言演变的趋势。Chambers (2009:201-2) 举了这样一个例子，加拿大南安大略省以及多伦多市的孩子们受到美国儿童电视节目 (如"芝麻街")的影响，会把字母 Z 读作 [zi] (美国的读法)，但他们成年后通常放弃这种发音，改为本地读法 [zed]。1979 年在多伦多市有个调查，三分之二的 12 岁孩子将 Z 读作 [zi]，而成年人这么读的只有 8%；到了 1991 年，又调查了多伦多市 20 至 25 岁的成年人 (12 年前的孩子)的发音，只有 39% 的人读 [zi]。Chambers 预测，还会有更多的成年人将 Z 改读 [zed]，因为同一调查显示该市 30 岁以上的人群只有 12.5% 的人读 [zi]。

同样的现象也体现在汉语方言区的人对自己方言的态度。陈立平 (2009:99) 调查了江苏省常州市不同年龄的人群对"随着普通话的普及，常州话是否会消失"的看法，结果发现中学生组 (15-20岁)对常州话的信心最低，只有 28% 的人；而相信常州话不会消失的人群随着不同的年龄组，即 21-40岁、41-55岁、56岁以上，呈递增趋势，分别为 49%、55%、

---

[1] 绩溪话的 /i/ 音位有 [i]、[ɿ]、[ii] 三种读音，而合肥话的 /i/ 音位只有一种读音 [i]，也没有复合音 [ii]。

67%。常州话的例子说明，青少年受到学校的影响，他们的语言态度不代表语言社团的一般态度。加拿大多伦多的青少年对字母Z的读法说明，青少年的语音现象并不代表社团语音的演变方向。

王士元、沈钟伟(1991)通过调查上海话"老派"、"新派"元音/ã/、/ã/的分合情况以显示"新派"上海话"词汇扩散"的动态描写[①]。本书作者认为该例/ã/、/ã/的分合属于共时变异，它可看作测试对象(主要是青少年)能够参照"老派"上海话将他们口语里原来相同的字音分开，所以它也可用来说明上海青少年的语音并不能代表上海话的演变方向。

从语音变化的角度审视语音的共时变异，属于社会语言学的范畴。它与历史语言学相关，因为社会语言学研究语言的变化和变异以及语言接触等，语音的共时变异可为解释语音演变提出实证性的社会动机，或者说它是研究"进行中的语言变化"。但是，社会语言学所研究的语音共时变异，并非该语音在历史上经历过的音变。社会语言学所提供的语言变化动机是对19世纪新语法学派"音变规则无例外"的修正，是为语言变化提出语言、社会、文化之间互动的解释。从这个意义上说，社会语言学跟历史语言学有关，它补充了以往比较法的不足。但以现时状态推测历史上的语言演变，这种推断不能等同历时研究。因此，笔者把巢湖话的[i]>[ʅ]音变看作共时变异，如果没有进一步的论证，不把它作为合肥话[i]> [ʅ]历时音变的直接证据。

4.3　方音比较原则三：简化与繁复

将和县话与合肥话进行比较的另一好处是让[i]>[ʅ]的音变条件更为简明。历史语言学有个理念，根据语言的现有结构可推测它的早期形式，因为历史遗迹会通过现有的某种迹象反映出来。这样的推断常常在若干假说之间徘徊；在决定取舍时应该有所制约，"奥坎剃刀"就是一条制约原则[②]。它用于两种假说的取舍，如果对于同一现象有两种不

[①] 对于该研究的分析和再思考，参见本书第六章3.4节。

[②] 对"奥坎剃刀"原则的介绍，参见本章3.1节。

同的假说，应该选择比较简单的那种。

一组相关音变的动力可能是推，可能是拉，推、拉之间的选择当以材料为证。在方法论上，与其采用未经证实的繁复推测，不如相信有材料可证的简单分析，这就是方音比较上的"奥坎剃刀"原则。

对于合肥话 [i]>[ɿ] 音变的条件，推链的解释可表示为 [iɪ]>[i]>[ɿ]，也可表示为 [iɪ]>[i] 和 [i]>[ɿ]，后二者有先后，中间或许存在过渡阶段。所谓过渡阶段，就是整个过程曾经被分割，其迹象有两种：原本同类的字今分属 [iɪ]、[i] 两韵，或者原本同类的字今分属 [ɿ]、[i] 两韵。

现代合肥话没有 [iɪ] 韵，所以原本同类的字今分属 [iɪ]、[i] 两韵的情况不存在。如果考察原本同类、今分属 [ɿ]、[i] 两韵的情况，应该将声母、韵母分开。先看今 [i] 韵字的声母分布。合肥话的 [i] 韵只跟 [tɕ, tɕ', ɕ] 声母或者零声母配合，也包括 [l]，它们对应的中古声类为精组和以母。今合肥话 [ɿ] 韵字的声母情况则比较复杂，大量的 [ɿ] 韵字出现在 [ts, ts', s] 声母，合肥话今 [ts, ts', s] 既有来自中古见、晓组的，也有来自中古端、精组的，还有来自中古庄、知组的。这组今音声母涉及这么多的古音来源，我们难以从声母类别上为 [i]>[ɿ] 音变找到可追踪的线索。

[ɿ]、[i] 两个韵母的来源则很单纯：[i] 韵字来自假摄开口三等，[ɿ] 韵字来自止、蟹摄开口三四等。假摄开口三等在一般官话方言里是复合元音，止摄开口三等一般是高元音，蟹摄开口三四等在芜湖、安庆等地有些读复合元音 [ei]，如"币闭"(孟庆惠 1997)，而合肥话的"币闭₀弊₀抵₀梯₀"读 [e](北大 1989)。比较下面芜湖话和安庆话的例子(材料来自孟庆惠 1997)。

(2)

	借写谢夜 (假摄开口三等)	皮死 (止摄开口三等)	币闭 (蟹摄开口三四等)
芜湖	[i]	[i] 或 [ɿ]	[i](又读 [ei])
安庆	[iɛ] 或 [ie]	[i] 或 [ɿ]	[ei]

假摄的读音显示它们代表皖中官话的两种类型：芜湖话为高元音，安庆话为复合元音。两地方言的差异也表现在蟹摄字：芜湖话为高元

音 [i](又读为 [ei])，安庆话只读 [ei]。再看假摄字的读音，合肥话与芜湖话较一致，与安庆话有类型上的差异。比较(1)的和县话，假摄开口三等为 [iɪ]，止摄为 [ɿ]，蟹摄为 [i]。如果把安庆话看作皖中官话 [ɿ] 化演变的起点，把和县话看作过渡点，把合肥话看作终点，则能发现假摄、止摄、蟹摄之间的先后演变顺序，只需要解释合肥话在更多声母的后面发生了 [ɿ] 化。

现在分析合肥话的 [iɪ]>[i]>[ɿ] 音变。首先，[iɪ]>[i] 表示复合元音变成单元音，主要元音升高，所涉及的声母和韵母来源很单纯：声母为精组和以母，韵母为假摄开口三等，这一音变为推动止摄三等的舌尖化创造了条件。[iɪ]>[i]>[ɿ] 的后一音变 [i]>[ɿ] 为高元音的舌尖化，所涉及的韵母是止摄以及蟹摄。从(2)的安庆话、芜湖话看出，应该是止摄字率先舌尖化，蟹摄字后来变为单元音及舌位升高，合肥话里进一步舌尖化。

至于合肥话里 [ɿ] 化的声母来源众多，笔者赞同伍巍(1995)的观点，它们是由韵母舌尖化引起的声母变化；尽管声母来源多，却比较容易解释。如 [t]>[ts]，"地弟"的声母由原本的端组塞音 [t] 变为塞擦音 [ts]，这在发音机制上可解释为韵母的舌尖化使声母的摩擦部位移到舌尖前；由于该部位的摩擦，使得原本的塞音变成了塞擦音。这也解释了为什么合肥话不存在 [tɿ] 这类音节。

以上笔者将 [iɪ]>[i]>[ɿ] 分为两个音变步骤，可以看到 [iɪ]>[i] 牵涉的面小，[i]>[ɿ] 牵涉的面大，后者主要是声母范围的扩大。就韵母而言，[iɪ]>[i]>[ɿ] 可看作一组链变没有被分割；就声母而言，则可视为两个步骤，由涉及面小的音变扩展到涉及面大的音变。笔者由此推测，合肥话的 [iɪ]>[i]>[ɿ] 音变代表了两组韵母的先后链变：假摄的复合元音先变为 [i] 韵，推动了止摄以及蟹摄的舌尖化，再带动其他声母的 [i] 韵也发生舌尖化。

再看拉链的论证方法。赵日新对合肥话的这两个音变过程给予复杂的假设：巢湖话音系上没有 [i] 韵母，缺乏"推力"，只有拉力，使得 [i]>[ɿ] 音变发生迟缓，以此推测合肥音系也曾有过 i 空位，[i]>[ɿ] 音变是拉链的动因。以上论证跟"推链说"比起来，特别是对于音变的顺序，

"拉链说"并没有提出更多、更直接的证据。

对于[ʅ]化声母的扩展，赵日新做了这样的解释：汉语方言的[i]>[ʅ]变化最初是在精组、见晓影组，其次是端泥组，最后是帮组。这个观点是从[ʅ]韵的起源以及声母与[ʅ]韵的协同性上推测的，因为[ʅ]韵最初从精见组止摄开口三等演变而来，而端泥组和帮组的声母与[ʅ]韵的协同性较差，后来才发生变化。

下面比较合肥话周边方言[ʅ]韵字的声母情况，能否看出协同性影响了合肥话的声母在高元音舌尖化上的扩展顺序。

帮组、端组的止蟹摄开口三四等字的[ʅ]化是合肥话最有代表性的，它们在芜湖、安庆、贵池、宣城、巢县、滁县、淮南、桐城、怀远等皖中江淮官话都不存在。然而，在舌尖化与声母发音部位的协同性上，端组与帮组的所谓"不协同"缺乏可比性，没有材料显示端组的[ʅ]化一定先于帮组。比如，端组有[t²]的过渡(孙宜志2007)，帮组有[p²]的过渡(周元琳2001)，之二者的协同性便不分高下，因此二者的舌尖化应分不出先后。伍巍(1995)将协同性看作声母是否能适应高元音的"前化"，比如[t]不适应[ʅ]的前化，所以变成塞擦音[ts]；而唇音[p]能适应[ʅ]的前化，所以声母不变。其实，唇音[p]后面如果添加某个特征，这时的声母在语音上是不是原来的[p]很难说清楚，但音系上仍属于/p/。周元琳(2001)对安徽庐江话[p, p', m, n]与[ʅ]的拼合这样描述：声、韵"中间有个舌尖浊擦音[z]，严式记音可记作[pᶻ, p'ᶻ, mᶻ, nᶻ]"。这个描述也可理解成唇音、鼻音与[ʅ]的协同性。笔者由此认为，凭声母、韵母之间的协同性无法判断舌尖化发生的历时先后。从现有材料上，除了根据古代通语推测精组声母率先舌尖化，无法判断其他声母舌尖化的先后顺序，只能从韵母类别上判断哪类韵母率先变化。

4.4　合肥话与其他江淮官话的对应

汉语方音的"文白异读"通常代表不同的历史层次，比较相应的读音可以找到对应规律，这些规律也是考察方音历史演变特别是分辨不同历史层次的可靠材料。合肥话里与[i]、[ʅ]相关的文白异读字数不多，(3)

列出合肥话有关的文白异读和扬州话的读音(材料来自北大1989、李金陵1997、孙宜志2007,调号省略)。

(3)

		合肥话 白读/文读	扬州话 白读/文读
假摄	写	se / ɕi	ɕia, ɕiɪ
	谢	se / ɕi	ɕiɪ
	爹	te / ti	tia / tiɪ
	些	sʅ / se	ɕi
	夜	zʅ / i	iɪ
蟹摄	妹	mʅ / me	məi
	弊	pe / pʅ	pəi
	闭	pe / pʅ	pəi / pi
	抵	te / tsʅ	ti
	梯	t'e / ts'ʅ	t'i
止摄	避	pe / pʅ	pəi
	使	se / sʅ	sʅ

(3)的"些夜妹"三例合肥话白读音为[ʅ]韵,"弊闭抵梯避使"六例文读音为[ʅ]韵,二者应该属于不同的历史层次[①]。从声母类别以及词的常用性方面,笔者推测[ʅ]韵的"文读"是一种"新文读",它由"写谢爹"的文读音演变而来,经过了[i]>[ʅ]音变和相关的声母变化(如[t]>[ts])[②];[ʅ]韵的"文读"之名大概是相对于[e]音的白读,与文读的[i]音对等。

除此以外,合肥话来自假摄的[i]韵都整齐地对应扬州话的[iɪ]韵,如"姐借且斜邪爷野",这与合肥话的[i]对应和县话的[iɪ]是一致的,它们可看作江淮官话假摄[iɪ]韵演变为[i]韵的普遍现象,它们内部有一致性(该变的都变),外部有排他性(不变的都不变)。

[①] 李金陵(1997:55)说,合肥话的文白异读字有十几个,却找不到它们与切韵音系有规律的对应。此处新、旧文读层的观点或许能解释这种"不规则"现象。

[②] "新文读"层的"弊闭抵梯避使"读[ʅ]韵应是近期的演变。

以上从历时演变的角度为合肥话[i]韵舌尖化提出粗浅的看法。对于不同的可能性，笔者选择了有材料可证的简单分析，结果发现，简单的方法也是有说服力的方法，"奥坎剃刀"原则也适用于汉语方音的历史研究。

4.5 汉语[ɿ]的语音性质及其相关问题

最后讨论汉语[ɿ]的音系性质。 [ɿ]是所谓的舌尖元音(apical vowel)，其准确的发音过程可描述为一种双重口腔动作：一是舌体(dorsal)，另一是舌尖(tip)；其他元音只是舌体参与发音(Laver 1994:319)。有这类"舌尖元音"的语言不多见，只在汉语和瑞典语里报道过，而汉语舌尖元音的概念由瑞典的汉学家高本汉引进。 Laver (1994)认为这两种语言里的"舌尖元音"都属于音位变体，不具备独立的音位性质。他特别提及分析官话所用的"舌尖元音"没有区分是语音上的还是音系上的。从音系上，Laver把音素分为contoid、近音、vocoid三类。 contoid定义为中部响音以外的音素，包括塞音、擦音、边响音；近音不具备contoid性质，它出现在音节边缘，属于非音节性的；vocoid是音节核心，属于音节性的。从发音上(语音上)，舌尖音[ɿ]相当于一种开近音(open approximation)，而所谓"翘舌元音"[ʅ]则相当于闭近音(close approximation)。

对于汉语[ɿ]的音系性质，赵元任先后做过如下说明：

一、汉语的[tʂ]组和[ts]组音节中都有一个元音，该音是前面辅音的元音化的延长，这些音节在汉语注音符号里的标准写法只写辅音符号，而大家都理解为有元音的存在(赵元任2002[1934]:765)；

二、(常州话)韵母ɿ和i跟声母ts和tɕ两系正当配，所以既然这两套声母混为tsⱼ，ɿ、i也混为一种舌尖化的i，或者舌面化的z，写作iz，如安徽各部古见系今i韵(赵元任2002 [1935]:422)；

三、绩溪岭北韵母的z是舌尖前音，限于ts、tsʻ、s、z四个舌尖前的声母；在绩溪城里舌尖韵母可以跟n拼，在南乡又可以跟t、tʻ拼，但没有变成塞擦音的ts、tsʻ (赵元任2002 [1962]:580)。

赵元任借着以上现象说明舌尖音[ɿ]在北方官话里是舌尖前音 ts 组的一种"元音化"延长;在其他方言里,除了 ts 组带[ɿ]韵,其他声母也能带[ɿ]韵。因此[ɿ]可看作汉语的一个有特色的"元音"。

现代语音学认为,元音、辅音属于两个传统概念,二者之间没有说一不二的界限。如果根据汉语[ɿ]的实际发音(舌位高且带强摩擦),参考赵元任的说明,我们应该放弃"每个音节都得有个元音"的观点,用个常用符号[z̩]表示汉语的所谓"舌尖元音"。为了共时、历时比较的方便,将它看作一个独立的音位。比如,粤语区的人在学习普通话[tsɿ]音时,跟他们解释普通话的[tsɿ]由[ts]加[ɿ]的组合是没有效果的(其实这个说法北方人也很难理解),因为他们的母语里有[tsi]音(如"资"),他们常与普通话的[tsɿ]作错误的类比。如果以[tsz̩]之类的形式解释普通话的[tsɿ]音却很有效,因为[tsz̩]与粤语的[tsi]声母相同,不同的是韵母[z̩],它是一个能单独发音的舌尖前浊擦音。

至于[i]如何变为[z̩],可从两方面解释:一是语音学上,一是历时演变上。本节从历时演变上将[i]>[z̩]看作音位的变化,依据了不同的音类变化。而语音学上,Ladefoged (1982)说,舌位最高、最前而不产生听觉上的摩擦,就是元音[i]。如果舌位抬得比[i]还高,那就会产生一个腭辅音。鉴于一般舌位图所标示的元音高低不等于实际发音舌位的高低,Ladefoged (1982:201)进一步认为,以舌位的高低描述元音不如从声学(acoustic)特征上描述,一个听觉(auditory)上的特征应该从声学上指定,不应该从发音上(articulatory)指定。摩擦与舌位抬高不完全是一回事儿:摩擦属于听觉上的特征,舌位抬高属于发音上的特征。据此,笔者赞同石汝杰(1998)的看法,汉语[ɿ]的音色是高元音带较强烈的摩擦;并建议将这个音以音值较为清晰的[z̩]来表示;语音性质上,它的听觉特征与其他语言 apical 的声学特征一致。

第五章　汉语上古音的构拟原则

第一节　构拟与音值拟定

在讨论汉语上古音构拟原则之前，先回顾一下本书第四章第二节曾引述的西方历史语言学关于古音重建的基本步骤，它们分别是：一、建立对应关系；二、设立早期音位；三、为早期音位寻求语音形式。此外，西方19世纪历史语言学重建原始印欧语主要依靠了两种方法，一是比较法，二是内部构拟法。虽然那时音位理论尚未出现，当时的重建缺少以上的第二步，但如能正确把握不同语言的对应关系，缺乏"音位"概念并不妨碍重建的结果。

汉语历史语言学界大多以"构拟"指称汉语上古音的重建。本书的"构拟"等同于西方历史语言学"重建"的概念，因此汉语上古音的构拟包括比较法和内部构拟法。

对于汉语上古音的构拟，有一点需要界定清楚：上古音虽以中古音系为重要依据，但上古音构拟与审定中古音系的音值是不同性质的，前者叫构拟，后者不是构拟。李方桂晚年接受访问时曾强调,高本汉的中古音研究不能称为构拟，只有很小部分可叫构拟，他这样说(李方桂2003:128)：

> ……我想高本汉也不会称之为构拟，他只是简单地把汉语的音韵学术语改用一套音标符号……如果要把这种工作称之为构拟，那么问题就不会太难，因为汉语音韵学家已经提供了足够的某种语音学上的知识信息。比如说，唇音，好了，有b, p, ph等等；如果说腭音，他们已经研究出g, k, kh等等；还有齿音……所以，要做的构拟工作是极少的。

对于中古音研究称得上构拟的工作，大概指那些传统术语的概念不那么明确的、确定音值比较困难的部分，如韵母的一、二、三、四等。高本汉偶尔也把自己的中古音研究叫"拟测"，他说"把中国古音[中古音]拟测出来，要想作系统的现代方言研究的起点，这一层是很必要的"(2007 [1940]:13)；他还说"拟音的第一步工作，是先要把韵图的编排仔细研究一番"(Karlgren1974:8)。

　　对于审定中古音的音值，本书作者主张称之"音值审定"或者"音值拟定"(phonetic substantiation)，它可简称"拟音"，以区别于上古音的"构拟"。这样，"拟测"与"构拟"同义，用于上古音的研究；"拟音"用于中古音的研究。"拟测"为早期的用法，如高本汉《中国音韵学研究》(赵元任、罗常培、李方桂合译)的"译者提纲"里都用"拟测"，不见"构拟"；而1986年录制的《李方桂先生口述史》只用"构拟"，不用"拟测"。

　　从李方桂的谈论中看出，上古音研究与中古音研究属于性质不同的研究。审定中古音的音值，主要依靠韵书、韵图以及《切韵》的反切系联，而不是直接从现代方言"推测"早期形态；此外，传统的音韵学名称已经为它们的音值划定了大概的范围，只是缺少一套纯粹的标音符号。所以，中古音拟音与上古音构拟比较起来，前者的准确度大得多，后者的困难度大得多。高本汉所以能够在汉语中古音研究上取得巨大成就，也是因为该领域与上古音比起来难度较小。他的独特之处在于语音功底以及将音系观念成功地运用于中古音系，为中古音的"代数"式做了全面的音值拟定。

　　本书第一章曾指出有的西方汉学者对汉语音韵学传统认识不足，说它们充其量只告诉多少声类和多少韵类，以及所代表的反切字，所用的术语只有音类而没有语音实质。本书作者认为，以特定的音标符号表示音值，固然清晰，用其他方法表示音值，也是有可能的，只是传统的音韵学家不愿另辟蹊径。比如，以"双唇/唇齿"对应"重唇/轻唇"的概念，前者为现代术语，后者为传统术语；现代术语更为精确，而传统术语根据特定的音系确定音值，并非没有语音实质。正如李方桂以上所说，"汉语音韵学家已经提供了足够的某种语音学上的知识信息。"尽管还存在一些音韵术语需要"构拟"，但中古音系的整个框架已经在韵书、韵图里搭建好了，个别不清晰的环节可以通过内部构拟法将它们拟定出来。

　　我国清代学者对上古音的研究成果累累，而对于音值的确定，可谓"考古功深，审音功浅"。上古音的音值构拟，不像中古音系可参照韵书、韵图的结构，上古音系基本上没有可直接参照的、系统性的材料，这也是为什么只有上古音研究才称得上"构拟"的原因。

比较"构拟"与"音值拟定"的不同，大致可以说"构拟"是一种比"音值拟定"更不确定的分析。王力曾把上古音"构拟"比喻为"示意图"，他说(2000 [1964]:204-5)：

> ……所谓拟测或重建，仍旧只能建立一个语音系统，而不是重建古代的具体音值……拟测出来的语音系统好比一种示意图：示意图不是精确的，但也不是随意乱画的。拟测必须做到近似而合理。

对于这个"示意图"，王力认为可从两方面看，一是古韵的系统，二是它的音值，"至于古韵的音值如何，那是比系统更难确定的"(2000 [1964]:204)。王力以上对于古韵的系统和音值的看法，类似西方历史语言学的步骤二"设立早期音位"。如果汉语中古音可分出"系统"和"音值"两部分，韵书、韵图可当作"系统"，前人提供的某种语音学上的信息可当作"音值"，那么，为上古音"建立对应关系"则是一项极其复杂的工程，因为上古音材料根本不存在"系统"。所以，上古音的构拟是一种难以确定的推测，本书作者由此认为，讨论构拟原则可能比讨论构拟结果更有意义。本章主要比较高本汉、王力、李方桂三位学者的上古音构拟原则。

第二节　音位理论与古音构拟

音位理论是20世纪初语言学理论的重大突破，它的意义在于分析、归纳活语言的语音系统。但对于语言的历史研究，特别是古音重建，意义不大，因为语音的历史演变，从一个形式变到另一形式，注重的是音变的条件与过程，而归纳音位的做法对于分析语音的演变没有什么意义。因此，西方19世纪的历史比较法对原始印欧语的重建并没有依靠音位理论，正确的对应关系才是重建的基础。

下面简单介绍西方音位理论是如何起源和发展的，以此说明音位理论的出现及发展与古音构拟并无关联。

早期西方历史比较语言学家对于语音的认识一般是将符号看作语音，即不同的字母符号代表不同的语音。他们通常以带星号(*)的字母表示语言的原始形式①，布龙菲尔德(1980:380)说："重构形式就是一个公式……由于这些同一体和对应关系反映了母语里早已存在的特点，所以重构形式也是祖先形式的一种音位图解。"比如，本书第三章2.1节曾引用布龙菲尔德关于日耳曼语"父亲"的发音，现将该例转引如下。

(1) 日耳曼语"父亲"的发音(重音在首音节)

哥特语	古北欧语	古英语	古弗里斯兰语	古撒克逊语	古高德语
fadar	faðer	fæder	feder	fader	fater

布龙菲尔德把"父亲"的PIE构拟为 *pətḗr，原始日耳曼语构拟为 *fáder (1980:381, 386)。从原始形式 *fáder到古英语 fæder、古弗里斯兰语 feder，后二者首音节的元音，一为 æ，一为 e，分歧来自后起的变化(布龙菲尔德1980:383)。这意味着原始日耳曼语 *fáder的a变为古英语的 æ或者古弗里斯兰语的 e，因为这两个语言发生了变化。

到了19世纪后期，欧洲大陆的历史语言学在新语法学派的影响下开始重视方言，他们的研究从假定为事实的原始形式转向从书面文献以及当时口语方言里的实际的语言材料。从语音区别意义的实用功能上，最先提出音位概念的人应该是英国人亨利·斯威特(Henry Sweet)，他在1877年出版的《语音学手册》(*Handbook of Phonetics*)里区分了两种语音(Robins 1997:228)：

> ……一种是语言中因语音环境而有所不同，因而不具备区别性(non-distinctive)，另一种是语音本身可造成词汇的不同项。事实上，同一语音差异在甲语言具有区别性，在乙语言可能不具有区别性；对于具体的语言，具有区别性的语音差异才须以宽式标音法的不同符号表示。由于一个语言的区别性语音相对较少，用拉丁字母加上几个其他字母就能轻松地将它们拼写，斯威特将该法称为 'broad *romic*' (宽式罗密克法)，以区别于需要越来越多各种各样符号的严式标音法(narrow transcriptions)。

用现在的概念理解斯威特的宽式罗密克法②，它相当于音位标音法。

---

① 德国历史语言学家施莱赫尔(August Schleicher)首先使用星号*表示构拟形式，他把它当作语音形式，还用它写了一篇寓言发表(罗宾斯1997:195)。

② 'romic'是斯威特自创的术语。

虽然斯威特并未使用'phoneme'(音位)这个术语,但同一语言的字母形式必须分辨能区别意义的音素和不能区别意义的音素,音位观念其实已经表述得再清楚不过了[①]。

最早从理论上给音位下定义的应该是波兰人博杜安·德·库尔特内(Baudouin de Courtenay)。他1870年以《14世纪前的古波兰语》获得了德国莱比锡大学博士[②],同年在圣彼得堡大学的一次演讲中提出音位(以俄语fomena表示)的基本原理,年仅25岁。雅可布逊说,1873年库尔特内在喀山(Kazan)大学准备第一个教程时,就特别注意语音结构、语音对应和语音之间建立在音义联系基础上的动态关系。库尔特内提出,要十分重视某些语音对意义的影响,以及意义对语音音质的影响(参见伊·克拉姆斯基1993:7)。

虽然俄国喀山学派首先提出了音位的术语,但该学派对音位的定义并不明确,库尔特内曾试图以这样的定义概括音位的各种用法:"从词的语音成分的可比较性来看,音位是语音上不能再切分的单位"(参见伊·克拉姆斯基1993:15)。

19世纪80年代,英国人斯威特从字母的实用功能上发现了音位概念,俄国喀山学派的库尔特内等提出音位术语,并从理论上解释了音位,他们一个在伦敦,一个在俄国南部,从现有资料看,彼此并不了解对方的研究工作,一般认为,斯威特和库尔特内同时发现了音位(罗宾斯1997:218)。

然而,只有到了20世纪初,索绪尔的理论开始发生影响以后,音位这个术语才流传开来。索绪尔是19世纪历史比较语言学转向20世纪结构主义描写语言学的关键人物,他最初在德国学习新语法学派理论,其"喉音理论"是对印欧比较语言学做出的一项重要贡献(参见本书第四章2.2.2节)。索绪尔的《普通语言学教程》有"音位学原理"两章,虽然书

[①] 斯威特的观点后来由英国语音学家丹尼尔·琼斯(Daniel Jones)继承并加以发挥,他在1918年发表的《英语语音概要》(*Outline of English Phonetics*)里将是否具有音位区别性作为区分宽式标音法和严式标音法的依据(Robins 1997:229)。

[②] 博杜安·德·库尔特内的资料来自http://en.wikipedia.org/wiki/Jan Niecisław Ignacy Baudouin de Courtenay,浏览日期:2008-08-19。

中的"音位"术语相当于现在的音素概念，但书中语音系统的观念表述得非常清晰。他这么说(索绪尔 1980:62)：

> ……在任何情况下，我们都要为所研究的语言整理出一个音位系统，即为它所使用的声音绘出个图表来。事实上，任何语言都有一定数量的区别得很清楚的音位。这个系统才是语言学家唯一关心的现实，而书写符号不过是它的形象。

他还从以下四个方面比较字母符号与音位的不同(索绪尔 1980:166)：

(2) 关于字母音位的四个方面

　　a. 符号是任意的，例如字母 t 和它所表示的声音之间没有任何关系；

　　b. 字母价值纯粹是表示差别的，例如一个人可以把 t 写成好些变体，重要的是这个符号不能跟 l, d 等相混；

　　c. 字母的价值只靠它们在由一定数目的字母构成的系统中互相对立而起作用；

　　d. 符号怎样产生并不重要，因为它与系统无关。

这段话清晰地说明了字母只是一种表象，什么样的字母具有更大的价值，要从语言的结构关系和相互对立中整理出数量有限的语音单位，即音位。索绪尔已经从语音的相互对立上提出音位概念，我们甚至可将(2b)关于不同字母变体的例子看作音位与音位变体的关系。

早期的历史比较语言学家对于原始语言里那些无法确定音值的成分，一般以抽象的字母来代替。使用抽象字母的典型例子是"喉音理论"(参见本书第四章 2.2.2 节)，该理论由索绪尔 1879 年提出来，直至 20 世纪初希底特语的考古发现，它才被普遍接受。罗曼·雅可布逊(Roman Jakobson)认为，索绪尔的这篇论著，在严格的历史意义上使用了音位这一术语："音位被假设为与每一规则的语音对应的既一致又有区别的共同原始型，这些语音对应由同族语的公共形态单位显示出来，也在源语中得到反映"(参见伊·克拉姆斯基 1993:12-3)。雅可布逊是 20 世纪西方音位理论的发明者之一，他把索绪尔的这种"音位"看作"与每一规则的语音对应的既一致又有区别的共同原始型"，这等于把索绪尔构拟的原始"音位"看作一种能代表古代对应关系的抽象符号。

西方音位学理论的第一次真正的发展要归功于20世纪30年代的布拉格学派(Prague Circle)，而"最小析异对"(minimal pair)这一术语出自布拉格学派的两位创始人——俄国学者尼古拉·特鲁别茨柯伊(Nikolai Trubetzkoy)和罗曼·雅可布逊两人之间的通信。

俄国"十月革命"以后，1920年雅可布逊来到布拉格，由于国内政局动荡，他决定在布拉格定居[1]。1926年协助成立布拉格学派，特鲁别茨柯伊也是成员之一[2]。雅可布逊1930年获得布拉格大学博士学位，1933年起在捷克第二大城市Brno的 T. G. Masaryk University教书(Jakobson 1990:6)。

特鲁别茨柯伊和雅可布逊将索绪尔的结构主义运用于音系理论，即语音是属于言语的，音位是属于语言的。他们在分析语音单位时，发现索绪尔的理论只注意到了结构成分的功能来自各成分之间的差异，而忽视了语音实质(phonetic substance)(参见 Joseph *et al.* 2001:18)。从(2c)看到，字母价值是依靠系统中的相互对立而体现。此外，索绪尔还提出"组合音位学"的概念[3]，即"除了音种音位学以外[4]，应该有一门以音位的二元组合和连接为出发点的科学"(索绪尔 1980:82)。然而，布拉格学派的语音学家发现，除了单位价值以及单位组合之外，音位还应该进一步分析为区别性的、或"相关性"(pertinent)的特征。罗宾斯这样评价布拉格学派的贡献(Robins 1997:229-30)：

> ……布拉格学派并不把音位当作仅仅一组音的代表，或者一个标音形式，而是把它看作通过语音实现的一个复杂的音系单位。对于布拉格学派，不同层面音系单位之间的实现关系(表达或者落实)至关重要。每个音位由若干不同的区别性或

---

[1] 罗曼·雅可布逊的资料来自http://en.wikipedia.org/wiki/Roman Jakobson，浏览日期：2008-08-19。

[2] 俄国"十月革命"后，特鲁别茨柯伊随即离开莫斯科。他先在索非亚大学任教，1922年开始在维也纳大学任教。因发表批评希特勒的文章而受纳粹迫害，1938年死于心脏病。他的音系学观点由雅可布逊继承光大。尼古拉·特鲁别茨柯伊的资料来自http://en.wikipedia.org/wiki/Nicolai Trubetzkoy，浏览日期：2008-08-19。

[3] 它相对于现在的"语音配列"(phonotactics)。

[4] "音种音位学"的英文为 'a study of sound types'，参见 Saussure (1983:51)，比如 'g and n are treated as the same two sounds in all cases.'

"相关性"特征组成,这些特征足以描绘该音位作为一个语言学实体;每个区别性特征在该语言里同至少另一音位的无此特征或者其他特征形成明确的对立。

他还说(罗宾斯1997:220):

> 把语音分解为发音特征,并不是第一次。但是,把通过语音体现的、语音系统层面的音素单位,分析为少数区别性特征之间规则排列的一组组具体的对立关系,则确实是语音学理论和描述方法的一个进步。

到了20世纪30年代,特鲁别茨柯伊和雅可布逊开始质疑索绪尔关于语言系统内各单位关系本质均等的观点,他俩提出,某些区别性特征的关系比其他特征的关系更为紧密,比如,对于/t/, /d/, /f/这三个不同的音位,/t/与/d/的关系一定比二者与/f/的关系更紧密,前二者的发音器官部位相同,只是/d/声带振动。于是,/t/与/d/的不同在于二者拥有一组共同特征(如非连续性、前部性、舌前性)以及一个区别特征,即声带振动。对于/t/, /d/等清浊对立所拥有的一组共同特征,两人为它创造了一个"超音位"(archiphoneme)的新词并以大写字母,如/T/表示/t/,/d/的"超音位"(Joseph et al. 2001:18-9)。

此外,两人还注意到许多语言里/t/, /d/的这种差异以及其他清浊辅音的对立,在音节末尾或词尾位置上都被"中和"(neutralized)了。比如,德语和俄语都有"尾音清化"(final devoicing)现象,词尾的塞音或擦音丧失了清浊的对立,或者说这两类音的清浊对立在词尾位置上被中和了,见(3)[①]。

(3) 德语"尾音清化"举例

现代德语	词义
Tag [tāk]	day
Tage [tāgə]	days
Stab [ʃtāp]	staff, stick
Stäbe [ʃtēbə]	staffs, sticks

[①] 材料来自 Hock & Joseph (1996:129)。

在现代德语音系里，k, g是对立的，但该对立在某些情况下(如Tag 'day'的词尾位置上)被中和了，即Tag词尾塞音读清音[k]；当后面有表示复数的词缀[ə]，这个塞音就读浊音，如Tage [tāgə] 'days'。特鲁别茨柯伊和雅可布逊把现代德语里k, g的中和现象分析为"超音位"/K/的体现，它伴随着区别特征是否出现：Tag [tāk]的尾音为/K/，没有区别特征；Tage [tāgə]尾音也是/K/，但有区别特征(即词缀[ə])，所以/K/实现为浊音。

这一现象后来成为结构主义语言学的标记理论的典型例子。1930年7月31日，在法国度假的特鲁别茨库伊写信给雅可布逊，继续两人之前关于音位对立类型的讨论。特鲁别茨库伊在信中说，德语/t/与/d/在词尾位置上的不同在于后者有个额外特征，即标记(marker)。当二者的区别特征发生中和时，总是出现对立中那个简单的、无标记的成分，即清音/t/；当需要表示形态变化时，则出现较复杂的、有标记的成分，即浊音/d/。在这次著名的通信中，特鲁别茨库伊以德语名词主格Rad [rāt] 'wheel'和它的属格Rades [rādəs] 'wheel's'为例，说明Rad和Rades二者的"最小对比"(minimal contrast)在词尾位置上被中和了①。同理，德语名词单、复数(如Tag [tāk] 'day'和Tage [tāgə] 'days')词尾的清浊对立也被中和了。雅可布逊在同年11月26日的回信中对该理论大加赞赏道："我越来越相信你对于有标记和无标记类型的相互关联的想法是你最杰出和最有成效的观点之一"(参见Joseph *et al.* 2001:19-20)。

笔者认为，特鲁别茨库伊的"最小对比"应该是'minimal pair'的最早的起源，也最准确地表达了它的内容：在其他方面都相同的前提下，如果只有一个特征不同(包括有、无的不同)，该特征即成为二者的最小对比。特鲁别茨库伊将德语、俄语等最小对比中的"复杂"形式称为"标记"，以区别于"无标记"的中和形式，所以最初的"最小对比"指特征有/无的对比。英语没有类似德语的词尾中和现象，当我们以英语的leaf和leave说明/f/, /v/的最小对比，或者以tin和din说明/t/, /d/的最小对比，它们构成了清与浊的对比；而德语/t/, /d/的最小对比是中和(即不

---

① 'minimal contrast'也可译为"最小对立"、"最小差异"。

指定)与浊的对比。英语、德语二例虽然都是关于声带的振动，由于所处的语音系统不同，它们所构成的最小对比的性质也不同。对比的性质通常由音系决定，比如，古希腊语的 /p/, /pʰ/, /b/ 三重对立可分析为两个对比: /p/, /pʰ/ 为有无送气特征的对比，/p/, /b/ 为有无浊音特征的对比。

以上讨论了"最小析异对"的起源及其与音位概念的关联，它可以引出更深入的问题，即"最小析异对"与中国古代韵图"声声有别"的异同，这有待进一步的探索。本节从西方音位概念的起源看到认识音位的三种不同角度：斯威特从字母功能的角度，索绪尔从语音结构的角度，布拉格学派进一步从区别特征的角度。本书作者认为，由于中国的汉字符号不同于西方的字母，韵图一千多年前遵循了"声声有别"的原则，将一组组相关音节按照一定的语音性质进行排列对比①。这种对于音位的认识，有别于斯威特从字母区别意义的实用功能上分析音位，也有别于特鲁别茨库伊从区别特征的有/无来解析音位的最小对比。韵图的传统似乎更接近索绪尔的音位概念，即"在任何情况下，我们都要为所研究的语言整理出一个音位系统，即为它所使用的声音绘出个图表来" (索绪尔 1980:62)。然而，汉语韵图与结构主义语言学并无直接的关联，韵图的产生受到了东方印度语音学的直接影响。对于古代印度语言学，西方学者这样评价："印度语音学和语法学等方面的理论和实践，比欧洲或其他地方在与印度语言学接触前所取得的任何成果，都先进得多。前面提到②，佛教僧侣把梵语语言学传入中国，产生了很大影响" (罗宾斯 1997:166)。

---

① 汉语韵图的结构本质上是一组组相关音节的排列，可以看作一组组相关的语音单位的对比。至于如何确定韵图里各语音单位的实质，依然是汉语音韵学研究所面临的挑战，尽管声母、韵尾、声调这些成分的语音实质大致能够确定。

② "前面提到"的内容为：这些韵图对于重构这个时期汉语口语的音节具有极为重要的作用，但是其历史意义还在于表明，语音切分分析法，可以不顾由语素和音节合一的汉字所形成的传统，在梵语影响下发展起来(罗宾斯 1997:121-2)。

第三节　高本汉的构拟原则——以字母反映对立关系

王力曾提出语音史研究的四个方法：第一是辩证法，第二是普通语言学理论，第三是比较语言学理论，第四是音位学(1987 [1985]:15-7)；并且多次批评高本汉的古音构拟缺乏音位的观念。本书作者认为，什么样的古音构拟体现音位观念，什么样的缺乏音位观念，难以界定清楚，这有两方面的原因，一是对音位有不同理解，二是运用的方法有所不同。

先看对音位的不同认识。本章第一节说过，王力把上古音构拟比喻为"示意图"，对于古韵的构拟，他说(2000 [1964]:206)：

> ……上古元音只能是音位性质的描写，不应该是实验语音式的描写。高本汉利用了几乎一切可以利用的元音音标来拟测上古汉语的语音，我们怀疑事实上存在过这样纷繁的元音系统。

这段话似乎偏重以数量来判断有无音位概念，数量少就有音位概念，数量多就缺乏音位概念①。当然，以上索绪尔关于字母音位的四个方面也提到"一定数目的字母"，但数量多寡决定于语言里对立成分的多寡，数量只是表面现象，反映对立关系才是音位理论的本质。

高本汉对于音位的理解显然与王力的不同，他不赞成用归纳音位的方法进行古音构拟，他在《中国声韵学大纲》里声称(1990:[1954]235-6)：

> 在本文里我是尽量避免用上所谓的音位学理论……当然在所有的语言研究中，音位学的原则非常重要，无论那[哪]种语言的描述里，我们都一定很自然地，无可避免地采用这些原则……现代的语言学家有一个趋势，盲目依从地把精神花费在一种智力游戏上——用最少的字母来描写一个语言，以不超过一幅美国打字机上所有的字母最好，这种趋向，对于一种要研究的语言来说，无可否认，是简化了其间的真正的性质歪曲了其间真正的情形。

此外，以什么方式体现音位概念，各人的做法也有所不同。其实，王力并非单纯以数量的多少判断有无音位概念，他完全认识到音位概

---

① 王力还怀疑人类语言是否存在如高本汉所构拟的纷繁的元音系统，但这种怀疑跟音位的本质没有直接关系。

念应反映语言里的对立关系，他这样说过："在语音发展中，正常的情况是有条件的变化。注意到了变化的条件，则复杂变为简单；不注意变化的条件，则简单变为复杂"(王力2000 [1964]:211)。这里所说的音变条件，等于语音环境，也可理解为代表对立关系的语音环境。对立关系既可用不同的字母符号表示，也可用相同字母的不同语音环境来表示，二者皆能体现音位观念；使用哪种方法，各人有不同的选择。王力主张以声母的不同表示韵母的分化条件①，高本汉则用不同的字母表示不同的元音，以字母直接代表分化对象，而不采用以语音环境手段来表示分化条件，他认为后者不利于探讨语音的历史演变。所以高本汉所说的"尽量避免"使用音位概念，指是高本汉不赞成以"最少字母"的归纳法进行古音构拟，并不表示他排斥音位的对立概念。

　　西方关于古音构拟的理念是语言现状或多或少地保存了它早期状态的遗迹，研究者可从现有的结构类型推测它的早期形态。汉语上古音构拟与19世纪历史比较语言学的做法有所不同，前者不能根据现代方言来推测，因为二者相去太远；但二者之间有个中间阶段——《切韵》系统，这是西方历史比较语言学未曾遇到的课题②。虽然西方历史语言学也有对古语形式的重构，比如，布龙菲尔德根据哥特语、古北欧语、古英语、古弗里斯兰语、古撒克逊语、古高德语"父亲"的语音形式，重构了原始日耳曼语(Primitive Germanic)的形式为*fáder，参见上节的例(1)。然而，这个原始日耳曼的母语(parent language)只是一种假定，"这个语言的言语形式只能通过推测才能知道"(布龙菲尔德1980:376)。我们似乎可将*fáder当作为原始印欧语*pətḗr而设的一个过渡形式，布龙菲尔德在分析原始日耳曼语*fáder的结构之后曾这样说(1980:385)：

　　……由于日耳曼诸语言是印欧语系的一个分支，原始日耳曼的形式作为一个单位可以参加旁的印欧诸语言的形式进行比较。原始印欧语的重构形式给我们提供了

---

① 他说过"汉语发展有一个特点，就是声母对韵母的影响"(王力2000 [1964]:211)。

② 王力曾说过西方比较语言学与汉语古音构拟的不同："比较语言学所谓重建，是在史料缺乏的情况下，靠着现代语言的相互比较，决定它们的亲属关系，并确定某些语言的原始形式"(2000 [1964]:204)。

更早期的结构图案[a scheme of a still earlier structure]，从中产生了原始日耳曼语的结构。

以上这段话说明，对于现代印欧诸语言与原始印欧语之间的中间形式，如原始日耳曼语[1]，西方历史比较语言学认为这些中间形式只是一种旁证而已，它们的不确定性与原始印欧语的不确定性一样。重构这些中间形式，只是为了说明语音演变的不同阶段而已。

本章第一节讨论过，汉语中古音系的音韵结构大致是确定的，中古音系的整个框架已在韵书、韵图里搭建了，个别不清晰之处可通过内部构拟法拟定，所以，汉语中古音系的确定性与上古音比起来，不可同日而语。汉语上古音重建与原始印欧语重建相比，虽然都有过渡形式，但前者的中古音系结构是大致确定的，而后者的原始日耳曼语、原始罗曼语等是不确定的。在这个意义上，以中古音系为起点的汉语上古音构拟应该成为汉语语音史研究对历史语言学理论有所贡献的一个领域。

虽然无人声称可以撇开中古音系来研究上古音，但并非所有学者都把中古音系当作拟测上古音系音值的出发点。王力(1980 [1957]:60, 65)认为，研究上古音韵部的材料有两种，先秦的韵文和汉字的谐声偏旁；而上古声母的材料只剩下谐声偏旁一种。后来他加上第三种材料——《切韵》音系，但他认为后者跟前二者一样，也只能用于古韵系统，不能用于构拟上古音值(2000 [1964]:204)。

然而，高本汉的上古音构拟的特点之一就是以中古音为起点，他说(1990 [1954]:89)：

> 上溯上古音值，我们的拟音，自然是建基在刚才所拟的中古韵上。大体来说，现代的方言对于隋代切韵以前的音系，并无任何启示(只有闽方言中，间中才能反映出较早的情形)。

高本汉的《中国音韵学研究》以其深厚的语音学知识(比如他首先提出汉语的舌尖元音[ɿ]和[ʅ]这两个符号，以及他的方言调查的功底)，加

---

[1] 比原始日耳曼语更早的形式，布龙菲尔德称之为"前日耳曼语"(pre-Germanic)(1980:388)。

上将西方历史语言学的内部构拟法成功运用于中古音研究，这部伟大的著作为汉语中古音的"代数式"做了全面的、至今仍颇具影响的中古音系的音值拟定。在这个基础上，他上推上古音是顺理成章的事。虽然在他之前的学者也利用中古音系上推上古音、下推现代方言，但在高本汉的拟音之前，中古音系只是一套"代数式"而已，以中古的"代数式"推测上古的代数式，后者的语音实质只会更模糊，音系也更不确定。高本汉的贡献是将中古的代数式分析为音标式，并以此作为上古音构拟的起点。

　　高本汉建基于中古音的上古音构拟，考虑到了上古音系和中古音系属于两个不同的语音系统，如果不同音系使用同一套音位符号，很容易混淆同一符号在两个音系之间的差别，也会给解释历史演变带来麻烦，所以，他非常谨慎地处理了字母符号在不同音系里的作用。举个例子，高本汉把中古音系的浊塞音声母拟定为送气，如 [g‘]，这样做既能解释客家话里浊音清化但仍送气的现象，也能解释北方话里平声保留送气、仄声不送气(浊音清化在此后才发生)的现象①。对于中古

---

① 李方桂对高氏观点的概括似乎不够全面，李氏说："高本汉认为浊母是吐气的，所以引起他在上古音系里另立了一套不吐气的浊母，我觉得这是不必要的，他以为不吐气的浊母，后来在现代方言里有变成吐气的(如客家话，或北京话的阳平字等)在音理上不易解释。他的理由并不充足，所以我们认为《切韵》的浊母、塞音或塞擦音，都是不吐气的 b-, d-, g-, dz- 等"(李方桂 1980:6)。笔者认为，高氏的本意是中古送气的浊音能够解释客家话、北京话的阳平字送气现象，把中古浊音拟定为送气的，与方言的对应更自然，没有必要为了系统对称而改为不送气。高氏确实认为从中古的不送气浊音变成现代方言的送气音，这"从语音上来说，没有可能"，但他接着这么说(高本汉 1990 [1936]:14)：

……我们且订定为中古的送气浊音：

　　群 g‘-　　定 d‘-　　并 b‘-　　从 dz‘-

在客家话中，送气的性质还保留着，但浊音则全变作清音了：k‘-, t‘-, p‘-, ts‘-。在国语中，第一步先是平声保留送气，其他声调则失掉这性质[下面音标后的 ˉ 代表平声，ˋ 代表其他声调——笔者注]：

　　g‘iˉ　　　d‘anˉ　　　b‘anˉ　　　dz‘ienˉ

但：ginˋ　　　dingˋ　　　bingˋ　　　dzaiˋ

第二步，浊音者变为清音：

　　k‘i　　　t‘an　　　p‘an　　　ts‘ien

　　kin　　　ting　　　ping　　　tsai

音系缺少一套不送气的浊塞音，高氏说，如果一个音系的清塞音既有送气的也有不送气的，而浊塞音却只有送气的而没有不送气的，这是非常态的(eccentric)；他认为上古音应该有一套完整的k, k', g, g', t, t', d, d'等，后来不送气浊塞音(如g, d)在介音-i̯-或声母ü的前面消失了(Karlgren 1974:21；高本汉 1990 [1954]:92)。

如果我们仅考虑中古音系的音位归纳，当然可将浊塞音的送气改为不送气，但高氏为了说明上古音到中古音的演变，坚持中古音的浊塞音声母带送气特征，这样可以跟上古的不送气浊塞音区别开来。如果将中古的浊塞音改为不送气的，就得加上如此解说：上古音的不送气浊塞音在中古之前消失了，中古音的送气浊塞音便成了不送气的。这后半段的说法相当费解。

对于音位归纳式不利于探讨历史的演变，高本汉还举了下面的例子。中古音有合口一等kuân"官"、二等kwɑn"关"的不同，其中u, w有"强弱"之分(u为强，w为弱)，â, ɑ有"深浅"之别(â为深，ɑ为浅)(2007 [1940]:460, 465)。由于u只出现在â前面，而w只出现在ɑ前面，按照音位归纳，可把u, w看作一个音位的两个变体，而â, ɑ不动，于是kuân, kwɑn可改为(1)的两种音位归纳式(高本汉 1990 [1954]:236)。同时列出现代粤语开口字的读音，以资"深浅"元音的对照[①]。

(1)　拟音式　　音位式一　　音位式二　　现代粤语

a.　一等 kuân　kuân　　　kwân　　　kɔn干

b.　二等 kwɑn　kuɑn　　　kwɑn　　　kan艰

再看â, ɑ的分布。â在u之后，ɑ在w之后，按照音位归纳也可把â, ɑ看作一个音位的两个变体而维持u, w的不同，于是(1)的拟音式也可改为(2)的第三种、第四种音位归纳式(高本汉 1990 [1954]:243)。

[①] 此处不用现代粤语合口字"官"kun、"关"kwan的例子，因为二者元音差距太大，不利元音"深浅"的对照。现代粤语的音位形式依据何文汇、朱国藩：《粤音正读字汇》，香港教育图书公司1999年版。

(2)　拟音式　　　音位式三　　　音位式四

a.　一等 kuân　　　kuân　　　　kuan

b.　二等 kwan　　　kwân　　　　kwan

由于中古音系存在开口一等 kân"干"和二等 kan"间"的对立，高氏因此推测中古合口 kuân, kuan 对立也应是 â, ɑ 的对立，不仅仅是 u, w 的对立。

高氏认为 (1) 和 (2) 的音位式都不如拟音式，表现在音位式不利于历史纵面的探讨。比如，原本可用 u, w 的不同解释粤语的演变(如现代粤语一等 kun"官"、二等 kwan"关"的演变)，但 (1) 的音位归纳式阻碍了这种表达的可能(高本汉 1990 [1954]:236)。所以高本汉的上古音构拟以不同字母反映对立关系，不采用音位归纳式，这势必运用较多的字母符号。比如中古韵的元部用了 6 个元音字母，见 (3)；上古韵的元部用了 3 个元音字母，见 (4)(高本汉 1990 [1954]:105-6)。

(3)　中古韵元部

		开口	合口
a.	一等	ân (寒)	uân (桓)
b.	二等	an (删)，ǎn (山)	wan (删)，wǎn (山)
c.	三等	i̯än (仙)，i̯ɒn (元)	i̯wän (仙)，i̯wɒn (元)
d.	四等	ien (先)	iwen (先)

(4)　上古韵元部

		开口	合口
a.	一等	ân	wân
b.	二等	an, ǎn	wan, wǎn
c.	三等	i̯an, i̯ǎn	i̯wan, i̯wǎn
d.	四等	ian	iwan

从上古到中古的演变，高氏解释为上古 a 类元音(包括 a, â, ǎ)受 -i- 的影响而发生元音分化，分别为 i̯an > i̯än，i̯ǎn > i̯ɒn，ian > ien；此外，一等合口介音 w > u。

上古文献的用韵原则和汉字的谐声原则，是上古音研究中另一有争议的题目。在汉字谐声的问题上，高本汉提出了利用谐声字推上古音的谐声原则：主谐字与被谐字的声母、韵母主元音、韵尾辅音发音部位必然相同或相近。如果主谐字与被谐字的韵母主元音不同，可能是受了介音 i, u 的影响；如果主谐字与被谐字的韵尾辅音不同，可能是口音和鼻音的互换 (参见赵元任 2002 [1927]:211-2)。以上发音部位相同或相近的谐声原则，与高氏以不同字母表示各类对立的做法是一致的。

高本汉以字母反映对立关系的构拟原则受到王力的批评，主要是高氏所用的元音数量太多①。此前讨论过，字母数量只是一种表面现象，反映对立关系才是音位的本质。如果仅看数量，未从上古音对立关系上论证是否需要这么多字母符号，这种批评难以推倒高氏的理论。况且高氏的做法还有另一层考虑：为了解释语音的历史演变，较多的字母符号便于说明具体的语音变化，不必时时提示语音环境；而以字母较少的音位归纳式显示不同音系的元音分化和合并，则须时时提醒不同的语音环境，后者既是件很麻烦的事，也容易陷入循环论证②。

第四节　王力的构拟原则——严格界定音韵学术语的内涵

王力的古音研究充分利用和发展了清代及近现代古音学的成果，其古音研究在国内外有很大的影响。

对于以中古音为起点构拟上古音，王力持保留态度。他虽然说过"切韵音系在很大程度上反映了上古汉语的语音系统"(1980 [1963]:203)，但并不赞成把上古韵部看作与中古韵摄相似的东西，认为这样做不合

---

① 李开教授在"纪念高本汉在山西调查方言一百周年"暨中国音韵学会第16届学术讨论会 (2010年8月，中国太原)的大会发言中，提出王力的古音构拟受到了高本汉的影响，不仅反映在音值上，也反映在音理上；而王力对高本汉的所谓"批评"，是在当时政治环境下的不得已行为。笔者十分赞同这个观点。

② 如果将某音变原因看作前后环境的影响，而前后的环境又来自该语音，这样便构成循环论证。

理，他说："从顾炎武算起，积累三百多年音韵学家的研究成果，我们对先秦的韵部系统，才得到一个比较可靠的结论"(1987:48)。所以他的《汉语语音史》构拟从先秦开始，但不参考《切韵》音系。有学者这样评论王力的古音研究(徐通锵 1991:139)：

> ……他完全抛开《切韵》，根据历史的时间顺序把汉语史分为先秦、汉代……和现代九个时期，在每一个时期中大体上选择一、两个有代表性的作家，根据他们的韵书、韵文或反切材料整理出各个时期的音系，而后比较各个时期音系的异同，整理出语音发展的规律。

王力的上古音研究是综合了前代学者的成果，再加上自己的梳理，形成了一种综合体系。若论构拟原则，他对传统音韵学术语的内涵作出明确的界定，并且严格遵守这些界定。

从以下三个方面可以看到王力的古音构拟严格遵守了传统音韵学术语的概念。

第一，对待上古阴声韵和入声韵的关系，历来存在两种不同的观点：考古派与审音派。前者对于阴声和入声的界限划得不那么绝对，后者的分野则特别清楚，王力原先属于考古派，后来转向审音派，只因审音派的做法维持了传统"阴阳入三分"的学说。第二，他坚持前人阴阳入三声对应的观点。既然三者有对应，便能对转；而对转的前提必须是主元音相同。为了维持阴阳入三声的对应，不惜将很多现象归为特例。第三，他相信段玉裁的"古音韵至谐"论，主张一个古韵部只能有一个共同的元音。

首先，看上古音阴声韵和入声韵的关系。除了歌、鱼、侯三部，高本汉把其余的传统阴声韵都拟作带辅音韵尾。这样的构拟自然无法维持阴阳入三分天下的状态，王力批评高氏的做法跟中国传统音韵学有"根本上的差别"，他说："加上了韵尾 -r, -g, -d就不能再认为是阴声韵，因为中国传统音韵学一向认为只有开口音节才算是阴声"(2000[1960]:143-4)。其实，王力也批评清儒章炳麟将入声韵看作阴声韵的"变声"并否认入声带塞音尾，王力认为塞音尾是入声的充分条件，是阴阳入三分的前提。由于坚持阴声与入声的界限不容混淆，迫使他放弃多年的考古派立场而转向审音派。

其次，王力坚持清儒阴阳入三声对应的观点，并且将三声对转的前提界定为主元音相同。然而，"对转"论在韵尾上找不到音理上的支持；事实上阳声与入声的对应容易解释，而阴声与入声的对应不好解释。高本汉试图通过增加韵尾 -g, -r, -d 的手段说明阴声与入声及阳声的对应关系，王力认为高氏的构拟不可取，上古汉语里传统概念上的开口音节这么少是不合常理的。虽然王力也承认阴阳入三声对应的理论有待探讨，但坚称"阴阳入三分的传统学说必须维持"，"前代学者在这方面的成绩几乎说是无可修正的了"(2000 [1960]:168)。于是，对于先秦古籍里阴声与入声大量互叶的现象，王力只得把这种互叶认作一种"合韵"，却又跟一般的合韵不同；"一般的合韵是邻韵相通，如 au 和 əu，an 和 ən，这里的互叶是指主元音相同，收音不同，如 ə 和 ək，a 和 ak"(2000 [1960]:138)。他把上古文献里众多的阴、入互叶当作合韵的特例处理了①。

最后，王力批评高本汉把上古韵部当成韵摄的做法，是违反了"古音韵至谐"论。他将"古音韵至谐"界定为一个古韵部只有一个共同元音才"亲如一家"，如有不同元音则"同门异户，不够亲密"(2000 [1964]:206)。王力相信先秦用韵是非常严格的，一定是一个古韵部一个共同元音；不可能"押些马马虎虎的韵"，即一个古韵部允许不同的元音。从这一点看出，王力对"古音韵至谐"这一概念给予了最严格的界定。

笔者认为，遵守传统音韵学术语就是尊重前人的研究成果，这是无可非议的，但不能将传统概念奉若圭臬；只要有充分的材料证明加上科学的理论推导，传统概念完全可以修正，甚至可以重新诠释，这是尊重科学的态度。如果以狭窄的定义限制传统概念，或者对前贤的说法不敢越雷池一步，反而不利于寻找语言历史的真实性，也不是尊重学术的态度。

此外，中国的传统音韵研究与西方的历史比较法有所不同，后者看重材料的对比以及依据对比材料的推测和重建。如果传统概念与对比

---

① 对于阴声与入声的葛藤，王力认为"我们只要区别一般和特殊，许多问题都可以迎刃而解"(2000 [1960]:150)。

材料和重建结果发生龃龉，应该权衡二者，较多地考虑语言材料的价值，因为前贤"审音功浅"，他们的说法并非无须论证。

另一方面，清代学者不太重视方言材料，而汉语方言与汉语历史演变又是息息相关，汉语史的这一特点，西方语言的字母材料是望尘莫及的。所以，经方言材料证实的汉语史演变，在历史比较法看来它比一般的韵书、韵图的排列更有价值。

然而，我们不得不承认汉语上古音离现代方言太遥远了，以现代方言求证上古音，二者之间有许多不同阶段和不同状态，这些中间状态不清晰的话，用现代方言直接求证上古音就缺乏可靠的推论依据。因此，现阶段的上古音研究主要还是依靠先秦用韵、谐声字、中古音，其中前两个方面的成就，清代学者确实做得几乎"无可修正的了"。

第五节　李方桂的构拟原则——以内部　构拟法增加卷舌介音*-r-

美籍华人李方桂，1924年毕业于清华学堂预科，随即赴美国接受当时最好的历史语言学训练。他在密歇根大学读语言学本科，那里有先进的实验语音学。他的硕士、博士都在芝加哥大学获得，师从布龙菲尔德研究日耳曼语，跟从萨丕尔进行美国加州的印第安语田野调查。之后到哈佛大学跟瓦尔特·克拉克(Walter Clark)学了半年的梵文佛经和藏文。1929年回国研究广西台语，并与赵元任、罗常培合译了高本汉的《中国音韵学研究》。1946年起移居美国，先后在哈佛大学、耶鲁大学、西雅图的华盛顿大学以及夏威夷大学从事教学与研究，晚年研究汉语上古音和藏语。他的《上古音研究》由商务印书馆1971年初版、1980年再版，该书根据作者1968年夏天在台湾大学的六次演讲内容整理而成，它综合了清代学者的成果以及高本汉的中古音系，构拟了上古音的卷舌介音*-r-，并重建了上古音系，使上古音研究达到了一个新的高度。

李方桂的上古音构拟主要依据前人三个方面的研究成果(他称为三个"范围"，也叫中国传统音韵学的三个"贡献")：一是先秦古籍的用韵，二是谐声字，三是切韵系统。他说，"如果就整个系统而言，我们仍然不能脱离以上三项的范围，依然得用他们所供给的宝贵材料"(李方桂1980:4)。此外，他对20世纪中外学者的上古音研究成果持博采众长的态度，欲以"一个假想系统"来"解释各种分歧的现象，满足各方面的要求"。

李方桂选择了"已普遍被采纳"的高本汉的中古音系为构拟起点，并在以下两个方面对高氏的拟定做了修改。

一、将高氏的知系由舌面前塞音 ȶ, ȶh, ȡ 改为卷舌音 t, th, d，以便与卷舌塞擦音的照二系 ts, tsh, dz 相配。他的理由是无迹象显示为什么上古的舌头音有些变成中古的舌面前音，而另一些变成卷舌音，倒不如将它们统一为卷舌音。这样李方桂的中古音里少了一组由高氏 -j- 化变来的 ȶ, ȶh, ȡ，增加了一组由卷舌介音 -r- 变来的 t, th, d。

二、将高氏的浊音送气改为不送气。本章第三节曾讨论过，如果仅考虑中古音系的音位归纳，完全可将浊塞音拟定为不送气，高本汉为了让上古的送气浊音区别于不送气浊音，坚持中古的浊音带送气特征，它能对应现代方言的送气音；而上古的不送气浊音在中古前消失，条件是在介音 -i̯- 或声母 ü 的前面(高本汉1990 [1954]:92)。李方桂将浊音送气改为不送气，这对中古音并无实际的意义，但对上古音而言它合并了高氏的一套浊音声母。

为了便于解说，现将李方桂对高氏上古声母表的修改示意图转引如(1)，表中的方框由李方桂所加(引自李方桂1980:12)。

(1) 高本汉上古声母表

p	ph	(b)	bh	m		
t	th	d	dh	n		l
ts	tsh	dz	dzh		s	z
ts·	tsh·	dz·	dzh·		s·	
t̂	t̂h	d̂	d̂h	ń	ś	
k	kh	g	gh	ng	x	·

　　以上改动对李方桂的上古音构拟举足轻重，它使得高氏原本的"上古声母表"中间排成十字状的十五个声母(不计(b)声母)重新分配。按照李方桂的分析(1980:13-21)，十字框里横排的十个声母，即卷舌塞擦音 ts, tsh, dzh, s 和舌面前音 t̂, t̂h, d̂, d̂h, ń, ś，它们只出现在有 -j- 介音的三等韵前，李方桂将它们按发音方法分别归入舌尖塞擦音 ts 系列和舌尖塞音 t 系列，它们都带一个卷舌介音。

　　李方桂再将十字框里纵排的六个声母的性质重新诠释。首先，高氏的 *b 极为少见，且有复辅音 *bri- 的形式，所以上古 *b 是否存在无关紧要。其次，高氏的 *d (中古的喻四)在古代台语为 r-，汉代用"戈"[jiǒu]音译藏文 Alexandria 的第二个音节 lek，因此上古喻四可构拟为 *r-，上古的 *r- 演变为中古的 ji-。此外，邪母 z 跟喻四相近，它也是从上古 *r- 而来，条件是介音 -j- 的前面，即 *r + j 演变成中古的 zj-。其他不送气浊音 dz, d̂, g 与高氏原本的送气浊音归为一类，音值则统一改为不送气。

　　李方桂为上古音构拟了一个卷舌音 *r 和卷舌介音 *-r-，再将中古知系和照二系(上古带介音 *-r-)分别归入上古的端系和精系，即上古 *tr- 演变成中古知系 t-，上古 *tsr- 演变成中古照二系的 ts-。由于介音 *-r- 也可出现在 -j- 前面，因此照三也归入上古端系，即上古舌尖前塞音受腭化的影响演变成中古的塞擦音。于是，李方桂的上古声母构拟取消了高氏的舌面音 t̂, t̂h, d̂, d̂h, ń, ś 和卷舌音 ts, tsh, dzh, s，将上古声母平均分布为唇音、舌尖音(塞音和塞擦音)、舌根及喉音(不圆唇和圆唇)这三大系列。

　　李方桂的做法体现了内部构拟法寻求平行与对称的精髓。西方历史语言学以内部构拟法重建原始印欧语时，常以后期的不规则现象重建早期的规则结构。比如，利用日耳曼语的"元音变等"现象发现结构上的不规则(或者叫不对称)，以重建一个原始形式的手段使结构变得规则而对称，从而揭示相关音素原始形式的均衡分布。本书第四章 2.2.1 节曾介绍日耳曼语"元音变等"的三种类型，就是根据"元音变等"的不平行现象，以内部构拟法增加一个原始元音 *Ø，从而发现原始日耳曼语动词三种形式的元音分别为 *e, *a, *Ø，使得对于"元音变等"的解释更为合理。

李方桂所构拟的上古介音 *-r-，正是根据了高本汉构拟的舌面音和卷舌音"分配不均匀的现象"，即它们只出现在 -j- 音前面。这种只出现在特定环境下的声母不大像原始音位的形式，应该是后期的分化形式，所以李方桂构拟上古介音 *-r- 的思路与西方学者构拟原始日耳曼语 *Ø 的思路是一脉相承的。

此外，李方桂还拟定两条上古谐声原则：一、发音部位相同的塞音可以互谐；二、舌尖塞擦音(或擦音)互谐，但不跟舌尖塞音相谐。而高氏的舌面塞音 ṭ, ṭh, ḍ 与舌尖塞音 t, th, d 互谐，李方桂认为二者"一定是原来发音部位相同"；而对于高氏的卷舌塞擦音 ts, tsh, dz 与舌尖前塞擦音 ts, tsh, dz 互谐，李方桂则将这两组统一为后者，并带上卷舌介音。

综合以上所分析的李方桂的上古音构拟原则，他根据上古谐声以及寻求结构分布上的平行而重建了一个卷舌介音 *-r-，使上古声母的结构变得规则而对称，从而揭示上古声母三大系列的均衡分布：即唇音系列、舌尖音系列(塞音和塞擦音)、舌根及喉音系列(不圆唇和圆唇)。这成为汉语史研究上公认的一个运用内部构拟法的成功范例。

第六章　历史音变类型与语言演变模式

第一节　音位的合并、分化、转移

1.1　对语音演变的认识

　　早期西方学者把语音演变看作词的结构的变化，而不是语音变化。在历史比较法出现之前，西方学者关注名词词尾和动词词尾结构的演变，根据不同的词缀形式，试图证明词缀原本都是独立的词，因与词根融为一体而变成词缀。比如，希腊语的lū-s-ō 'I will loosen'（"我将松开"，其中ō表示第一人称单数），早期学者认为词缀-s-表示将来时态，它应该是从动词词根es 'to be'演变来的(参见 Hock & Joseph 1996:113)。他们把es与s的差异认为是词的结构变化，而不是该词的语音发生了变化。只有到了拉斯克和格里姆年代(19世纪20年代)，比较了日耳曼语和古典印欧语言的异同之后，发现了格里姆定律，才使得语音演变成为历史比较语言学的主要研究对象。

　　19世纪西方历史比较语言学认为，语言是一种历史限定的物体(a historical determined object)，只能从历史的角度来理解和诠释语言(参见 Fox 1995:37)。从历史的角度看待语音演变，就是声音(sounds)变化，例如早期的一个音变为后来的另一个音，或者分化为两个音甚至三个音。20世纪的结构主义语言学把语言看作一个形式系统，系统内的个体单位，如声音、词等，不是物体(objects)，而是实体(entities)。语言实体有以下两方面的特点(索绪尔 1980:146-7)：

　　一、语言实体只有把能指和所指联结起来才能存在；

　　二、语言实体要划定界限……在语言的机构中互相对立的，正是这些划定了界限的实体或单位。

　　对于语言实体，索绪尔这样解释(1980:151)：

　　……它的实体不是一下子就能看得出来，可是谁也无法怀疑它们是存在的，正是它们的作用构成了语言。这无疑就是使语言区别于其它任何符号制度的一个特征。

以上论述表明，语言的实体既有抽象性，又有具体性。抽象性表现为音位之类的概念，而具体性则表现为语言符号的现实客体①。在结构主义看来，具体的声音是现实客体的体现，而与意义相连并且划定了界限的音位才是语言的实体。这就是音位和音位变体的概念。所以结构主义认为语音的历时演变应该是音位的变化。

19世纪和20世纪的学者对于语音变化的不同概念使我们对比较法和历史重建有了新的认识：19世纪的历史比较语言学运用比较法重建具体的音，而结构主义语言学运用比较法重建音位。在具体的重建过程中，重建对象是一个音还是一个音位，二者差别很大。一个具体的音可能只是一个特定的发音动作，比如A音取代了B音，只需解释前者的发音动作或者发音部位与后者的不同便足够了。如果是音位A取代了音位B，则需要说明音位A所处的语音系统的分类或者组合发生了变化，而不仅仅是发音动作或者发音部位的变化。这种音位的变化常被称为语言学变化 (linguistic change)，或者叫语音变化 (sound change)，这个语音变化不等于19世纪的声音变化。

然而，语音的变化有时也指发音动作或者发音部位的变化，但这种变化通常不影响语言的音位系统，布龙菲尔德(1980:458)称之"无关紧要的"变化。我们在分析具体的语音演变时，要注意语音的变化是否涉及音位的变化。

下面从语音的合并、分化、转移三种形式讨论历史音变类型。

1.2　合并

合并 (merge) 指两个或更多的音位合并成一个，它是一种常见的音变现象。音位合并分两种：两个或更多音位合并为其中之一 (可称之归并)，或者合并为另一个音位。典型的音位合并是早期印欧语的五元音系统变成梵语、日耳曼语的三元音系统，其间经历e, o, a的归并过程

---

① 索绪尔(1980:146)称之为"具体的实体"(entités concrètes)。

(Fox 1995:39)。为了便于解说，下面将本书第四章3.1节的(1)转引如下[1]，先比较各例的粗体字母。

(1) 元音合并举例

	梵语	希腊语	拉丁语	日耳曼语	词义
a.	idam	---	id(em)	ita (哥特语)	'it, that'
	ritka-	é-lip-on	(re-)lic-tus	---	'left'
b.	yugam	zugón	iugum	juk (哥特语)	'yoke'
	budh-	puth-	---	budon (古英语)	'(a)bide'
c.	asti	estì	est	ist (哥特语)	'is'
	atti	édomai	edō	itan (哥特语)	'eat'
d.	aṣṭau	oktő	octō	ahtau (哥特语)	'eight'
e.	aǰati	ágō	agō	aka (古北欧语)	'drive'
f.	pitar-	patếr	pater	fadar (哥特语)	'father'

以上梵语、日耳曼语(指哥特语材料)有三个元音i, u, a，希腊语、拉丁语有五个元音i, u, e, o, a。比较二者的异同，(1a), (1b), (1e)分别是i, u, a的直接对应，(1c), (1d), (1f)情况较复杂。先看(1d)。希腊、拉丁语的o对应梵语、哥特语的a，以此推断梵语、哥特语的三元音系统是将希腊、拉丁语的o, a合并了。再看(1c)。希腊、拉丁语的e对应梵语的a，同时也对应哥特语的i。从梵语和原始印度—伊朗语的对比材料发现(见第四章3.2节"腭音律"的例子)，梵语的a有些是从早期的e演变而来的，所以早期梵语应该有e，后来与a归并了。再结合(1d)的例子，e, o, a在梵语里归并为一个音位应该是成立的[2]。这是三个音位归并为一个音位的例子。

至于(1c)的希腊、拉丁语的e对应哥特语的i，这反映了哥特语的e>i

---

[1] 这个例子原本用来说明重建的简单性和自然性原则(见 Hock & Joseph 1996:467)，为了重建PIE的原始元音而增加一个音位 *ə。笔者此处引用该例为了说明从五元音系统到三元音系统的元音归并现象，所以删除了原例"原始元音"一栏的内容，这并不影响讨论元音合并。

[2] 按照 Beekes (1995:66)的解释，梵语早期的 /e/, /o/合并为 /a/，后者的实际发音更靠近 [ə]。

演变(Beekes 1995:66)。因为哥特语之后的古高德语ezzan 'eat'(对应哥特语的itan)[1]，其词首元音仍为e。

(1c)希腊语、拉丁语e的多向对应(既对应哥特语i，也对应梵语a)，说明希腊语、拉丁语的e在梵语里与a归并，在哥特语里与i归并。

如果将这个e视为梵语、哥特语的早期形式，那么，早期同一个e在不同语言或者在同一语言的不同历史时期，对应了不同的形式，这现象揭示了以历史比较法研究语音演变的一个重要概念——历史层次。此前说过，音位合并有"归并"与"合并"之分，其实，从特定的语音系统着眼，归并或者合并后的音都是特定的音位，它与归并(或合并)之前的音，二者所处的音系地位不同，价值自然不同。比如，梵语、哥特语的三元音系统从五元音系统演变而来，但二者的三元音与早期五元音系统的对应却不尽相同，有各自不同的演变。运用比较法时，要分辨所选的材料在不同语言系统里的价值以及它们所属的不同历史阶段。对材料的历史层次的判断，属于对材料同一性的判断；不属于同一历史层次的材料，不具备同一性。不同的语言之间可能有不同；同一语言的不同历史阶段，也可能有不同。同一性的观念，对于分析汉语方音的历史层次尤其重要，本书第七章第三节将详尽讨论这个问题。

(1f)的情况超出了此处所讨论的五元音系统范围。 Hock & Joseph (1996:467)认为它们最早期的形式应为*/ə/，因为[ə]能自然分化为希腊语、拉丁语、哥特语的[a]以及梵语的[i] (详细讨论参见本书第四章3.1节的内容)。

合并是不可逆转的音变，这是历史语言学的公理，被视为不可违背的语言的普遍规律(Campbell 2004:218)。道理很简单，从历史过程看，如果早期A, B两个音位合并为后期一个音位C，后期的语言使用者无法知道自己语言中哪一类C从早期的A变来，哪一类C从早期B的变来。也就是说，语言演变不可能按照原来的途径将合并的过程逆转[2]。

---

[1] 哥特语itan 'eat' 经过"古高德语塞音系统语音变换"(又称"第二德语语音变换")演变为古高德语ezzan，其中塞音t在元音之间变为zz (Beekes 1995:131)(参见第三章3.1节的例(3b)"高地德语语音变换" 及例(5)"格里姆定律和'古高地德语语音变换'的概括形式")。

[2] 当然，学者的研究能够追溯合并途径，但这与语言演变无关。

1.3　分化

音位分化(split，也叫裂变)指一个音位分化为两个或更多的音位。音位的分化比合并更复杂。

日耳曼语的元音变移(umlaut)是解释音位分化的典型例子。早期日耳曼语的i元音变移，指词根元音受后缀元音影响而发生音变(参见第三章3.5.1节的内容)，使得词根的后元音或低元音受词缀[i]或[j]的影响而变成前、非低元音。(2)列举了从原始日耳曼语到古英语的三个词，说明原始日耳曼语的词根后元音[u:]，[o:]和低元音[a]在词缀成分[i], [j]之前分别变为[y:]，[ø:]或[e](Fox 1995:40)。

(2)　日耳曼语i元音变移

原始日耳曼语	古英语	词义
*mu:siz	my:s	'mice' (mouse的复数)
*fo:tiz	fø:t	'feet' (foot的复数)
*satjan	settan	'set' (sit的使动式)

以上原始日耳曼语和古英语的先后形式显示了语音变化的结果。其实这个变化过程应该分为两个阶段：先经过一个过渡阶段，然后演变为古英语阶段，如(3)所示(Fox 1995:40)[①]。

(3)　元音变移过程

	原始日耳曼语	过渡阶段	古英语	词义
a.	*mu:siz	my:siz	my:s	'mice' (mouse的复数)
b.	*fo:tiz	fø:tiz	fø:t	'feet' (foot的复数)
c.	*satjan	setjan	settan	'set' (sit的使动式)

(3a), (3b)过渡阶段的元音变化由词缀高元音i引起词根元音前移，

[①] 按照Hock & Joseph (1996:128)对于同一类古英语[ku:] 'cow'和[ky:] 'cows'元音变移的时期划分，古英语之前有I期、II期以及古英语本身的III期。(3)的"原始日耳曼语"相当于Hock & Joseph的古英语I期，"过渡阶段"相当于古英语II期，而(3)的"古英语"相当于古英语III期。

分别为(3a)的 [u:]>[y:]、(3b)的 [o:]>[ø:]。在这个阶段，引起音变的因素即词缀高元音 i 依然存在。这两个元音 [y:], [ø:] 可看作各自音位的条件变体，即 [y:] 是 /u:/ 的变体，[ø:] 是 /o:/ 的变体，它们还没有对音系产生影响。只有到了后一阶段——古英语阶段，词缀 -iz 脱落了，同时也失去了将 [y:], [ø:] 看作变体的条件，二者不再是音位变体，而成了两个独立的音位[①]。

(3c)也属于元音变移，词根低元音 [a] 变为前元音 [e]，影响变移的条件为词缀的半元音 [j]，词缀 -jan 表动词使动式[②]。古英语 settan 'set' 是 sittan 'sit' 的使动式，后来使动式词缀 -tan 脱落，词根变成现代英语的 set。与前两例不同的是，(3c)分化的 [e] 不是新音位，而是属于一种初起性分化(本章 1.3.2 节将介绍这种分化)。

(3a), (3b)两例词根元音的变化显示从原始日耳曼语的一个元音分化为古英语的两个元音，分化步骤有二：一是该音位产生新的条件变体；二是发生其他相关的音变。

1.3.1　"分化紧随合并"公理

西方历史语言学有一条所谓"分化紧随合并"(splits follow mergers)的公理。Campbell (2004:22)这样解释分化与合并的关系：

> ……这些分化出来的音本身并没有物理的改变，语音上依然如故；确切地说，是相关环境下其他音的合并导致了这些分化音改变了自己的音系地位，使它们从可预测的条件变体成为不可预测的、对立的、有区别特征的音位。

为了说明"相关环境下其他音的合并"，Campbell 也以(3a), (3b)的语音演变为例，将其音位分化过程分解为三个阶段：

[①] 该元音变移的结果是表示复数的词缀脱落了，由词根元音代替词的屈折变化。至于从古英语的 [my:s], [fø:t] 演变为现代英语的 [mais], [fi:t]，它们先经过非圆唇音变而分别为 [mi:s], [fe:t]，再经过"元音大转移"变为 [mais], [fi:t]；二者的单数形式 [mu:s] 和 [fo:t] 从最早期形式到现代英语经过"元音大转移"的变化，分别为 [maus] 和 [fu:t](Campbell 2004:23)。英语"元音大转移"参见本书第三章 3.5.3 节有关内容。

[②] 古英语 settan 'set' (sit 的使动式)对应于古高德语 sezzen 以及哥特语 satjan，见 Barnhart (1988:988)。

一、原始日耳曼语阶段:*mu:siz或 *fo:tiz的词根元音只有一个音位,
　　即u, o;

二、元音变移阶段:/u/和/o/分别产生各自的新变体 [y]和 [ø]。这时
　　引起音变的词缀高元音i依然存在, 如my:siz, fø:tiz;

三、词缀高元音i脱落阶段: my:siz, fø:tiz分别变成my:s, fø:t。

以上整个过程为音位分化过程, 理解"相关环境下其他音的合并
导致分化"即"分化紧随合并"的关键在于阶段三"词缀高元音i脱落",
Campbell将词缀i的"脱落"看作它"与'零'合并"(merged with 'zero')。于
是该例的"分化紧随合并"可以这么理解:音位分化跟随了词缀高元音i
与零的合并。

Campbell (2004:24)还举了俄语辅音腭化的例子说明"分化紧随合
并"。古俄语的辅音腭化是一种音位变体, 条件为后面跟前高元音,
见(4)。

(4) 古俄语辅音腭化[①]

	古俄语	现代俄语	词义
a.	krovǐ [krovʲǐ]	krovʲ	'blood'
b.	krovŭ [krovŭ]	krov	'shelter'

比较(4a), (4b), 古俄语的腭化辅音 [vʲ]是可以预测的, 因为它后面
跟前元音[ǐ]。后来古俄语尾音的短/松元音[ǐ], [ŭ]脱落, 即[ǐ], [ŭ]与零合
并, 使得[vʲ], [v]对立既而分化为两个音位。

以上两例分化都是跟随与零的合并。零概念有一定的特殊性, 如果
"分化紧随合并"公理仅适用于与零概念合并, 它的普遍性一定会受到
限制。下面看一个美洲印第安语不跟零合并的例子。

墨西哥中部土著印第安语系有个Nahuatl语, 它的s原本有两个变
体:在[i]前面为[ʃ], 如(5a);在其他环境下为[s], 如(5b)[②]。

[①] 例中[ǐ]为 [i]的短/松元音, [ŭ]为[u]的短/松元音。

[②] 本例材料来自Campbell (2004:24), [ɨ]为央高元音。

(5) Nahuatl语的分化与合并

　　<u>音系式</u>　　<u>音标式</u>　　<u>词义</u>
a.　/sima/　　[ʃima]　　刮(脸)
b.　/sɨma/　　[sima]　　准备植物叶(为提取纤维)

　　该语言经过元音归并，即i, ɨ > i, (5b)的/sɨma/"准备植物叶"的读音变成[sima]，而(5a)的读音[ʃima]没有改变，于是原本i, ɨ的差异改由辅音s, ʃ来体现。这例子说明了由于i, ɨ的合并而使原本的变体[s], [ʃ]成为两个独立的音位。

　　汉语史也有丰富的语音分化现象，但汉语史研究并未发现所有的分化必定跟随合并，王力(1987:650)这样概括语音分化与合并(他称之"合流")的关系：

　　　　有分化而无合流，语音系统会变为太复杂了，不利于交际；有合流而无分化，语音系统会变为太简单了，也不利于交际。因此，分化与合流交相为用，这是语音发展的规律。

　　这段话说明了二者的依存关系，但并非一条公理。近代官话有个著名的声母分化现象，由齐撮呼的舌根塞音k, k', x以及齐撮呼的舌尖塞擦音ts, ts', s分化出一套舌面音擦音tɕ, tɕ', ɕ，条件是k, k', x和ts, ts', s受前元音[i], [y]的影响而分化出tɕ, tɕ', ɕ (王力1980:122-3)，分化条件([i], [y])至今依然存在。对于汉语的这种分化，似乎很难硬套"分化紧随合并"的公理，因为这里不存在类似(3), (4)词缀或者尾音脱落的情况，也找不到零概念可与之合并。近代官话k, k', x和ts, ts', s分化出tɕ, tɕ', ɕ声母，可看作"分化紧随合并"的一个反例。根据这类反例，笔者这么理解"分化紧随合并"公理：虽然音位分化可以增加区别手段从而触发其他区别手段的合并，但后者并非必然。

　　将近代官话k, k', x和ts, ts', s受[i]、[y]的影响而分化出tɕ, tɕ', ɕ对比Nahuatl语s, ʃ分化的现象，发现二者既有相同之处，也有不同之处。相同处是二者都受前元音的影响而发生辅音的腭化；不同处是Nahuatl语的分化条件发生了合并，而近代官话的分化条件[i], [y]依然存在，没有发生相关的音位合并。

1.3.2　初起性分化与继发性分化

　　西方历史语言学通常把音位分化归纳为两种情况：初起性分化 (primary split)和继发性分化 (secondary split)，也称"原生裂变"和"次生裂变"①。

　　先讨论继发性分化。以上所举的例子大都属于继发性分化。继发性分化是在音系上产生新对立、出现新音位的分化 (Campbell 2004:25)。比如(4)的现代俄语里新的腭化辅音 /vʲ/的出现，最初只是一个音位变体 [vʲ]，它在古俄语尾音 [ǐ], [ŭ]脱落后成为一个新音位。可以说继发性分化从一个音位变体开始，通过失去变体环境而实现为一个独立音位。这个由失去变体环境"继而"引发的分化，笔者将之理解为"继发性"分化②。

　　再来看初起性分化。对于"初起性分化"，因其性质不同，学者认为其他名称可能更合适，比如有人称之"条件性合并"(conditioned merger) (Campbell 2004:25)，有人觉得"部分合并"(partial merger)更好 (Fox 1995:76)。看来这种分化也与合并有关，但它不同于"分化紧随合并"，它是分化加上合并，即分化、合并同时。下面举个拉丁语的典型例子。

　　古拉丁语的 /s/在两个元音之间变成 [r]，其他环境下不变③；前者可看作一种变体。由于语言里已经存在 /r/音位，这个由 /s/变来的 [r]与原有的合并，于是拉丁语里可以看到同一词根有 s, r的不同，见 (6)(Fox 1995:40-1)。

---

① 见 Campbell：《历史语言学导论》(第二版)，张洪明导读，世界图书出版公司2008年版，第21页；原著 Lyle Campbell. *Historical Linguistics: An Introduction*, (2ⁿᵈ Edition). England: Edinburgh University Press, 2004.

② 在这个意义上，"继发"与"次生"属于同一概念，其中"继/次"同义，"发/生"同义。然而"继发性分化"与"次生裂变"相比，前者通俗有余而简练不足。有的词典译为"主要裂变"、"次要裂变"(见《语音学和音系学词典》，语文出版社2000年版)，它们与原意相去甚远。

③ 这个音变叫"r音化"(rhotacism)，是拉丁语和日耳曼语的一种历史音变，即 s, z在两个元音之间变为 r (见 Campbell & Mixco 2007:173-4)。

(6) 拉丁语s~r尾音的不同

  词形   词义

a. genus   (动植物的)属(主格，单数)

b. gener-is 属的(属格，单数)

  (6a)的主格词根尾音为s，(6b)的属格词根尾音为r；属格gener-is由早期的*genes-es变来(Beekes 1995:61)。如果认为二者尾音的早期形式相同，该尾音后来分化为两个不同的音位/s/, /r/，而这两个音位在分化前后都存在，那么初起性分化未使音系发生变化，它只影响到某些词的音素。(6)的情况通常解释为s>r，分化后的r随即与原有的/r/音位合并，这就是所谓的分化、合并同时发生。

  下面的例子也能说明早期拉丁语/s/在两个元音之间变成[r] (Fox 1995:78)[①]。

(7) 拉丁语、意大利Oscan语的s~r对应[②]

拉丁语	Oscan语	对应	词义
a. kwis	pis	s/s	'who'
b. foret	fusíd	r/s	'be' (非完成假设语态)
c. hortus	húrz	r/r	'garden'

  (7a)的s/s对应不出现在元音中间，(7b)的r/s对应只出现在元音中间，(7c)的r/r对应则无以上的限制。(7a)、(7b)呈互补分布，似可说明它们是早期拉丁语/s/音位的条件变体。

  然而，也有材料不支持这一说法。Beekes (1995:98-9)以下面的例子说明以上音位分化的说法不一定靠得住，见(8)。

[①] 福克斯将该例用来说明不同的对应组形成互补分布，或可根据这种分布推测早期形式。

[②] Oscan是意大利中南部的一个古老民族，它的语言后来由拉丁语取代。

(8) 拉丁语、梵语同一词根尾音的交替形式

	主格	属格	词义
a. 拉丁语	femur	femin-is	肝脏(单数)
b. 梵语	yákṛ-t	yakn-ás	下颌骨(单数)

(8a)的主格与属格的词根尾音交替为 r~n，(8b)的主格与属格的词根尾音交替为 ṛ~n。 Beekes 认为(8)说明早期有两个不同的词缀 -r 和 -n。就语音演变规律而言，(8)的 r>n (或者 n>r)现象比(6)的 s>r 少见得多，但我们不能因为少见就将它从历史音变的可能性中剔除。以内部构拟法看(6)和(8)，我们无法排除(6)的 r>s 或者(8)的 r>n 的可能性。从历时的角度看，既可将(6)和(8)看作它们各自词根早期存在的两种形式，也可以看作由一个音位分化出另一音位。

从音系的角度分析，则可将(6)和(8)的情况看作一种语素音位(morphophoneme)现象。把(6)分析为语素音位 {S} 的变化(花括号代表语素音位)[①]，它由原来只有一个音位的 {S} 演变成有 /s/, /r/ 两个音位构成的{S}(Fox 1995:149)。同理(8)可看作某语素音位的同类演变。如果想证明共时的语素音位与历时的音位分化有什么联系，则需要比较其他相关的材料。

1.4　重建中的合并与分化模式

以上介绍了音位合并与音位分化的情况。在重建过程中，合并与分化并非截然分开，二者经常是相互关联的。本节以福克斯在重建原始音位所采用的演变模式为参照(Fox 1995:70-7)，结合具体例子，将早期音位和晚期音位的合并与分化以图式表示。

先看音位未发生变化的情况。如果早期语言的两个音位 *X, *Y 在后期的甲语言或者乙语言里没有变化，可以(9)的模式表示。

[①] 语素音位，简单地说就是音系规则须以语素为条件。

(9) 音位未变化模式

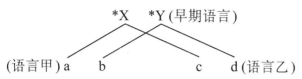

　　为了把"对应"这个术语留给共时比较，这里采用福克斯的说法，用"反映"(reflex)表示历时的对应关系，即后期形式"反映"早期音位的情况(Fox 1995:74)。以(9)为例，历时地看早期与后期的关系，a, b和c, d分别是早期两个音位 *X, *Y在语言甲或者语言乙的反映，从早期的 *X, *Y到后期甲的a, b或者乙的c, d之间，没有发生音位的改变；也就是说a反映了 *X，b反映了 *Y，或者c反映了 *X，d反映了 *Y。

　　共时地看甲、乙两个语言形式与早期形式的关系，则a, b对应c, d；这个对应的前提是早期的 *X, *Y为已知条件。只有在了解了早期形式 *X, *Y以后并且比较了甲、乙两个语言，才能知道a, b对应c, d，也才能知道a, c都是 *X的反映，b, d都是 *Y的反映。

　　现在看音位合并的模式。如果早期两个音位合并为后期语言的一个音位，早期两个音位在后期的某语言里就只有一个反映，如(10)的语言甲的情况。

(10) 音位合并模式

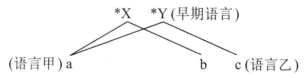

　　比较(10)的甲、乙两个语言，语言甲a在某些情况下对应语言乙b，在某些情况下对应c，需要重建两个早期音位来反映这种对应关系。下面用具体的例子说明早期的两个音位在一种语言里合并为一个音位，在另一种语言里保持两个音位，见(11)(Fox 1995:72)[①]。

[①] 笔者根据Beekes (1995:35)将原文的词义'field'改为'acre'。以上例子本书曾多次引用，如4.2节例(15)说明综合语音特点的做法不可取，4.3节例(1d)说明重建原始元音 *ə的必要。所用的语音符号略有差异(4.3节(1d) 'eight'拉丁语[octō]、哥特语[ahtau])，但它们没有本质的不同。

(11) 哥特语a对应拉丁语a, o

哥特语	拉丁语	元音对应	词义
a.	**a**krs	**a**ger	a/a	'acre'
b.	**a**xtau	**o**kto:	a/o	'eight'

本节的(1d)曾引用哥特语、拉丁语'eight'的例子，说明哥特语的a对应拉丁语的o和a，并推断哥特语、梵语的三元音系统是将拉丁语、希腊语的o, a合并为a。福克斯也认为需要重建两个PIE元音 *a和 *o，它们在拉丁语里保存，在哥特语里合并为一个。

再看分化的情况。根据本章1.3.2的讨论，继发性分化在音系上产生一个新音位，即早期一个音位在后期语言里有两个反映，如(12)的语言甲。

(12)继发性分化模式

比较(12)的甲、乙两个语言，发现有两组对应：即a/c和b/c。如果不管早期形式，仅看共时对应，(12)甲、乙的对应与(10)的对应规律是一致的：即某语言的一个音位对应于另一语言的两个音位。而历时地看，(10)的模式是两个早期音位在某个语言里有两个反映；(12)的模式是一个早期音位在某语言里有两个反映，它在语言甲产生了一个新音位b，它属于继发性分化。

此前(本章1.3.2节)述及了初起性分化有两个特征：一是分化、合并的同时，二是早期某音位的一个反映与早期另一音位的反映合并。初起性分化的过程可表示为(13)，其中虚线1表示b的分化，然后虚线2表示b改变了音位的忠诚性(phonemic allegiance)，从原本是 *X的反映，变成了 *Y的反映，并且b, c合并。

(13)初起性分化模式

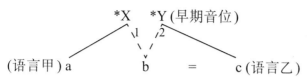

如果仅看后期的共时分布，(13)的甲、乙两个语言只有a, c (b与c合并了)两个反映，看不到以前曾经发生过的分化和合并，因为初起性分化没有增加也没有减少音位的数量。

(13)的模式存在一些疑问。首先，该模式以甲、乙两个语言来划分早期音位的反映，其中b在改变音位忠诚性之后属于语言乙，它之前属于哪个语言，该模式未能表示；之前它不管属于哪个语言，都存在归属的问题，一个音位是不可能同时跨越两个语言或者方言的。

其次，如果将(13)的模式理解为音位的范畴，即把它看作从早期音位 *X,*Y 到后期音位a, c 的演变，以上跨越语言(或方言)的问题解决了，但b的语言归属问题依然存在。本节(6)讨论的拉丁语genus~gener尾音的例子，从音系角度尾音可看作语素音位 {S}的演变，由原本一个音位的 {S}演变成具有两个音位的 {S}(Fox 1995:149)。但从历时的角度，如果也考虑(8a)的情况，拉丁语尾音的语音属性就有两种可能：或者看作词根早期有两种形式，或者看作一个音位分化出另一音位。然而，(13)的模式无法表示这两种可能性。

对于(13)的疑问，反映了历史语言学的一个难题，目前还没有普遍认可的解决方法，它也显示了初起性分化的复杂性。

以上模式中的早期音位只有两个，如果增加到三个或者更多，合并、分化的情况就更复杂，见(14)。

(14)复杂模式举例

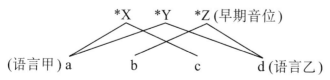

　　早期音位在两个语言里都发生合并，如*X, *Y在语言甲合并为a，*Y, *Z在语言乙合并为d。如果将(14)的模式理解为音位范畴，即从早期三个音位演变为后期四个音位，该模式也表示了音位的分化，即三个早期音位都发生分化：*X分化为a, c，*Y分化为a, d，*Z分化为b, d。共时音系里后期有四个音位，只有建立了正确的对应组，才能重建三个早期音位。如果缺乏历史的参照，很难看出它们是从三个早期音位演变而来的。

　　下面以吉卜赛语的例子说明历史参照的重要意义，见(15)(Fox 1995:72-3)。

(15)吉卜赛语辅音合并

	欧洲吉卜赛	叙利亚吉卜赛	辅音对应	词义
a.	ʃos	ʃas	ʃ/ʃ, s/s	6
b.	vuʃt	oʃt	ʃ/ʃ	'lip'
c.	ʃel	sai	ʃ/s	100
d.	deʃ	das	ʃ/s	10
e.	sap	sap	s/s	'snake'
f.	mas(ek)	mas	s/s	'month'

　　以上这组词，不同的吉卜赛语有两个相关的音素 [s] 和 [ʃ]，它们在词里的分布(元音前后的分布)形成三组对应ʃ/ʃ, s/s, ʃ/s，重建三个早期音位能反映它们后期的对应。比较其中三个词的梵语形式，(15a)的梵语为ṣat "6"，(15c)的梵语为çatam "100"，(15e)的梵语为sarps 'snake'；梵语的 [ṣ] 为卷舌音 (retroflex)，[ç] 为腭音 (palatal)，[s] 为齿龈音 (alveolar)，它们属于三个音位。比较吉卜赛语和梵语，吉卜赛语的 [s]，[ʃ] 反映了吉卜赛语早期三个音位 /ṣ/, /ç/, /s/，吉卜赛语历史上一定发生过相关辅音音位的合并，其合并形式可表示为(16)。

(16)

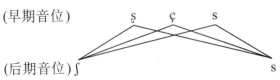

(早期音位)　　　　　　ṣ　　ç　　s

(后期音位) ʃ　　　　　　　　　　　　s

如果(14)的分化和合并过程还涉及初起性分化，假定(14)早期音位 *Y有两个反映d, e，其中e跟a合并了，那么(14)得再加上(13)，情形将 会变得无比复杂。

1.5　转移

与上述的音位合并和分化不同，历史音变还有一种变化叫转移 (shift)。如果语音的改变不影响现有的音位，也不影响音位的归属， 只是音位变体的发音改变，那就是语音的转移。对于转移，学者有 不同的看法，有人认为它只是一种非音位性的无条件变化 (Campbell 2004:19)。比如拉丁语的后圆唇元音 [u]在法语里发成前圆唇元音 [y](如 法语tu 'you', mur 'wall' 等)，拉丁语的 [u]未发生分化，之前法语不存在 [y]音，所以也没有发生合并；或许说拉丁语的音位 /u/在法语里"变成" 了音位 /y/，但事实上没有音位变化，仅仅是法语改变了 /u/的发音 (Fox 1995:41)。

如果转移牵涉到音位变化，就成了音位的转移(phonemic shift)。尽 管这一说法不被广泛接纳，福克斯仍将反映格里姆定律所代表的p>f之 类的音变看作音位转移(Fox 1995:71)，如本书第三章2.1节头两例的p>f 变化，见(17)。

(17) PIE与日耳曼语的音位转移p>f

古希腊语	拉丁语	梵语	哥特语	古英语	词义
patér	**pater**	**pitá**	**fadar**	**fæder**	'father'

福克斯这么做有一定的理由。本章1.4节讨论了各种合并与分化的 模式，而音位的转移似乎可借用(9)的音位未变化模式来表示。为了便 于讨论，下面先将(9)的模式转写为(18)。

(18)音位转移模式

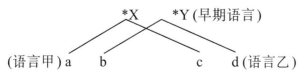

现以格里姆定律的头两条音变规则为例，检验(18)的模式能否正确显示这些音位转移。 PIE的清塞音变成原始日耳曼语的清擦音(p, t, ḱ, kʷ>f, þ, χ, χʷ)，PIE的浊塞音变成原始日耳曼语的清塞音(b, d, ǵ, gʷ>p, t, k, kʷ)[①]，假如将模式中的 *X, *Y 分别代表PIE的清塞音和浊塞音，而"语言甲"代表希腊语、拉丁语、梵语等古典语言，"语言乙"代表哥特语、古英语等日耳曼语言，那么 *X 的后期反映a和c就分别表示清塞音 /p/组和清擦音 /f/组，*Y 的后期反映b和d则分别表示浊塞音 /b/组和清塞音 /p/组，这似乎是个圆满的结果。但如果仔细比对一下，其中的a, d同时表示清塞音 /p/组，就知道这里一定存在历时的先后或者不同的层次，我们不能简单地将格里姆定律的头两条规则用一个音位转移模式来表示，因为这个模式缺乏历史层次的观念。本书第七章将深入讨论汉语方音的历史层次问题。

第二节　语言演变模式：树型与波浪型

2.1　语音变化与语言演变

上一节介绍了音位的合并、分化、转移，它们都是关于语音的变化。比如，早期印欧语的五元音系统i, u, e, o, a变成梵语、日耳曼语的三元音系统i, u, a，其间经历了e, o, a的归并过程(参见本章1.2节)，分析这三个元音归并属于研究语音的变化。至于语言的演变(language change或者linguistics change)，它把语言作为对象，考察它是怎样演变的，类型上与其他语言有什么不同。当然，把整个语言作为考察对象，不一定要等到考察了语言的所有方面之后才能下结论；当语言的某些变化体现了该语言(或方言)类型上与其他语言(或方言)的不同，这就是研究语言演变了。所以语音、词汇或者句法都可作为语言演变的研究对象，只是语音材料比较丰富，所以各种关于语言演变的理论在解释语言的历史分类时通常举语音变化的例子，如早期印欧语的五元音系

[①] 对格里姆定律的详细介绍参见本书第三章3.1节的内容。

统变成梵语、日耳曼语的三元音系统，后者在元音数量上体现了类型上的特征，也可看作语言的演变。

语言演变理论通常考察具有普遍意义的演变模式，如谱系树型、波浪型、词汇扩散型、汉语的层次型等等。有些历史语言学著作将某些语言演变模式跟"语言分类"放在一起(如徐通锵1991)，因为语言分类跟语言发生学有关，而不同类型的语言又有不同的演变模式。本书将语言演变的模式置于"历史音变类型"之下，除了本书所引用的材料都围绕着语音的历史演变这个因素外，更为重要的是，现今不同的语言(或方言)都是各自长时期演变的结果，我们可以通过考察具体语言的变化来探索语言的历史演变过程，从而揭示语言演变的历史本质。

本书虽然未设立"语言分类"一章，但并不表示它可有可无，它对理解语言演变是必不可少的。语言类型学(linguistic typology)根据语言的结构特征将语言分类，它并不排除考察结构特征的历史演变。在这个意义上，语言类型学与历史语言学有密切的关系。

本书将语言演变模式置于"历史音变类型"之下还有一个考虑。对于汉语方言，如果不了解方言史，不了解一方言的类型特征与其他方言的关系，就无法进行正确的方言分类。汉语方言的分类一直是类型学上有争议的课题，分析汉语方言的类型特征，也可以从方言史的角度审视各种类型特征。本章将从介绍树型、波浪型的演变模式入手，讨论"词汇扩散型"能否当作一种独立的语言演变模式，再深入讨论汉语方言的层次叠置所蕴涵的语言演变意义，并论证区域分化型演变是一个有汉语特色的语言演变类型。

2.2　谱系树模式

西方19世纪初的历史比较法，即便是格里姆定律，如它的神秘的循环图(见本书第三章3.1节(5)的图解)，表现出研究方法上偏重文化和哲理的取向，而不是现代科学的取向(Fox 1995:24)。当时也有一些语言学家认为语言研究应该像自然科学的研究，德国历史语言学家施莱赫尔(August Schleicher)说："语言学的方法不同于所有的历史学科，它基本上是自然科学的方法。"虽然施莱赫尔在他后期著作里引用过达尔文的观点，但他关于语言进化的看法在达尔文1859年的《物种起源》之前就已经形成了(参见Fox 1995:34)。本书第三章1.1节曾说过英国的琼斯爵士1786年的那段比较语言学的开创之言比《物种起源》早将近一个世纪；同样，施莱赫尔关于语言进化的观点也早于达尔文的进化论①，这是值得历史语言学界引以为自豪的。

　　施莱赫尔以谱系树(family-tree)说明语言之间的亲属关系。每个语系都有一个原始语，它好像一个树根，所有同一语系的语言都是从这树根生长出来的树枝。他在1861年发表的《印度—日耳曼语系语言比较语法纲要》提出印度—日耳曼语系的谱系树，现将该树图示如(1)(Fox 1995:26)。

(1)　施莱赫尔的谱系树

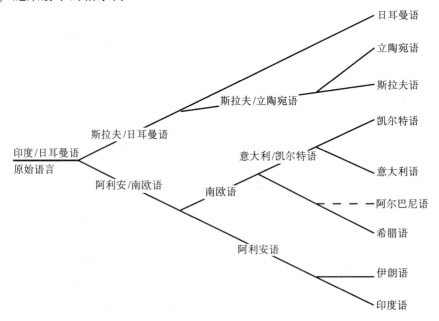

──────────

① 然而，施莱赫尔的语言进化观点也有不当之处。他认为语言进化必然经历三个阶段：单音节的孤立语、集聚成块的粘着语、有屈折结构的屈折语。孤立语是最古老的形式，而屈折语则是完美阶段，最后是语言的衰败。现代印欧语已经到了衰败期(参见岑麒祥1988:255)。国内语言学界曾批判过施莱赫尔关于孤立语是最原始形式的观点，理由是汉语虽是单音节性的，但不能说汉语是简单的原始形式。

施莱赫尔的谱系树上南欧语的阿尔巴尼亚语分支以虚线表示，这意味施莱赫尔对该语言跟其他南欧语的关系难以确定。布龙菲尔德也说，阿尔巴尼亚语的人口只有一百五十万，17世纪才开始有文献，且词汇大部分来自四周语言的借词，"可是本身的核心词汇显示出它是印欧语系一个单独的分支"(布龙菲尔德1980:69)。阿尔巴尼亚语的归属已经成为比较语言学的一个有争议的话题[①]。

19世纪的比较语言学把语言演变比喻为从大树枝分化出小树枝，把语言重建当作语言的历史研究，并试图证明只有这样的研究才算得上语言的科学研究。现在看来，施莱赫尔的语言阶段论已经过时了，语言演变如同生物进化的看法也被证伪了，但他的谱系树对于历史比较语言学的意义已经不在于一个树根长出多少树枝，而在于树枝之间的关系，即语言(或方言)之间的亲属关系，某一语言与哪些语言靠近，与哪些语言不靠近。这些既是语言发生学的研究对象，也是语言类型学的研究对象，更是历史比较语言学的研究对象。所以说，施莱赫尔的假设对今天的历史语言学仍有价值，语言(或方言)之间的比较研究就是建立在语言的可比性上，而语言(或方言)之间的亲属关系是可比性最重要的理据。

谱系树所展示的语言的亲属关系当时成为比较语言学赖以发展的理论依据，随着研究的深入，这也成了它的局限。谱系树理论认为，从树根到树枝就是从主干到分支的分化；将之用于语言演变，就是语言变化的传播呈单向性，从主干传向分支，而不发生分支间的交互影响。现在看来，这种语言变化直线性传播对解释语言演变是远远不够的。

[①] Hock & Joseph (1996:54)认为阿尔巴尼亚语大约九成词汇是外来词，少数的核心土语词汇却成了难题。按照传统观点，该语言来自亚得利亚海周围古代的伊里利亚语(Illyrian)，然而后者属于一组很不相同的印欧语，它不可能是现代阿尔巴尼亚语的祖先。19世纪的研究发现，中部的印欧语族把PIE的腭塞音变成咝音(sibilants)，如PIE的*Km̥ton"一百"，阿维斯坦语(Avestan，一种古代东伊朗语)是satəm，词首音素的变化为*k>s；其他印欧语则保留塞音，如拉丁语centum"一百"词首的[k]。印欧语言学界根据阿维斯坦语的satəm和拉丁语的centum把两组不同的印欧语分别叫作'satem'组和'centum'组。阿尔巴尼亚语的归属意义在于它属于satem组，而传统观点认为它的祖先是伊里利亚语(Illyrian)，后者属于centum组。

语言演变的因素不仅跟它所分化的早期语言有关，也跟它的邻近语言有关。本书第四章2.3.1节在讨论确定对应关系时提到，我们既要注意成员的同源关系，还要注意成员间的对等关系。所谓对等关系，福克斯以下面的树形图表示(Fox 1995:61-2)。

(2) 语言关系树形图

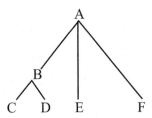

　　其中B, E, F对等，C, D对等；但C, D跟E, F不对等。所谓不对等，就是不同的历史层次。语言之间的影响，既有对等成分的影响，也有不对等成分的影响。如果只考虑对等成分，就是语言变化传播的直线性观念；如果还考虑不对等成分，考虑语言之间的影响，就是语言变化传播的波浪性观念。谱系树模式只看直线性传播，不看波浪性传播，这就成了谱系树模式的局限。

2.3　高本汉《中国音韵学研究》的直线性模式

　　高本汉(Bernhard Karlgren, 1889-1978)，瑞典人。1907年至1909年在瑞典乌普萨拉(Upsala)大学主修俄语，师从比较语言学的斯拉夫人J. A. Lundell教授，后决定研究中国历史音韵学，曾去圣彼得堡学过两个月中文。1910年至1912年旅居中国两年，调查汉语方言[①]。回国后，继续在乌普萨拉大学写博士论文，1915年论文发表，即《中国音韵学研究》前两卷，同年获得博士学位。尽管这一著作的最后一卷1926年才发表，但高本汉在1915年5月论文序言中写道："此后所需要的预备工作已经作好了，我希望不久可以把其余的发刊出来。最后再用字汇的方式发表我的全部方言材料"(高本汉2007[1940]:1)。可以看出，《中国音韵学研究》

[①] 资料来自http://en.wikipedia.org/wiki/Bernhard_Karlgren，浏览日期：2008-07-30。

的主要观点早在1915年就形成了。

1915年之前(即19世纪)的西方比较语言学可分前、中、后三个时期。前期以拉斯克和格里姆为代表，从对应词语找求语音对应，从而揭示语音规律。这一时期探讨欧洲语言的可能来源，认为它不可能存在于任何现存的语言中;"人们把语言变化看作原始语言完整状态的破裂，认为梵语虽然不是印欧语系的原始语言，但在词形结构上最接近那个语言"(罗宾斯1997:193)。施莱赫尔的谱系树是中期的代表，谱系树理论认为，欧洲各语族都包含一定数量的现代语言，这些现代语言都是从一个已经不存在的原始语言派生出来的，那时"人们已不再到现存语言中去寻找'最古老的'或者'原始的'语言了"(罗宾斯1997:194)。

高本汉的《中国音韵学研究》虽然没有讨论哪个汉语方言最接近中古音，但他把自己调查的二十四种方言的字音与中古音直接对应，这可看作高本汉的研究受到19世纪西方比较语言学前期、中期思潮的影响。高本汉对自己的做法这样解释(2007 [1940]:3-4):

> ……若是像向来的办法，随便拿一处方言的一个音的成分，再添上另一处方言的音的成分，连一点证据的影儿都没有，就得出一个所谓"古语"出来，或者拿现代方言之一算是古代语言的正统代表，这用不着说是一个不能成立的方法……要想一个古音的拟测能够成立，当然先得费好多工夫使它跟这个语言的历史上的旧材料相合；其次，还要能够把中国全部方言(不只一两处方言)，解释到一种可信的程度，就是在每一个方言必得能找出通一套声音演变的历程，从语音学的观点看都得成可能的变化。

从这段话的前半部分看出高本汉不赞成从现代方言材料直接得到它们的"古语"形式，它与西方19世纪中期不再到现存语言中寻找古老语言的做法是一致的。这段话的后半部分说明了高本汉的方法是历史文献(即历史上的旧材料)加上现代全部方言的结合，这个方法反映了19世纪西方比较语言学的后期思潮，即新语法学派的理论和方法。

19世纪后期的新语法学派重视书面文献和实际方言材料，不看重原始语的重建，西方学者这样评论新语法学派(罗宾斯1997:202):

> ……他们把历史研究的重点，从假定为历史事实的始源语(Ursprache—本书作者注)，转到可以从书面文献和当代口头方言获得的实际语言材料上来。而且，把

构拟的始源印欧语形式看作一种表达公式(formulae—本书作者注），而不是看作
实际单词和语素的观点，也是新语法学派的创造。

新语法学派的"语音规律无例外"可看作高本汉把汉语方言视为中古
汉语演变的缩影这一做法的理据，即音变的规律性使得研究者可用"一
套声音演变的历程"解释每个方言的形成。此外，高本汉把中古汉语的
音韵分类看作"代数的结果"，这跟新语法学派把原始印欧语看成一套公
式也是异曲同工。笔者认为，高本汉的历史文献加上现代方言的结合
应该是受了新语法学派的直接影响。

然而，新语法学派的影响仅体现在方法论上，高本汉的独到贡献
是将西方历史比较语言学的内部构拟法运用于分析中古汉语音系，他
的这项具体而细致的开创性工作，新语法学派并未提供实质性的帮助，
它全靠高本汉本人对中国古代文献的解读以及对汉语现代方言的认识，
借鉴前人的研究成果，运用现代语音学观念，为中古汉语的"代数结果"
做出了全面的、迄今主体依然正确的音值分析。

对于《中国音韵学研究》的缺失，应该根据当时的历史语言学环境
来评判。笔者认为该研究的指导理论来自19世纪历史比较语言学，当
时把语音和词汇方面的例外看作由方言差异引起。法国学者吉叶龙
(Jules Gilliéron)针对新语法学派的"语音规律无例外"，提出了"每个词
都有自己的历史"[①]，这个口号凸显了词源变化的特殊性。罗宾斯这么评
论那时的方言研究 (1997:206-8)："仔细研究一下方言的差异，可以发现，
有些例外情况同语音类型本身无关，而同作为个别词汇单位的某些词
有关"。"词语发音的变化，可以用所含语音的演变来解释(这正是历史
'语音定律'的基础)。但有时候则必须通过词语演变过程中的特定环境
来解释。新语法学派强调语音变化的一致性，而日叶龙和他的学生则
强调词源变化的特殊性。"罗宾斯认为"语音规律无例外"和"每个词都有
自己的历史"这两个观点并非像一般所说的水火不相容。

高本汉的《中国音韵学研究》完全体现了以上所说的这一理论原则，

[①] 吉叶龙和艾德蒙(Edmond Edmont)于1902年至1910年合作出版了具有代表性的《法语
语言地图集》(*Atlas Linguistique de la France*)。布龙菲尔德评论它的局限是"尽管他的耳
朵非常敏锐，艾德蒙不可能知道每个地点方言的音韵模式"(1980:408)。

他一方面概括从中古音到现代音的语音演变规律，另一方面将现代方言的各种"例外"读音一个不落地排列，并逐一给予解释。他在第四卷"方言字汇"的绪论里说(2007 [1940]:539)："若有'不规则'的读音，就是说古音虽同而某处今音不跟被选的代表字(如这个例中的歌字)同音者，就在注里标出(如哥字大同 kɯ)"。

从19世纪历史语言学的方言研究看出，高本汉所处的年代缺乏对同一方言的不同层次的认识，我们当然不能苛求前人具有今天这样对汉语方言史的认识水平。虽然施莱赫尔的谱系树模型里有不同的分支，以分支表示语言分化的时代，但不论是分支的名称还是结构，都看不出语言的历史层级。国内学者对高本汉的批评集中在现代方言与中古形式的直线对应，例如王洪君认为《中国音韵学研究》的问题是"根据谱系树模型，方言间的关系是多层级的，而不是从《切韵》平列地发展为各个方言"(王洪君 2008:396)。笔者则认为，高本汉的这个由历史环境造成的缺失应该是来自他对语音规律及其"例外"的看法，这可从下面三个方面分析。

第一，高本汉也意识到方言之间的相互影响，但只用"多数规则"来处理，未能深究。如温州话"可"读 k'o，这个读音未依照规则读 k'u，他就将 k'o 放入注里。对于一字多音现象，高本汉把它解释为方言混合的结果，他说(2007 [1940]:540)：

> ……这种不同的读法最多的是文言白话的不同，但也常有在同一体当中有两种读法的，那就只好拿方言的混合(因迁移等等原因)来解释了。为印刷上的方便，我只能把几读中的一读排入正表，其余的就放在注里(有时候把文言音有时候把白话音放在注里——看把哪一方面提出来说是最省篇幅)。

他的所谓"最省篇幅"的做法就是采取"多数规则"，即某韵某系字的多数读法代表规则音变，他在第四卷"方言字汇"绪论里这样解释"多数规则"(2007 [1940]:539)：

> ……在表的正文里头所记下的音就非得限于照规则变化的字不可。要知道怎么样读法才算照规则的读法是这么样求的：在某方言读音中，把古音的某韵母在某系的声母的字全部查一道，如果多数是一种读法，这就是这个方言对于这韵在这系的规则的读法。

　　大多数一致的读音为规则读音，少数的例外来自方言混合，这充分反映了高本汉一方面根据"语音规律无例外"整理古今演变规律，而另一方面又试图对"例外"读音给予自己的解释(即方言混合)，这样的做法，即使放到今天也是无可厚非的。

　　第二，宽式、严式标音法并用的问题[①]。高本汉对自己调查过的二十四种方言使用严式音标，其余的文献材料(九种)采用宽式音标。姑且不论宽式音标"宽"到什么程度[②]，这种综合宽式、严式不同的标音法，对于分析和比较不同方言的对应关系会产生尺度不统一的后果，并且一些重要细节容易被忽视。此外，根据此前的"多数规则"，高本汉自己调查的二十四种方言读音应该属于"多数"，但他似乎又看重宽式标音能够"作拢统的撮要"的实际用处，他在第二卷引论里这么说(2007[1940]:144)：

> ……为历史的研究起见，这种简括的办法也一样有实际的用处。严式音标所记出的很细微的不同，往往会把大体上主要的地方倒掩没了。所以比如用我的宽式记音法先指明某一个韵母在某一些方言里是变成aŋ的，然后另外把这些方言所有的细微音质再用严式音标写出了：aŋ, Aŋ, ɑŋ，那我的说明就整洁了，因为读者就可以自己决定他对于细微的地方高兴追究到什么程度。

[①] 英国人亨利·斯威特(Henry Sweet)在1877年出版的《语音学手册》(*Handbook of Phonetics*)里区分了两种语音："一种是语言中因语音环境而有所不同，因而不具备区别性(non-distinctive)，另一种是语音本身可造成词汇的不同项。事实上，同一语音差异在甲语言具有区别性，在乙语言可能不具有区别性；对于具体的语言，具有区别性的语音差异才须以宽式标音法的不同符号表示。由于一个语言的区别性语音相对较少，用拉丁字母加上几个其他字母就能轻松地将它们拼写，斯威特将该法称为'broad *romic*' (宽式罗密克法)，以区别于需要越来越多各种各样符号的严式标音法(narrow transcriptions)"(Robins 1997:228)。斯威特的观点后来由英国语音学家丹尼尔·琼斯(Daniel Jones)继承并加以发挥。琼斯在1918年发表的《英语语音概要》(*Outline of English Phonetics*)里将是否具有音位区别性作为区分宽式标音法和严式标音法的依据(Robins 1997:229)。关于西方音位概念的起源，参见本书第五章第二节的内容。

[②] 高本汉宽式记音法的原则是：一个字母容许可以包含许多略微不同的些音，但是一个单独的音从来不可用两个字母写，也不可以在不同的地方用不同的字母来写(2007[1940]:143-4)。笔者认为高本汉的"一个单独的音"不能以现在的"音位"或"音素"做简单的对应。

对于同一个语音系统，宽式、严式并用是可以的，或者说它们表示音位和音位变体的差别；但如果比较不同的方言，两式混用有可能混淆方言间不同的语音(要看以什么方法归纳方言音系，参见本书第八章的观点)，不利于比较不同音系的历史演变。高本汉认为"我们可以说在主要的特征上我们这部书所研究的每一种方言都成一种从《切韵》所代表的古代汉语直接演变下来的缩影"(2007 [1940]:528)，他所说的"主要的特征"大概是以宽式标音所展现的，而经加工过的方言音系当然能够获得"一切方言都直接跟切韵的语言连接起来"的效果。

第三，汉语方言的释"同"与释"异"。高本汉参考现代方音来审定中古音值的方法是无可非议的，但将现代方言与《切韵》音系直接对应的观点则不正确。高本汉是为中古汉语的音系确定音值，前提是中古的音韵分类必须正确，这样所确定的音值才不会相差太远。但是，虽然可以将汉语方言的一致性看作它们与古代语言的密切关系，却不能把这种一致性简单地理解为现代方言与《切韵》音系的直接对应。以上这点是"释同"的方面。如果欲"释"汉语方言之"异"，则牵涉到更为复杂的汉语各主要方言的历史音变，没有这方面的知识，"释异"是不可能的。高本汉欲以"释同"的方法达到"释异"之目标[①]，这个话显然说过了头，自然也就成了缺陷。

2.4 波浪型模式

施莱赫尔的谱系树模式反映了具有亲属关系的语言从主干到分支的分化。当语言演变为各分支的独立变化，且演变到了一定程度，便从主干语言分化出分支语言。语言演变基本上是单一性的分离(single splits)，不存在分支之间的交互影响。然而，施莱赫尔的学生史密特(Johannes Schmidt)发现印欧语系的语族之间往往存在相似点，这些相似点无法用谱系树理论的单一性分离来解释。他在1872年发表的《印度-日耳曼语系诸语言间的交互关系》(*Die Verwandtschaftsverhältnisse der*

[①] 高本汉希望在现代方言语音描写的基础上，"用音韵学的研究指明现代方言是怎样从古音演变出来的"(2007 [1940]:13)。

indogermanischen Sprachen, 'The Interrelationships of the Indo-Germanic Languages')论文中提出了波浪型演变的传播模式，以此补足施莱赫尔的树型模式。布龙菲尔德这样评价史密特的发现(1980:400)：

> ……史密特展示了印欧语系任何两支语言都能找出特殊的相似点，而在地理上最挨近的语支，这些特殊相似点也就最多。史密特提出所谓的波浪式的设想来揭示这个事实。他说不同的语言变化像波浪似的散播在一个言语地域，每个变化可以在这个地域的一部分彻底完成，同先前被另一变化所渗透的部分并不平行一致。

　　布龙菲尔德借助波浪形的同语线(isogloss)显示印欧语言诸语族之间语言演变的传播方式，从地理的一度空间考虑，"最接近F方言[中心方言——本书作者注]比距离较远的方言会显示出同F具有更多的相似，虽然彼此间的界限还是很分明的。这些因素的阐明便是一般所说的波浪理论，同较早的语言亲属关系的系谱理论相抗衡"(布龙菲尔德1980:400)。史密特的波浪型模式只是从地理上提出语言(包括方言)的接触，地理上越靠近，接触程度就越大，影响也越大。现在看来19世纪西方历史语言学的波浪型模式只注意到语言演变地理上的扩散(空间因素)，并没有注意到语言演变本身的扩散速度(时间因素)。

　　汉语方言史学者(如张琨1984，徐通锵1991)认为，汉语方音层次的叠置状态证明了汉语的音变是波浪型传播模式，而不是谱系树模式。笔者认为，现代学者所说的波浪型模式已经不等于一百多年前的史密特模式了，因为现代学者在分析方音层次叠置状态时更注重演变扩散的时间因素，而不仅仅是空间因素。

　　结合时间、空间扩散的波浪型模式，笔者认为Robert D. King (1969)的图式解说得最彻底。他原本打算以传统生成语法理论解释语言的演变，而我们却用这个简明图表揭示了波浪型模式的基本原理。King为了说明方言的不同可用规则的不同次序来解释，试图以波浪的效果说明不同的规则(音变)次序形成了不同方言的语法。他以(3)的图式作了这样的假设：在音变传播之前方言甲发生音变A，方言乙发生音变B；在二者各自相邻的方言丙和方言丁，既无音变A，亦无音变B (King 1969:56)。

(3)　传播前的方言与音变

方言甲 　　音变A	方言丁
方言丙	方言乙 　　音变B

　　假定方言甲的音变A扩散至相邻的方言丙和丁，而方言乙的音变B也扩散至相邻的方言丙和丁，如(4)的箭线所示。再假定扩散的速度有快慢(或者时间有先后)，以长箭线表示速度快(或者时间在先)；以短箭线表示速度慢(或者时间在后)。于是方言甲的音变A先扩散到方言丁，同一音变随即也扩散到方言丙；方言乙的音变B扩散方向与方言甲相反，先扩散到丙，然后扩散到丁。这样方言丁形成的音变次序为A, B，而方言丙则有相反的次序B, A (King 1969:57)。

(4)　音变的波浪式传播

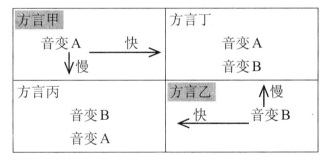

　　King的图式说明方言丙和方言丁具有同一套音变，但音变次序不同，因为受邻近方言影响的历时先后不同。虽然这个图式没有直接提到语言演变传播的波浪型模式，而且方言间地理上的远近也未涉及，但如果我们以层次的概念来诠释该图式所用的表达手段，(4)的图式可用以说明汉语方言史音变的波浪型传播模式。下面从三个方面诠释。

　　第一，方言(或语言)之间的交互影响通过四个方言的排列得到充分体现，其中有两个方言(甲和乙)分别代表不同音变(A和B)的发源地，它们相当于两个波浪的中心；A, B两个音变向各自的两边传播，形同波浪由中心向四周扩散。有学者以三个相交的圆以及各方言点在相交圆里所处的不同位置来表示波浪式的传播，见(5)(Fox 1995:128)。

(5) 圆圈型波浪模式

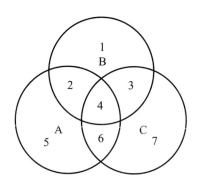

　　(5)的 A, B, C 分别代表三个中心地区，它们处于由同语线所形成的三个相交圈的中心；这三点表示三个波浪的起源，它们各自向四周扩散。数字1至7代表中心区以外不同的方言，其中1, 5, 7代表只受所属圈内中心区波浪的影响、未受其他波浪影响的方言；2, 3, 6代表受到所属中心区波浪和一个邻近波浪的影响，如方言点2受到B和A的影响，方言点3受到B和C的影响；方言点4则代表它同时受到A, B, C三个波浪的影响。

　　不妨将方言的形成看作受到不同语言的影响，(5)表示三个波浪形成七个方言。这种以平面的角度看待语言的传播与谱系树垂直的角度看待语言传播有很大的不同(Fox 1995:129)。

　　笔者认为，虽然(5)的三个圆圈可以表示比较复杂的层次，但在表达波浪概念上(5)的圆圈叠置不如(4)的长短箭线，因为长短箭线将波浪影响的快慢与远近表现得更为神似。

　　第二，比较(4)和(5)的不同，虽然都是平面图，但二者并不缺乏层次的概念。(5)的两个圆相交产生两个层次，三个圆相交就有三个层次，以此类推。但它的层次在平面上叠置得不明显，需要用不同颜色的投影才能显示层次。(4)的两个受影响的方言以音变规则的不同次序反映不同层次，这样既能显示两个方言的地理环境不同，又能看出造成不同的原因(来自不同方言的影响或速度的快慢)。所以从平面的角度，(4)更能说明层次的叠置。

第三，(4)的长短箭线既可表示时间的先后，又可表示速度的快慢，还可表示传播的距离。三者的内容不同，但历时地考察音变的传播过程，通常只能看到传播的结果，它主要体现在时间的先后，如哪个音变先发生，哪个音变后发生；而音变传播的速度是很难推断的；音变传播的距离则通过与波浪中心的远近而知悉。由(4)的长短箭线所形成的音变次序的先后，恰当地代表了音变传播的时间先后。再加上音变的不同源头，它正好代表了不同的波浪。

综上所述，树型和波浪型是西方历史语言学用以说明音变传播的两个相辅相成的模式。对于解释印欧语言的历史音变，这两种模式似乎行之有效。然而，树型和波浪型只是针对语言发生学以及区域中心语言影响这两个方面，而语言历史演变的因素是多方面的，有些因素至今仍不能确定。如汉语方音的历史演变受到不同时代不同读书音的影响；加上历史文献中的汉语语音材料受到汉字的限制，同一个词历史上的不同读音难以用文字体现；再加上文献对于方言口语记录得很少，不成系统。要想重构汉语方言语音史，只能依靠今音与古音的对照以及与区域中心方音的比较。以这种观念分析汉语方言的演变，以往的树型或波浪型理论是无法概括的，这就产生了不同的语言变化理论，下一节的"词汇扩散"论便是其中之一。

第三节　语言演变模式：词汇扩散型*

3.1　"词汇扩散"的起源

"词汇扩散"作为一种解释语言变化的理论，从最初提出至今已有四十年了，其间创导者对早期理论进行过部分修正，但其基本观点没有改变，即词是语音变化的最基本的单位。

该理论由美籍华人语言学家王士元(William S.-Y. Wang)在1969年发表的"音变的竞争造成剩余"(Competing sound changes as a cause of residue)一文中萌发，该文的主要观点是：音变的例外可能由两个规则音变的竞争所造成，而不是由音变与类比(analogy)的竞争而产生。这个观点与新语法学派"语音规律无例外"对立，所以一开始就引起了历史语言学界的广泛关注。

新语法学派认为，语音变化是连续的、渐变的，并且影响到所有词；语音变化的不规则由类比和方言借用造成。新语法学派的Osthoff和Brugmann将"语音规律无例外"表述如下(Szemerényi 1996:21)：

> 每个音变由于机械地进行，所以都遵循了无例外的规则。也就是说，对一个语言社区的所有成员来说，音变方向总是相同的，只有方言分化属于例外；相同条件下的语音变化，所有词毫无例外地受到影响。

这里的音变指受语音条件制约的音变，而类比产生的变化属于非语音条件的音变。类比分析被当作一种以词形派生规律寻求语音对应的手段，它是19世纪西方比较语言学关于语言变化的论证方法之一；类比与音变规律并重，成为新语法学派的两条最重要的原则(对类比的详细评述参见本书第三章2.3节)。Beekes这样评价二者的关系：音变规律会产生不规则的形态变化，因为音变不考虑形态；而类比则简化词的形态变化，使之符合规则(1995:76)。

---

* 本节初稿曾在首届两岸四地语言学论坛(2008.12.6-7, 澳门)上宣读，承蒙张振兴、张惠英等先生的宝贵意见。该部分最初发表于2009年《中国语言学》第三辑，署名侍建国、卓琼妍。

上面引文中提到的造成音变例外的"方言分化"(dialect division)，现在一般称"方言混合"(dialect mixture)。新语法学派对方言混合的认识是不足够的，比如，Osthoff 和 Brugmann 受到 J. Winterler 1876年对瑞士德语区 Kerenzer 方言的规则变化报道的影响，认为"在所有活方言里，某方言的语言社区成员在整个语言材料中总是一致地使用并保持着该方言特殊的语音形式，它有别于一般所认为的通过仅以文字为媒介对古老语言的研究。这种一致性的结果常常是这些声音的最纯正的状态"(引自 Labov 1994:18)。新语法学派虽然也重视活的方言材料在解释历史演变上的价值，但他们并没有提倡对变化中的语言进行研究。倒是"语音规律无例外"的一个宿敌、方言学家 Louis Gauchat 在19世纪末20世纪初对瑞士一个叫沙美(Charmey)的小村庄进行调查，发现乡村方言的同质性(homogeneity)不像新语法学派估计的那么高。沙美的语料显示，语言变异反映在不同年龄的人群，比如年龄大的人群使用腭化的 [lʲ]，年轻人使用滑音 [j]，而中年人则二者都有。Gauchat 相信这个结果可以证伪"语音规律无例外"，并且语言社区成员间的一致性也是不成立的[①]。Gauchat 据此在1905年发表的调查报告中针对"语音规律无例外"提出了单个的词才是语音变化的单位，他说："语音规则并不在同一时间影响到所有的词，有些词变化得快一点，有些词滞后一点，还有些词显示出对变化的强烈抵制并且成功抵抗住任何变化"(引自 Labov 1994:472)。

20世纪初法国方言地理学家吉叶龙曾对法国方言进行调查，并提出了"每个词都有自己的历史"，这个观点与 Gauchat 单个词才是音变单位的观点一脉相承。然而，在拉波夫等人的社会语言学以及词汇扩散理论出现之前，这种观点常常被忽视，语言的社会因素变异被看作个人的言语行为，而音变的规则性不容置疑，这也说明了为什么拉波夫等三人(Uriel Weinreich, William Labov, Marvin Herzog)于1968年合作发表的"语言变化理论的实证基础"(Empirical foundations for a theory of language change)以及王士元1969年的"音变的竞争造成剩余"会在历史

[①] Charmey 方言资料引自 Labov (1994:19)。当时也有新语法学者强词夺理地争辩，说 Charmey 的材料并不反映语音变化，而是属于方言借用，即中年人借用了老一辈的一部分，也借用了年轻人的一部分，而放弃了自己的发音。

语言学界引起震撼，因为这两篇力作几乎同时宣告对新语法学派的音变规则的挑战。

为了理解词汇扩散的起源和发展，有必要先了解"语言变化理论的实证基础"一文的有关论点。在这篇文章里，拉波夫等针对转换生成理论的纯粹同质的言语社团提出了语言的根本特性为"有序异质"(orderly heterogeneity)。所谓有序，就是当某个变异与某种社会因素相结合，这种变异就可能为言语社团所接受，并有可能扩散至整个言语社区，从而完成该规则音变的全过程。Hock & Joseph (1996)将这种有序性过程分为四个阶段(参见本书第二章3.2节)：

一、语音演变的起点来自语音自身的变异性；

二、由于某些原因(或许永远无法确定这些因素)，一个特定的语音变异被一群人表现为具有社会阶层意义。这时该变异开始具有语言学意义；

三、随着其社会标记意义增大，该变异发展成为新的社会及语言学语境。变异之所以能够继续发展，因为新的发音没有立刻替代旧的发音，而是新、旧形式共存。然后新、旧变异扩展，其方式犹如类比变化；

四、如果该扩展过程持续相当长的时间，并且没有其他因素的掺和，那么最终结果可能是一个规则音变的输出，且该音素的所有词语都受到影响，也影响到所有操这种语言的人。

拉波夫等的这篇文章还提出了语言变化理论的实证基础所需要解决的问题，首要问题是音变的形式、方向以及结构特征上是否存在制约(constraints)，这种制约应该不同于形式语言学所竭力推行的普遍语法(universal grammar)。拉波夫后来这样概括了普遍主义方法(universalistic approach)与社会语言学实证方法的不同(1994:115)：

> 普遍主义方法与实证方法的目标并不矛盾，都是为了寻找控制语言结构和语言变化的最普遍的原理。二者的不同在于：历史的和演变的方法认为，没有一条语言行为原则孤立于其他所有因素以致它的运作能决定所有例证的结果；而语言变异和变化的研究指出，任何这样的原则或规律，在诸多因素不支持运用该原则的情况下，无论它能量多大，都有可能被凌驾(overridden)。

从以上观点看出，语言变化理论的实证方法是对当时盛行的转换生成理论关于普遍语法的批判，拉波夫等的这篇文章和王士元的"音变的竞争造成剩余"从不同的方面同时批评了形式语言学以一套规则生成无限句子的观点。

3.2　"词汇扩散"的证据

20世纪60年代，美国华裔学者王士元、郑锦全、陈渊泉、谢信一等人合作进行了一项研究，利用输入电脑里的北京大学中文系编撰的《汉语方音字汇》两千多字的十七种方言读音以及中古汉语等资料，来追踪汉语音变的路向。他们最初相信汉语的材料能够验证新语法学派"音变无例外"的假设，因为印欧语的形态类比可能会影响音变规则，而汉语语音材料不存在形态类比的干扰。通过研究他们认为，词(汉语的字)是语言变化的最基本单位，而不是语音。音变的开始不是同一时间影响到每一个相关的词，而是逐个词、逐个词地扩散；如有另一音变的拦截而改变了音系环境，这个过程就可能被中断或者中途更改；当然，它们大多数还是完成了音变过程，剩余的只是小部分(Streeter 1977)。

发生在音变的起点阶段或者终点阶段的词汇扩散，这类例子有它的局限性，因为例子的多少是相对的，不是绝对的；如能找到某个音变过程只完成一半，即分化与未分化的数量大致均等，这就能提供一个典型的音变中断的例子。郑锦全、王士元(Cheng & Wang 1972)发表的"潮州话的声调变化：一个词汇扩散的研究"可看作词汇扩散的一个有代表性的实证。潮州话的古浊声母去声字(即阳去)，今分化为阳上、阳去的比例十分接近，这现象被视为声调变化在词汇扩散中进行了一半。他们统计了潮州话里117个古阳去字，今读音56个为阳上，61个为阳去；对于古全浊塞音去声今读清音的情况，阳上、阳去的分化也颇为均等；古次浊声母去声分化为阳上、阳去亦大致均等：69比46，略偏于阳上[①]。再比较古阳去字的等、开合、韵摄的分化，均未发现它们对阳上、阳

[①] 今音多读阳上的次浊声母为m, n, l, ŋ, ɥj和零声母。

去大致相等的比例有任何影响。只是在今声母为口腔塞音(b, g)和鼻音
(m, n, ŋ)的对比中，口腔塞音较多地保留阳去调；此外，他们也发现元
音鼻化只发生在阳去调。然而，当他们把古全浊、次浊声母字的今读
音鼻韵尾(m, ŋ)、元音鼻化及元音放在一起统计，鼻化元音以及口腔塞
音保留阳去调的倾向又不那么明显了。他们最后的结论是，潮州话古
阳去字今分化为阳上、阳去的条件不是来自语音的差异，而是词汇上
的扩散，它是一个古今声调变化在词汇里只完成一半的实例。

　　以潮州话例子说明音变中断的观点一发表就受到质疑。陈洁雯
(Chan 1983)认为，汉语方言里所谓未完成的音变都能用方言影响来
解释，所以词汇扩散论不能取代方言混合来解释不规则音变。丁邦新
(Ting 1979)指出，潮州话古阳去字今读阳上、阳去是文白混杂的结果，
文读为阳上，白读为阳去。杨秀芳(1982:366-73)提出潮州话有三个层
次：一个白读层，一个旧文读层，一个新文读层。以全浊塞音声母清
化为例，白读层的全浊塞音声母清化后读送气或不送气没有条件；旧
文读层变化跟白读层一样，但从韵母判断其读音不属于白话音；新文
读层不仅显示韵母不是白话音，而且浊音清化后的平声送气、仄声不
送气表示这些文读音是从其他方言借入的。

　　对于郑锦全、王士元所举的潮州话例子，拉波夫在其1979年美国
语言学会的主席发言中也曾将该例当作汉语方言里词汇扩展的一个典
型(Labov 1981)，但后来他认为它属于一种"来自上层的变化"(change
from above)。语言的变化可分为"来自上层的变化"和"来自下层的变
化"(change from below)，这一区分是拉波夫20世纪60年代在纽约市进
行语言调查时首先提出的。上层、下层指社会经济层次的地位，"来自
上层的变化"一般为大众所意识到。由于它通常借自被认为具有较高社
会地位的言语社区，所以这种借用不会马上影响到大众阶层的日常口
语形式，它主要表现在正式场合的说话里，以显示其地位的优越。而
"来自下层的变化"则是日常口语里的系统的语言变化①。

---

① 拉波夫(1994:78)认为这种变化代表了言语社区内部的、语言学因素的运作，它从开
始到扩展都不被社会大众意识到；只有到了将近完成阶段，社区成员才开始感觉到它
的变化。

从汉语方言的文、白读音所代表的语体风格看，文读音确实是较正式场合所使用的语音，而白话音属于日常口语音。在汉语历史演变过程中，文读音系是读书人或者官员的语音，他们代表了当时社会的"上层人"。汉语研究虽然习惯上沿用文读音、白读音的术语，但"来自上层的变化"的观点可为汉语文、白读音混合提供一个很好的社会语言学的解释，它有助于我们理解汉语方音层次产生的社会原因。

3.3　"词汇扩散"的发展

词汇扩散论在重新考量汉语方言的历史材料和社会语言学的研究之后，Wang & Lian (1993)提出了"词汇扩散"与"方言混合"共处的新版本。新版认为，语言本质上是一种异质的共存系统(coexisting systems)^①，音变有的来自本系统，有的来自他系统，它们形成一个内在层和外来层共存的系统；语言变化就是不停地将外来层融入(incorporated)内在层，并且语言本身就是一个始终变化的动态的实体。新版主张区分音变过程的"激发"(actuation)与"实施"(implementation)，激发指音变发生的原因，受到语言接触、生理、声学、表意等因素的影响；实施指音变在词汇中逐渐推行，即词汇扩散的过程。由于新版把语言接触也作为触发音变的因素之一，并且音变也在词的类比中扩散，于是激发的概念可以消除词汇扩散论旧版关于音变与方言混合的矛盾，也能消除旧版关于音变与类比的矛盾，音变可以通过"词汇扩散"的各种方式来完成。

拉波夫认为新版的词汇扩散论和"语音规律无例外"对于语音的规则音变的认识(即有关词汇业已完成的音变)其实没有本质的不同，只是新语法学派注重音变的结果(output)，词汇扩散注重音变的过程。二者相异之处在于解释音变的例外，新语法学派把例外看作方言借用或类比的结果，而新版的词汇扩散论仍将例外看作未完成音变的剩余。下面是新版对于潮州话古阳去字今音分化的新构想。

从闽语材料看，文、白读音的差异可分别体现在声、韵、调三个成

---

① 异质的概念来自拉波夫等的"有序异质"。

分上，比如杨秀芳(1982)所说的潮州话三个层次，其中旧文读层的浊塞
音声母清化后送气或不送气的情况与白读层相同，而韵母仍属于文读
音，即这类字声母属于白读，韵母属于文读。 Wang & Lian (1993)认为
潮州话例子说明了方言接触引发不同层次间的音变竞争。在方言接触
激发音变的阶段，文读音与白话音各自独立，如文、白层都有阴上调
(但调值有异)。在方言混合的实施阶段，白话音的八个声调和文读音的
七个声调(浊上变去)合并成现代潮州话的八个声调。今阳上字包括原文
读音的阳去和原白话音的阳上，今阳去字仍为原白话音阳去；语音变
化在今阳上字和阳去字之间呈双向扩散(bidirectional diffusion)。所谓双
向扩散，指白话音成分扩散至文读音，文读音成分扩散至白话音；具
体地说，就是今阳上字里融合了原白话音的字，今阳去字里则融合了
原文读音的声母和韵母成分。

3.4　"词汇扩散"能否作为一个新理论

　　笔者(1998)曾对新版将文、白读音糅合一起但在操作上寸步不离
文、白的做法表示不赞同，认为将文、白读音糅合一起的观点不利于
厘清汉语方音的层次；在汉语方音的文、白读音以及层次还未认识清
楚的情况下，以词汇扩散来概括它们的双向甚至多向扩散是无济于事
的。新版将方言混合、类比这些需要逐个分析、逐个考察的历史现象
纳入体系内，使该理论看起来更具解释力、概括力，但笔者认为这样
做不会对考察具体的历史音变过程提供实实在在的帮助。
　　拉波夫分析了许多支持词汇扩散的论文之后，对新版融合方言混合
的做法持同样看法。他说："不幸的是这些论文都有一个偏见，那些以
历史的比较语言学的框架论证词汇扩散的文章都脱离不了音变规则性
的窠臼。"而批评词汇扩散论的历史语言学家则不会以最新调查来证明
规则音变的，因为这已是被认可的原理(Labov 1994:438)。
　　对于潮州话文、白的差异分别体现在声、韵、调三个成分上，拉
波夫将它归为布龙菲尔德所说的方言间接触引起的"亲密借用"(intimate
borrowing)。笔者认为布龙菲尔德的"亲密借用"指单方面的借用，一

方所提供的多于另一方，通常是优势语言给予劣势语言(布龙菲尔德1980:568)；而汉语方言的文、白音系统，虽然存在方言口语音受到读书音影响的明显趋势，但读书音自身也一直不断地接纳口语音成分，所以笔者主张将这种现象称为社会方言的混合。

　　至于词汇扩散论坚持音变基本单位是词而不是音位，拉波夫从语言变异的角度提出，词是社会意义的承载体，当人们谈论语音变化，虽然总是着眼于具体的词，如纽约、费城、芝加哥以语音变化显示社会地位的修正，是看单个的词，而不是声音；但这种修正只发生在音变过程接近尾声的时候。他提出一个音变原理的"悖论"(paradox of principle)：语音变化似乎是音位的变化，也好像词为变化的单位(Labov 1994:453)。如果历史材料各有支持，无法否定对方的证据，就应该考察语言的共时变异。下面介绍拉波夫等人在美国费城的社会语言学调查，证明音变是语音的变化，不是词的变化[①]。

　　美国宾州大学语言学实验室从1973年至1977年进行了一项"语言变化与变异"(LCV)研究，对美国费城11个社区的言语状况进行访谈和电话调查，其中一项是考察美国北部城市从10世纪开始原短元音a前化并高化(同时紧化)的趋势。作为"英语元音大转移"的一部分，当原ā升高至ɔ，留下的空位由开音节的原短a填补。而剩余的闭音节的原短a开始在美国英语受到影响，从短a分化为紧元音/æh/和松元音/æ/，如ham, hand, man的a是紧元音，而hammer, manner的a是松元音[②]。在美国北部城市，所有的原短a都变为紧元音/æh/[③]；但在大西洋沿岸的州份城市，如费城，这种紧化只影响到部分词，音变受制于语音条件。费城口音由原短a分化为/æh/和/æ/是否存在词汇上的选择？LCV想求证这种可能性。

　　LCV研究者分析了一个有意义的个例。Arvilla Payne记录了一个30岁名叫卡罗尔(Carol)的女性一天内说的话，活动包括她在一家旅行社的工作、与家人在家中吃晚饭、与好朋友打桥牌，这些场合的言语基

[①] 费城的材料来自拉波夫(1994:429-30, 465-9)。

[②] 松元音所在的闭音节后面的辅音紧跟着另一个元音。

[③] 根据拉波夫(2001:128, 150)的说明，/æh/的h介于滑音和韵核延长之间，/æh/是一种趋央二合元音(ingliding diphthong)。

本涵盖了卡罗尔的各种语体。为了减少调查对象因录音而引起的不自然，当时调查者 Payne 住在卡罗尔家，并认识了卡罗尔的家人和朋友。再由另一位研究者 Donald Hindle 对所记录的卡罗尔的 3600 个词进行统计分析，列出了所有包括原短 a 的词。Hindle 判断其中 149 个为紧元音 /æh/，247 个为松元音 /æ/。拉波夫和 Hindle 共同考察了这 149 个紧元音 /æh/ 的语音分布情况，发现下列五个方面对该元音的高度系数（F_1 和 F_2 的矩阵）有不同程度的影响（Labov 1994:466-7）：

一、元音紧化受到后面语音条件的影响，这些语音环境为鼻音、清擦音及 /d/[1]；

二、前面的鼻音虽然对 /æh/ 有影响使高度系数多出 99 个单位，但意义不大；

三、辅音丛"塞音 +/l/"后面的 /æh/，如 glad, plan, planted，可降低高度系数 210 个单位；

四、如果 /æh/ 后面接两个音节，如 grandmother's, classical，则高度系数降低 410 个单位；

五、当 /æh/ 出现在词的非主重音位置上，对降低高度系数略有影响（95 个单位），但意义不大。

再看词汇的选择是否影响高度系数。149 例中有五个词的出现频率超过五次，它们分别为 'half' 7 次，'pass' 19 次，'last' 16 次，'Pan Am' 8 次[2]，'can't' 15 次。研究者专门将这五个词的高度系数分别加到以上五个方面，结果发现单个词汇的选择对 /æh/ 的高度系数没有影响。拉波夫（1994:469）这样总结道：或许这五个词有偶然性，而别的五个词能看到词汇的影响；但如果词汇扩散声称是音变实施的基本模式（the fundamental mode），那么在我们以各种方法考察的"北部城市语音转移"和"费城语音转移"里，应该起码产生一例词汇上的选择。

---

[1] 其中 77 个词后面接鼻音，这些元音的高度系数比后接清擦音的元音的高度系数多 158 个单位，这是个有意义的数字；如果后接 /d/ (mad, bad, glad)，则多出 238 个单位，意义更大。

[2] Pan Am (Pan American) 指泛美世界航空，曾是美国的主要航空公司，1991 年倒闭。由于 Am 总是跟在 Pan 后面，所以 Am 听起来像 nam。

综上所述，从拉波夫以实证方法考察语言变异模式的研究中，看不到词汇扩散论所声称的词是语音变化的最基本单位。词汇扩散论要成为一个新的语言变化理论，需要有新的框架来解释和分析语音变化。对于历史上的变化，则要考虑"那些以历史的比较语言学的框架论证词汇扩散的文章都脱离不了音变规则性的窠臼"；而对于进行中的语音变异，应该有实例显示单个词的因素引起了变化。

王士元、沈钟伟曾对上海话里 /ã/ 和 /ɑ̃/ 的合并做了一个"词汇扩散的动态描写"，他们认为这个研究能够说明以词汇扩散为特征的音变过程(王士元、沈钟伟1991)。下面简单介绍他们的研究。根据许宝华、汤珍珠(1988)的报道，老派(六十岁以上)上海话区分元音 /ã/ 和 /ɑ̃/，如"张"[tsã⁵³]、"章"[tsɑ̃⁵³]有别；新派(三十岁以下)上海话则将这两个元音合并为一个 [Ã]。王、沈认为有必要描写这一音变的具体过程，于是将28个 /ã/ 音字和56个 /ɑ̃/ 音字组成28个三字组。每组有一个 /ã/ 音字和两个 /ɑ̃/ 音字，三字除韵母外，声母、声调都相同。要求测试者对这三个汉字进行判断，只有两种选择：如果三字同音，圈0；如果一字的读音与其他两字不同，圈出该字。收回的有效答卷376份，其中三十岁以上35份，二十九岁以下341份；即老派为9%，新派为91%，测试者以新派为主。统计结果显示，/ã/ 和 /ɑ̃/ 二者完全不分的有151人，占40%；圈出不同的(从1个至27个不等)有225人。研究者观察在进行元音合并的人群(225人)中，每个字在每个人的语言里变化是否同步一致。他们举例说明其中三个测试者(以A, B, C代表)对下列六个 /ã/ 音字的选择判断，见(1)("已"代表已变，"未"代表未变)(引自王士元2002 [1991]:126-7)。

(1)

	浜	朋	棚	彭	碰	蛙
A	已	未	未	已	未	已
B	已	已	未	未	已	已
C	已	已	未	已	未	已

这个研究的结论是，在这三个测试者的个人语言里，/ã/ 音位依然存在，不过该音位的内容各不相同。笔者认为，如果这就是语言变化理论所求证的，那么词汇扩散论已经从它最初"音变的竞争造成剩余"这

一抗衡于"语音规律无例外"的观点，蜕变到观察个人言语和语言社团的差异，它已经背离了"词是语音变化的最基本单位"这一理论的核心价值。

关于评价词汇扩散论的意义，拉波夫(1994)认为词汇扩散论者以及方言地理学家所报道的各类复杂的音变情况，远远地超出了19世纪新语法学派所想象的语音的规则变化。笔者认为，词汇扩散论对于潮州话里文、白音系混合的分析，吻合了汉语历史语言学家对于方音层次的观点。汉语语音演变的研究近二十年来集中在汉语方音的历史层次，这反映了在社会语言学关于语言演变的新视角下汉语史学者对方音史的重新考量。虽然目前对汉语方音的历史层次看法不完全一致，这正反映出研究者对问题的深入思考。主要存在两种不同观点：一种根据方音的文白异读分出不同的历史层次；另一种根据方音与中古音的联系分出先后层次，再从方言接触上区分同源层次和异源层次。前一种观点从文白异读入手，把它们看作不同方言接触和融合的结果，把同一音类的异读看成该方言的不同的历史层次(何大安2007 [2000]:18, 丁邦新2007:189)。后一种观点看重汉语方音与中古音的联系，把同一音类的不同读音看成演变的结果，或者叫先后层次，这种层次属于同源层次；而把那些来自外方言或本方言底层的读音，叫异源层次，常见的异源层次是来自外方言的文读(王福堂2007:2)。以上对于汉语方音历史层次的不同观点集中在方言的文白异读，前一种观点可称为"文白异读同源论"，后一种观点可称为"文白异读异源论"[1]。汉语方言的文白异读本身非常复杂，难以下简单的定义，但它们却是方音史研究最丰富、最有价值的材料[2]。笔者相信，随着对汉语方音层次的认识和研究的逐步深入，一定会形成一个汉语方音层次的理论，这方面的研究能够成为汉语史研究对语言变化理论做出贡献的一个突破口。

---

[1] 对于这两种观点的深入比较，请参见本书第七章2.1.2节。

[2] 本书第七章第二节将详细讨论汉语的"文白异读"问题。

第四节　语言演变模式：区域分化型

4.1　层次的叠置

所谓叠置，指语言系统里不同历史层次的积淀。现代汉语方言里最为显著的叠置现象就是文白异读。

西方19世纪历史比较法和内部构拟法都没有碰到像汉语方音文白异读这么复杂的情况，他们除了比较同源词以外，只注意到那些由语言接触而产生的例外。比如第三章2.1节引述的英语和法语有些相似的词由语言接触而产生，如"牛肉"英语为beef，法语为bœuf。英语、法语属于不同的语系，然而英国人历史上曾经受到法国诺尔曼人的统治，英语与法语有过接触，所以英语餐名借用了法语词，而动物名则用自己的一套，它们与德语词同源。然而这些个别、偶然的词汇(借词)现象并未在英语里形成一套语音规则，所以这些借词构成不了音类上的一个层次。

汉语方音里的文白异读有明显的语音规则，如本书第二章2.2节讨论的现代北京话古入声字的文白两读现象，两类不同的韵母反映出不同的语音规则。其中白读音都带 [-u]或[-i]韵尾，文读音都是零韵尾，如"雀"[tɕʻiau]白、[tɕʻyə]文，"贼"[tsei]白、[tsə]文。历时地看，这些不同读音是不同音系相互影响的结果，反映了北京话语音的不同层次。

然而，学者们对汉语文白异读的性质有不同的看法。李荣认为文白异读是方言互借的结果，"白话音是本地的，文言音往往是外来的，并且比较接近北京音"；但北京话却相反，"北京的文白异读，文言音往往是本地的，白话音往往是从外地借来的"(1982:115)[①]。徐通锵认为白读音和文读音代表两种不同语音体系，前者是本地音，后者"是以本方言的音系所许可的范围吸收某一标准语(现代的或古代的)的成分，从而在语音上向这一标准语靠拢。"对北京话的文白异读，他却说"情况可能与此

[①] 李荣不主张以文读音、白话音来解释古今音变，他说"'白话音'、'文言音'是两个沿用的名目。白话音用于口语色采较浓的地方"(1982:59)。

有异"(徐通锵 1991:349)。

北京话文白异读的性质为什么跟其他方言不一致，两位学者都没有明确解释。笔者(1998)曾比较古入声字在北京话和其他官话方言里的读音，认为北京话古入声字的文白异读是历史演变过程中区域音系影响的结果。以"雀觉贼择"等古宕江梗曾四摄入声字的现代读音为例，北京话的白话音与东北官话一致，文读音则与江淮官话靠近。

显然，以上思路与李荣的不同。他举了两个借字的例子，一是"搞"，一是"尴尬"。按北京话的古今音变规律，"搞"应念"搅"，"尴尬"应念"监介"，它们现在的读音不符合北京话的古今音变规律。"搞"本字"搅"，古见母二等开口字，今音读 [tɕiau]，符合北京话的音变规律。而古见母二等开口字声母读 [k]，则是从长江中部一带传到北方的，如北京话的"楷"又音 [k'ai]，它与成都话 [k'ai]、武汉话 [k'ai]、扬州话 [k'ɛ]的读音一致。原来李荣所说的北京话的白话音往往是从外地借来的，指这类不合北京话古今音变规律的读音；他所说的古音指《切韵》、《广韵》所代表的语音系统，他所指的今音是北京话的读书音系统；凡语音形式不在这条"古今"线上的，则来自外地音的影响。

4.2　中原官话的区域分化型演变

薛凤生 (Hsueh1992)根据历史音变层次和方言间的相互影响，认为从《切韵》音系到现代北京话的历史演变过程中，标准语曾受到三种区域方言的影响，它们是以洛阳、开封话为代表的古代中原官话，以金陵(南京)话为代表的古代南方官话，和以幽燕地区的北京话为代表的古代北方官话。这些方言都能在《切韵》里找到对应，它们所处的区域不同，作为不同朝代的京城，对标准语影响的时代也不同。这反映了汉语标准语历史音变的区域性及其时代性。

中原地区是唐宋时期标准语的流行区域，它北面有北方官话，南面有江淮官话，考察中原官话入声字的读音具有特殊意义，比较下面(1)

的中原官话读音①。

(1) 中原官话、江淮官话、北京话古宕江曾梗入声字今音

例字		中原官话	江淮官话	北京话 文/白
宕摄	雀	tɕʻyo	tɕʻiaʔ	tɕʻyə / tɕʻiau
	约	yo	iaʔ	yə / iau
	略	lyo	liaʔ	lyə / liau
江摄	觉	tɕyo	tɕiaʔ	tɕyə / tɕiau
	学	ɕyo	ɕiaʔ	ɕyə / ɕiau
	乐(音~)	yo	iaʔ	yə / iau
曾摄	贼	tsɛi	tsuəi / tsəʔ	tsə / tsei
	或	xuɛi	xɔʔ	xuə
梗摄	择	tʂɛ	tsəʔ	tsə / tʂai
	责	tʂɛ	tsəʔ	tsə / tʂai
	获	xuɛi	xɔʔ	xuə/xuai (获鹿县)

　　先看中原官话宕江摄的塞音尾一律消失，曾梗摄的德、陌、麦三韵塞音尾今音有的是零韵尾，有的是[i]韵尾。德、陌、麦三韵今音读[i]韵尾的只有河南商丘、遂平、灵宝、卢氏少数市县，其他河南方言多数字读零韵尾②。在读零韵尾的河南方言里，总有一小部分固定的字读[i]韵尾，它们集中在"北墨贼国或获塞核"这八个字；而在读[i]韵尾的河南方言里，零韵尾的字极少，商丘话没有，遂平话有"刻客黑吓"四个字。这个现象说明河南方言里曾梗摄德、陌、麦三韵今读[i]韵尾的形式，其分布的普遍性大于零韵尾形式。邻近的冀鲁官话，德、陌、麦三韵塞音尾今音大多也读[i]韵尾③。

　　笔者(1996)曾将德、陌、麦三韵塞音尾今读[i]韵尾和零韵尾看作中原官话的两种演变类型：[i]韵尾为较早期的形式，零韵尾为后起形式，主要依据前者的普遍性及规律性远远大于后者。笔者现在认为，不能

① 东北官话例字来自藤吉海、张发明(1990)；中原官话读音根据开封话，材料来自高本汉(1940)；江淮官话读音根据扬州话，材料来自北京大学中文系(1989)以及江苏人民出版社(1960)；北京话材料来自陆志韦(1956)，俞敏(1995)。

② 中原官话材料根据高本汉(1940)，丁声树(1989)；贺巍(1985)，(1993)；张启焕等(1993)。

③ 河北、山东等地冀鲁官话的德、陌、麦三韵入声字尾与东北官话一致。冀鲁官话的材料根据中国语言研究所(1960)、董绍克(1986)、石明远(1987)、刘斌(1990)。

将这两种不同的形式简单地看作早期与晚期的分别。判断历时的先后，要根据文献资料，或者有充分的音理上的理由；分布的普遍性只是判断历时先后的依据之一。

从(1)的中原官话读音看到，河南方言里虽然一字两读的现象很少，但并不表示河南方言不能与其他官话的文白读音进行比较。一个早期的音类现今在不同区域有不同的读音，表示这个早期音类在不同的区域发生了分化，它如同西方历史比较法考察印欧语的词形交替。汉语虽然没有词形交替，但有音类分化；考察语言的演变，汉语的音类分化可比作印欧语的词形交替。但音类分化比词形变化复杂得多，加上分化有不同的渠道，所以判断音类如何分化无法借助西方历史语言学的方法，全靠汉语历史语言学自己的创新。笔者以为，汉语方言由区域分化引起的音变，对于解析汉语音类分化、分析汉语方音的历史层次具有特殊的意义，它可以成为历史语言学上的一个创新。

根据(1)的材料，笔者认为中原官话德、陌、麦三韵塞音尾变化至少显示两个层次：今读[i]韵尾的对应了现代标准音的"白读音"，今读零韵尾的对应了现代标准音的"文读音"。中原官话的这两个层次是否应该看作中原官话自身的演变？它们是如何形成的？下面尝试从区域分化的角度解释成因。

汉语方言音类分化的结果在区域方言里留下痕迹，这种语音分化大概由社会因素或者区域因素所引起。薛凤生(Hsueh 1992)根据《切韵》到现代北京话的演变，推测从中古到现代，汉语标准语曾受到三种方言的影响，即洛阳话、金陵话、北京话。这个推测基于两方面的考虑：一是社会的因素，一是区域的因素。现在，社会因素可用拉波夫的上层音和下层音的概念来解释，区域因素则用音类的区域分化来解释。由于历史音变的社会因素难以直接考察，我们还是从音变的区域因素即音类的区域分化入手，或许能够找到音变的原因。比较(2)的几个河南方言的读音(声调省略)①。

---

① 洛阳话来自贺巍(1993)，遂平话来自丁声树(1989)，其余的来自张启焕等(1993)。

(2) 河南方言德、陌、麦三韵的今读

例字		洛阳	郑州	商丘	遂平	信阳
德	北	pei	pei	pei	pei	pɛ
	得	tæ	tɛ	tei	tæɛ	tɛ
	勒	læ	lɛ	lei	læɛ	lɛ
	贼	tsei	tsei	tsei	tsei	tsei
	国	kuei	kuɛ	kuei	kuæɛ	kuɛ
陌麦	白	pæ	pɛ	pei	pæɛ	pɛ
	麦	mæ	mɛ	mei	mæɛ	mɛ
	择	tsæ	tsɛ	tsei	tsæɛ	tsɛ
	额	æ	ɣɛ	ɣei	æɛ	ŋɛ
	或	xuæ	xuai	xuae	xuæɛ	fɛ

　　先看遂平话的尾音 [ɛ]。根据丁声树(1989)的说明，遂平话的 [ɛ] 尾有两种环境：一是作为 /a/ 的变体出现在齐齿呼和撮口呼音节；二是出现在 [æ] 之后，但 [æ] 不能单独为韵腹。笔者认为有两条理由证明遂平话 [æ] 后面的 [ɛ] 是韵尾：第一条是遂平话里 [ɛ] 尾和 [i] 尾受制于同一条儿化音变规则，即儿化后原有的尾音 [ɛ] 或 [i] 脱落，韵腹元音央化。第二条理由是遂平话以 [æɛ] 为韵基(韵腹+韵尾)的舒声字都来自古蟹摄，这类字在开封、洛阳、郑州、信阳等其他河南方言里都带 [i] 尾。所以遂平话的 [ɛ] 尾可归作 /i/ 韵尾。商丘话的“或”以 [e] 收尾，同类的还有“塞核”，其性质应该与遂平话的 [ɛ] 尾相同。

　　按照德、陌、麦韵的韵尾状态，河南方言可分两组：洛阳、郑州、信阳、开封话等大多数方言为一组，这组主要读零韵尾，少数带 [i] 尾(集中在“北墨贼国或获塞核”八字)，以下称“洛阳组”；商丘、遂平、灵宝、卢氏等为另一组，它们是 /i/ 韵尾，个别有零韵尾(遂平话的“刻客黑吓”四字)，以下称“商丘组”。

　　笔者首先将 /i/ 韵尾看作一个层次的代表，这一层次在宋代邵雍的“天声地音”图里和元代《中原音韵》里都有反映，它主要反映在今天的商丘组方言。从地域的分布看，商丘和灵宝、卢氏分别位于河南省的东、西两端，两地相距甚远，但德、陌、麦三韵韵尾有整齐的对应；遂平因为处于河南中部的南北交通枢纽，可能受到邻近方言的影响而把德、陌、麦韵的尾音发成[ɛ]，它听起来接近零韵尾，但音系上仍属/i/韵尾。

笔者认为应该将德、陌、麦韵的零韵尾形式看作另一层次，因为古入声韵在《中原音韵》里有零韵尾的读法，并且河南大多数方言今读都是零韵尾。笔者(1996)曾将这一读音看作后起的变化，当时主要考虑所谓的"文白"分野，以及"文白"的所谓"本地音/外来音"性质，而没有考虑地域因素。

其实，文白异读虽是大多数汉语方言的语音特点，但不能将汉语方言的差异都看作文白异读。此外，这两个名称在不同方言有不同的所指，不应该太看重"文/白"字面上的意思。李荣认为文读音、白话音是两个沿用的名目，他大概不赞成以文白解释古今音变。笔者赞同陈忠敏(2003)把文白异读称为系统的"层次又音"，但陈忠敏在分析不同层次时仍超脱不了"文言"、"土白"的樊篱。

河南方言在这方面具有特殊性，它不存在"文白异读"，或者缺乏系统的"文白异读"[①]。我们或者将"文白"改名，或者只是把"文白"当作不同层次的代名词，代表中原官话跟其他官话之间可能存在的音类对应。此处采用后者，把"文白"当作两个可以与其他官话对应的音类，而不理会"文白"的含义[②]。为了避免混淆，下面以洛阳组的"零韵尾层次"和商丘组的"/i/韵尾层次"称呼这两个音类。

河南方言的"零韵尾层次"和"/i/韵尾层次"应该都是中原官话历史上的自身演变，因为二者的普遍性都很大，从社会因素上看不出有什么不同，二者的不同主要反映在地域的分布。如果这两个层次一为自身演变、一为外来影响，那么不管哪个为外来影响，这个影响一定非常巨大，以致在洛阳组或者商丘组彻底取代了另一类读音而基本不留痕迹，这样的结果是汉语方音史上绝无仅有的，它难以接受。所谓"不留痕迹"，指河南方言没有成系统的一字两读现象，如果外来影响融入本地语言必须经过一字两读的阶段，那么现代河南方言居然没留下外来音与本地音相互竞争的痕迹，这是难以想象的。

[①] 个别字也有两读，如遂平话"足"[tsu]文/[tɕy]白，"客"[tɕʻie]/[kʻie]又音(丁声树1989:83-4)。但两读现象不成系统。

[②] 本书第七章的2.2节将详细讨论汉语方言里"文白"的定名问题。

　　此处将河南方言的/i/韵尾和零韵尾分别代表早期中原官话塞音尾所分化的两个不同的音类或者层次。首先，将/i/韵尾对应于邻近官话区的相关形式，发现它与兰银官话和冀鲁官话的本地音一致，加上洛阳组"北墨贼国或获塞核"八字的/i/韵尾在中原官话有较大的普遍性，这种中原地区广泛的一致性和八字读音的普遍性促使笔者把/i/韵尾看作中原官话的早期塞音尾分化出来的一个音类，这一音类可视为一个历史层次的代表特征。

　　再看零韵尾形式。这一音类在洛阳话等大片的河南方言里得以保存，这说明该形式在河南方言里也有很大的一致性，个别的也出现在商丘组(遂平话"刻客黑吓"四字)。将该零韵尾形式与冀鲁官话的相关字类比较，发现冀鲁官话的这类字也有两种读音：一种是/i/韵尾，一种是零韵尾(韵母[ɤ])，如河北昌黎"黑刻泽责"四字，但/i/韵尾是这类字的主要形式，零韵尾则为零散形式。山东莒县"克客刻"有/i/韵尾和零韵尾(韵母[ɤ])两读，前者属于本地音，后者属于读书音(石明远1995)。这些虽为零散形式但仍可当成它们与洛阳组的零韵尾构成对应。

　　与洛阳组的零韵尾形成系统对应的是江淮官话和西南官话。显然，如果将江淮官话或者西南官话的影响看作洛阳组零韵尾形式的来源，即前者对后者的影响，我们很难想象河南方言历史上曾受到江淮官话或西南官话的影响，所以不能将河南方言的不同音类简单地对应其他官话的"文白"系统。此前说过，"外来影响"跟河南方言只有音类分化、缺乏系统的一字两读现象不相吻合；对于河南方言有关塞音尾分化为/i/韵尾和零韵尾，地理上相隔很远的"文白"系统可用作参照，但不能用于解释分化的起因。

　　如果把河南方言的这两种形式都看作中原官话的自身演变，即早期中原官话的有关塞音尾发生区域性分化，在洛阳组方言里分化为零韵尾，在商丘组方言里分化为/i/韵尾，那么可以用(3)的两条实线代表音类的分化(洛阳组的Ø和商丘组的I)，我们也可以将它们看作两个层次，甚至两种不同的传播。

(3) 中原官话早期塞音尾的区域性分化

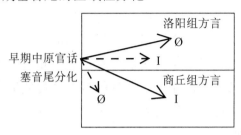

再来解释洛阳组"北墨贼国或获塞核"八字读/i/尾的难题。由于这些字在中原地区具有较大的普遍性，它们可以看作/i/韵尾在传播过程中具有较强的影响力，它不但影响了商丘组方言，甚至也影响了洛阳组方言，这些少数读/i/尾的字就成了/i/韵尾在洛阳组方言遗留的痕迹，(3)以短的虚线表示/i/韵尾对洛阳组方言的影响。

至于商丘组个别零韵尾的例外(如遂平话"刻客黑吓"四字)，它们进入商丘组方言的性质大概跟/i/韵尾进入洛阳组方言的性质相同，它们是零韵尾在商丘组方言遗留的痕迹，(3)同样以短虚线表示零韵尾对商丘组方言的影响。

以上分化模式的动因需要讨论。有两个不同的理论可解释分化的原因，一是历史语言学的音变环境，二是社会语言学的语言自身变异性。历史语言学所说的音位分化通常以不同的语音环境为分化的必要条件，如本章1.3节介绍的日耳曼语"元音变移"属于音位分化。早期日耳曼语的词根元音受词缀前舌位元音的影响而变成前、非低元音，这一演变过程分成两个阶段：先是过渡阶段，该阶段早期音位和分化形式同时存在，通常后者为前者之变体，如(4)过渡阶段的粗体字母；然后词缀脱落，二者不再是音位与变体关系，成了两个独立的音位，如(4)的古英语形式(Fox 1995:40)。

(4) 元音分化过程

	原始日耳曼语	过渡阶段	古英语	词义
a.	*muːsiz	**myːsiz**	myːs	'mice' (mouse的复数)
b.	*foːtiz	**føːtiz**	føːt	'feet' (foot的复数)

　　汉语的词缺乏形态变化，所以西方历史语言学把语音环境作为音类分化条件的做法不能简单地用于分析汉语早期的历史音变，特别是塞音尾的分化[①]。

　　社会语言学以语言自身的变异性解释音类分化。根据语言变异的研究，拉波夫把语音演变过程分为四个阶段(参见第二章3.2节)，其中前两个阶段是这样的(Hock & Joseph 1996)：

　　一、语音演变的起点来自语音自身的变异性；

　　二、由于某些原因，一个特定的语音变异形式被一群人表现为具有社会阶层意义，这时候，该变异不再是一个微不足道的表现行为，它开始不但具有社会意义，而且具有语言学意义。

　　根据以上第一阶段，中原官话早期塞音尾的分化可以没有语音环境，只有地域环境，地域的变异引发分化。第二阶段则来自社会功能，而汉语方言的文白异读正好也具有区别社会功能的作用[②]。

　　笔者认为，文白异读是从社会语言学角度分析历史音变的社会因素，它没有考虑语言历史演变的其他因素，如区域的不同、音变传播的速度等。历史音变是各类因素交互影响的结果，社会功能只是其中一个因素，它不能代替音变的所有因素。分析特定的历史音变，必须综合考察与之相关的所有因素，并区别什么是普遍因素，什么是具体因素。中原官话早期塞音尾分化的因素当然包括社会功能，但该因素如何具体地导致音类分化，不甚了然，所以不能将社会因素当作主要依据。中原官话早期塞音尾分化的具体因素包括中原官话在中古时期的权威语言地位，以及明显的区域分布特征，这些区域的、历史的因素比社会因素(文白异读)更实在，因此考察中原官话早期塞音尾的分化动因，区域因素可当作论证分化的主要依据[③]。

　　瞿霭堂、劲松(2008)把语音演变的动因分为交际性、心因性、结构性、接触性四种，认为文白异读由语言接触引发，属于接触性动

[①] 古代声调的阴阳分化受到声母的影响，后者可视为一种语音环境。但中原官话塞音尾的分化难以从语音环境上作合理的解释。

[②] 本书第七章第2.2节对此有详细的分析。

[③] 语言结构的因素相对独立于其他因素，所以分析音变动因时可将该因素另作处理。

因。笔者认为如果把文白异读看作接触性动因，后者很难区别于交际性；倒不如把接触性看作地域的不同，而将文白异读仍作为社会交际的需要。

在此，笔者提出解释中原官话早期塞音尾分化的观点：地域的不同导致分化的不同，或者说不同的分化导致区域的不同。它好比原始印欧语分化为阿利安语(印度伊朗语)、南欧语(希腊、意大利、凯尔特语)、日耳曼语、斯拉夫语等(参见本章第二节施莱赫尔的谱系树)，除了有确切文献证明的古代凯尔特语(其分布区域与其他现存语言有重叠)，其他由原始形式分化的印欧语言，其分化的依据之一是地域的不同。根据不同地域①，参考音系特征，也可以解释音类分化的原因。

地域因素对于分化的作用，历史语言学家都持有肯定的看法。布龙菲尔德批评西方历史语言学曾有一种观点，认为方言因保存某些绝了迹的早期形式而被看作某一古代形式原封不动的继承，他以德国方言地理学家文克尔(Georg Wenker)的德国方言地图调查为例，指出这种观点是错误的。他说(1980:406)：

> 文克尔调查研究的结果，一开头就很明确，引起了惊讶：地方方言同古老的言语形式的关系，并不比标准语更规则一致。方言地理学只是肯定了比较研究的结论，就是说，不同的语言演变情况分布在一个区域以内的不同部分。

布龙菲尔德把方言地理学看作为比较法提供证明的辅助手段。其实，方言地理学的意义远超过这种辅助作用。本书第三章3.1节曾提及比较法的局限：第一，它所假设的祖语具有一致性，方言或者社会变体不予理会；第二，语言分化之后就不再接触。布龙菲尔德也批评了这种局限性，他说，"比较法既不考虑母语内部存在分歧，也不考虑亲属语言间发生共同的变化"(1980:393)。他引用了克罗艾克(G. G. Kloeke)在比利时和荷兰的方言土语里mouse"老鼠"和house"房屋"的元音读音分布图，发现东区保存了原始日耳曼语[u:]的读法，西区读[ø:]，几个零散地区则读[y:]，中部较大一片读复合元音[øɥ]，这现象迫

---

① 此处的地域因素涵盖了不同地区说话人的交流的需要，所以它相当于瞿霭堂、劲松(2008)所说的接触性和交际性。

使布龙菲尔德重新评价方言地理学所揭示语言历史层次的意义，他说
(1980:424)：

> ……有些语言特征，现在只保留在残余形式里，从前却分布在广阔的领域：方言
> 地理学提供了这样的证据。特别是，一个特征只出现在零散地方，被一片说着占
> 上风的新形式的连绵区域所分隔，那么，这幅地图通常能够这样解释：这些分散
> 地点曾经是一片完整领域的组成部分。这样，方言地理学可以给我们揭示语言特
> 征的层积……不必补充任何直接有关的历史资料，即能告诉我们 [u:]形式是最古
> 老的，后来被 [y:]形式代替了，随后又被复元音形式所代替。

荷兰地区 mouse 和 house 的例子所显示的历史价值使布龙菲尔德意
识到方言地理学的重要意义，它也启发我们重新认识汉语区域方言语
音分化与汉语历史层次的相关性，促使我们在考察了河南方言塞音尾
分化的所有相关因素之后，将地域因素看作音类分化的一个重要因素。

4.3　索绪尔关于语言分化的区域因素

索绪尔对于语言分化的地域因素的认识比布龙菲尔德深刻得多，前
者的观点可从三方面来理解：第一，语言演变的时间性与空间性；第
二，二者的主次关系；第三，时间投影到地域上。索绪尔首先把语言
演变的性质分析为二(2007:477)：

> (1) 因为言语中没有所谓的绝对不变性，所以语言在经过了一段时间之后就
> 不再是原来那样了。
> (2) 演变不可能在整个区域范围内都是统一的，而是会随着地区的变化而变
> 化；没有记录表明有某种语言在整个区域内的变化方式是一样的。

这两点说明时间、空间都与演变有关。首先，变化是绝对的，通
过时间一定能发现演变；其次，空间的不同也体现了演变。至于时间、
空间的关系，索绪尔认为"变化本身……就是由时间引起的"(2007:477)，
相关的语言只能从时间上找到它们的共通性(unity)，而不是从地理
差异上；因此时间差异是演变的主要因素，地理差异是演变的次要
(secondary)因素。

索绪尔继而认为时间差异必然投影在地理差异上，成为方言形式，他以(5)的图示说明二者关系。图中A代表时间平面，B代表时间平面向下所投影的区域平面，不同的圈代表不同的区域方言(2007:479)。

(5) 时间平面投影在区域平面的示意图

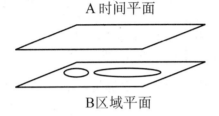

A 时间平面

B区域平面

索绪尔在比较时间差异与空间差异时曾说过，"空间本身是无法影响语言的……地理差异应该被称为时间差异性"(2007:479)，但这并不妨碍我们全面理解索绪尔关于时间为第一性、地域为第二性的语言演变观。在分析具体的语音演变时，根据(5)所显示的二者关系，我们完全可以将索绪尔"地理差异性应该被称为时间差异性"的观点诠释为利用方言区域的分化追溯不同方言在时间上的共通性。

(3)的模式里 I (/i/韵尾)在洛阳组和商丘组的不同传播，也可用波浪理论的不同传播速度来解释。下面所引用的索绪尔和布龙菲尔德对于波浪理论的褒奖，它们既可看作对以上诠释的佐证，也能解读为波浪理论是传播速度的理论依据。索绪尔说(2007:503)：

> ……直到1877年，约翰尼斯·施密特在他的一本著作《印度日耳曼人的亲属关系》[印度-日耳曼语系诸语言间的交互关系]中创立的连续理论和波浪理论，才使得语言学家们大开眼界。然后他们才知道地区分裂就足以解释印欧语言之间的相互关系，而没必要臆测不同的民族移居到新的地方了。方言的差异可能而且必定是在这些民族向四处分散开之前就出现了。因此波浪理论不仅真实地描述了原印欧语；它也揭露出差异的原因和决定语言亲疏关系的条件。

布龙菲尔德这样评价波浪理论(1980:400)：

> ……史密特展示了印欧语系任何两支语言都能找出特殊的相似点，而在地理上最挨近的语支，这些特殊相似点也就最多。史密特提出所谓的波浪式的设想来揭示这个事实。他说不同的语言变化像波浪似的散播在一个言语地域，每个变化可以在这个地域的一部分彻底完成，同先前被另一变化所渗透的部分并不平行一致。

近二十年来的汉语方音历史层次的研究主要有两种观点：一种根据方音的文白异读分出不同的历史层次(何大安2000，丁邦新2007)；一种根据方音与中古音的联系分出先后层次，再从方言接触上区分同源层次和异源层次(王福堂2003)。虽然笔者不赞成以"文读"、"白话"直接对当河南方言塞音尾的分化，但汉语方言丰富的异读现象是汉语方音史研究的主要材料，只有弄清楚它们各自的性质才能区别它们属于"同源"还是"异源"。本节以早期中原官话塞音尾的分化为例，说明了区域分化式音变具有两方面的特点：一、河南方言塞音尾的分化代表两个层次，它们在两个区域都形成叠置；二、分化的不同传播区域以及速度的快慢可看作产生层次叠置的动因。

"叠置式音变"的概念由徐通锵(1991)提出，他认为两种不同系统(指文白系统)同源音类的因素相互竞争，其中一种因素失败而被另一种因素取代，使该语言系统里的叠置痕迹得以消除，这种音变过程叫"叠置式音变"。瞿霭堂、劲松(2008)认为"变化"和"竞争"本质上并无对立，汉语的文白异读没有特殊的"竞争"方式，"叠置式音变"不是一种独特的音变。笔者赞同这个观点，并进一步引用拉波夫(1994)以实证考察语言变异的理论来说明，词汇扩散论未能证实它所声称的词是语音变化的最基本单位，它只观察个人言语和语言社团的差异(见本章3.4节)。笔者认为，如果词汇扩散论只看到个人言语差异，它已经游离于最初"音变的竞争造成剩余"这一抗衡于"语音规律无例外"的核心价值。徐通锵依据"词汇扩散"而提出"叠置式音变"，其理论依据已不复存在，其音变方式也没有超出19世纪历史比较语言学对所谓"音变例外"的两个解释，即类比变化和"方言混合"。本书第七章2.3节将从两个方面来证伪"叠置式音变"的所谓"竞争"过程：一是比较不同年龄的人群不一定能说明音变的历时先后；二是"竞争"所表示的音变步骤并没有超出同一音类的各个词之间的类比关系，汉语方音的类比与印欧语的词形类比，其原理是一致的。

第五节　论中古知、庄、章的分合过程

本章1.3.2节介绍了西方历史语言学对于音位分化的两种形式：初起性分化和继发性分化，前者是分化、合并同时进行，后者在音系上产生新对立、出现新音位。本节分析汉语中古音知、庄、章三组的合并，说明西方历史语言学的初起性分化模式可用来解释汉语中古音知组与庄、章组的合并[①]。

5.1　中古知组的音值

对于中古知彻澄(以下简称知组)三母的音韵地位[②]，音韵学界的看法较为一致：即上古与端组混，中古(以三十六字母为代表)与照组混。这说明知组的音系性质从上古到中古发生了明显的变化，它从端组分化出来，与庄、章组合并。对于知组的语音性质，一般认为其上古音值为 *t，而对其中古音值则看法不同。主要有三派。一派以罗常培《知彻澄娘音值考》为代表，依据梵汉对音材料，即中古知彻澄三母分别对等梵文舌音 ṭ, ṭh, ḍ，再加上其他方面的材料，罗常培将中古知组声母确定为舌尖后塞音，即知彻澄三母的音值分别为[ʈ], [ʈ‘], [ɖ](或者[ɖ‘])[③]。该文最后以自信口吻揣测，"这桩音韵学史上的小公案"，大概能够从此"定谳"了(罗常培2004 [1931]:69)。

另一派以王力、董同龢为代表。王力将隋唐音系的知组定为舌面前塞音，知彻澄三母拟定为[ȶ], [ȶ‘], [ȡ‘][④](王力1987)。董同龢根据五音(唇舌齿牙喉)与三十六字母的排法推断知组为塞音，照组为塞擦音(包

[①] 笔者曾就本节内容请教桑宇红教授。桑教授不但提供了她在这方面发表的论著，而且对本节知、庄、章三组的合并模式提出了中肯的批评，笔者在此谨表谢忱。文中一切错误均由笔者负责。

[②] 中古娘母与知彻澄三母的分化不同，此处知组不包括娘母。

[③] 国际音标[ʈ], [ʈ‘], [ɖ]为卷舌塞音系列，见Ladefoged (1982:162)。

[④] 这三个符号更常见的IPA形式分别为[c], [c‘], [ɟ‘]，它们是舌面塞音，见Ladefoged (1982:162)。

括擦音）；二者的对应性如同塞音的端组与塞擦音的精组(董同龢2001
[1968]:148)。对于知彻澄三母的音值，他认为是[ȶ], [ȶʻ], [ȡʻ]，因为它们
与原本同组的[t], [tʻ], [dʻ]的部位相近，前者的差异由韵母造成(董同龢
2001 [1968]:289)[①]。虽然王、董拟音相同，但董同龢看重[ȶ]与上古端组
[t]的关系，王力则看重[ȶ]与中古照组[tɕ]的关系，他认为知彻澄从原本
舌头音[t], [tʻ], [dʻ]分化为[ȶ], [ȶʻ], [ȡʻ]，再演变为[tɕ], [tɕʻ], [dʑ]，最后与
中古照组合并，从[ȶ]演变到[tɕ]，二者发音部位未变，只是发音方法改
变(王力1980:116)。

第三派以李方桂的《上古音研究》为代表。他选择了"已普遍被采纳"
的高本汉的中古音系为构拟起点而对高氏的拟定有所修改，他将高氏
的知组由舌面前塞音ȶ, ȶh, ȡ改为卷舌音ṭ, ṭh, ḍ，以便与卷舌塞擦音的照
二组ṭs, ṭsh, ḍz相配，他的理由是无迹象显示为什么上古的舌头音有些变
成中古的舌面前音，而另一些变成卷舌音，倒不如将它们统一为卷舌
音。这样，李方桂的中古音里少了一组由高氏-j-化变来的ȶ, ȶh, ȡ，增
加了一组由卷舌介音-r-变来的ṭ, ṭh, ḍ。由于李方桂为上古音构拟了一个
卷舌介音*-r-，中古知组和照二组(上古带介音*-r-)就分别归入上古的
端组和精组。由于介音*-r-也能出现在-j-前面，因此照三组也归入上古
端组，即上古舌尖前塞音受腭化影响变成中古的塞擦音。于是，李方
桂构拟的上古端组包括了这么三部分：原本属于舌上音一、四等的t, th,
d，由卷舌介音*-r-演变为中古知组的tr, thr, dr (即卷舌音ṭ, ṭh, ḍ)，再加
上由卷舌介音*-r-和-j-演变为中古照三组的trj, thrj, drj (即卷舌音ṭj, ṭhj,
ḍj)。

以上对于中古知组音值的分析可作为中古音位分合的参考，却不能
把音值作为音位分合的主要依据。中古知组从上古端组分化以后，知、
庄、章三者关系如何，它们合并的次序又是怎样，应该考察中古声类
的分合关系、最早反映卷舌音的《中原音韵》以及现代北方话相关声母
的分合这三个方面。

---

① 知组的分化条件可从汉字谐声系统推测，据陈澧《切韵考》，端组反切上字为一四等，
知组反切上字为二三等，端、知二组音系上不对立，所以知组能够分化。

5.2 中古知组的分合模式

根据李方桂的拟定，上古知组带卷舌介音 *-r-，中古变成卷舌塞音，隋唐时期(以《切韵》为代表)独立为知组；此外，庄组从上古精组分化出来，分化条件也是带卷舌介音 *-r-；而章组从上古端组分化出来，条件为腭介音 *-j-。中古知、庄、章三组从上古的分化可表示为(1)，其中虚线代表分化，r和j代表分化条件。

(1) 中古知组的分化

西方历史语言学将音位分化归纳为两类：初起性分化(primary split)和继发性分化(secondary split)(参见本章1.3.2节)。(1)的例子属于继发性分化。这种分化从一个音位变体开始，通过失去变体环境而实现为一个独立音位[①]。

到了唐末宋初(以三十六字母为代表)，知、庄、章三组发生了变化。按照王力(1980)的看法，它们的合并过程是章组并入庄组，成为照组；然后知组与照组合并。下面以(2)表示这个合并过程。王力认为直至15世纪以后，知照组才由舌尖移向硬腭而形成现代北方话卷舌音的tʂ系列。

[①] 引起分化的条件也可能保留，如现代北京话的[tɕ]组声母就保留了产生语音分化的腭介音。

(2) 知、庄、章合并模式(一)

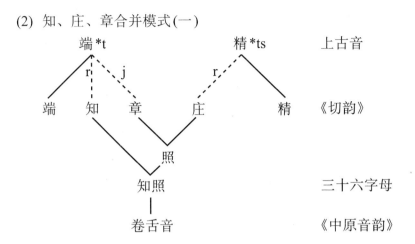

张光宇(2008)对于知、庄、章三组合并过程的理解与(2)相同，他把三者合并比喻为汉语语音史上卷舌运动的"接力赛"：由庄组领头，章组接棒，然后是知组上阵。其依据主要是三组的中古音值，知为ȶ，章为tɕ，庄为tʃ, tʂ两可，这与王力、董同龢的中古拟音一致。张光宇认为"由于舌叶音与卷舌音最为接近，庄组最早进行卷舌化"(2008:356)；知组为塞音，而其他两组为塞擦音，所以知组最后上场；章组与庄组混合的情况较多，因此章组接了庄组的棒。从张光宇说的顺序看，除了章组的次序参考了它与现代官话方言的声母对应关系，其他两组的次序都是依据了它们的中古音值。

此前说过，不同学者对于中古音值的拟定有不同的目的，有的看重与上古音的关系，有的看重与近代音的联系，有的则看重发音机制上的相关性，这些都可作为音类分合的参考，但仅此而已还不足够。笔者认为最早反映卷舌音的《中原音韵》以及现代北方话相关声母的分布也是考察知、庄、章三组分合的重要依据。

现代北方话的卷舌声母有一定的特殊性，纯粹的卷舌音节如zhi, chi, shi, ri，其声母和韵母都是卷舌音，这些音节其实也可看作只有声母而没有韵母，zh, ch, sh, r可独立为音节，赵元任(2002 [1934])将它们看作以"零符号"表示实际语音的方法启发我们在考察汉语卷舌音的起源时，如果缺乏某一方面的材料，不妨考虑其他方面的相关材料。汉语卷舌韵母的材料首推《中原音韵》的"支思韵"。宁继福(1985)认为周德清通过"知有之"的辨似强调了舌面元音 [i] 与舌尖元音 [ɿ]/[ʅ] 的差别，他说"周德清确立的支思韵是卷舌声母的第一座里程碑"(1985:214)。或者说"支思韵"是舌尖元音(卷舌音)产生的第一明证，它同时也证实了卷舌声母的存在。

宁继福(1985)的研究说明，中古庄二知二、章三知三两类在《中原音韵》大多数韵里界限分明，二者只在支思韵、东钟韵相混。桑宇红(2008)根据宁继福的拟音，将知二庄、知三章的主要差别概括为对应于韵母洪细的甲、乙两类，"知二庄＋合口蟹止通知三章＋止开三章"为甲类，"开口知三章＋合口遇山臻知三章–止开三章"为乙类。这两类韵母所对应的声母归为一套还是两套，这是近代汉语语音史上有争议的问题。桑宇红采用了"一套声母说"，对于现代冀鲁官话和胶辽官话声母大多分两套的情况，她看作是后期的演变。

薛凤生先生(1999 [1980]:79)认为，所谓章、庄合并就是庄组脱落介音 -j- 而全拼洪音，章组只拼三等；"表面上看，照二系跟照三系恰好相对于《切韵》的庄、章两系，但在骨子里，它们两者之间的关系是不同的。"他的看法是《切韵》里的庄、章两系与《中原音韵》仍分章、庄两类性质不同，前者为不同的音类，后者为同一音类的不同分布(韵母的洪细)。这一观点严格遵循了音位理论，将相关的互补分布归纳为同一音位，这对分析《中原音韵》这样特定的语音系统无疑是正确的。

如果接受《中原音韵》里庄二知二、章三知三分别表示"两套声母"的观点，并考虑它们与现代方言的对应，那么章、庄两类的差异一直维持到《中原音韵》。我们在观察中古到现代的音类分合演变时，严格的音位归纳会对以一套符号表达古今音类演变造成某些表达上的困难，而此处的"两套声母说"可以避开这方面的困难。

如果以一套符号表达古今音类的分合演变，并采用以上的"两套声母说"，(2)的合并模式就需要修改。章组与庄组虽然成为三十六字母的照组，但二者仍有分别，可能是韵母的不同(章组有 -j- 介音)，也可能声母仍有差别。到了《中原音韵》，除了止摄开口的支思韵及东钟韵二者相混，其他各摄仍分章、庄两类。中古知组与庄、章组合并的过程可以理解为：知组由原先的塞音变成塞擦音，根据等的不同分别归入庄、章，然后才是知、庄、章三组在近代官话里完全合并。

　　敦煌抄本和《中原音韵》的材料说明庄、章组在这两个时期都存在[①]。邵荣芬从敦煌俗文学抄本所反映的唐五代西北方音中，看到当时三等韵知、章大量相混，而庄、知混只有一例，庄、章混限于止摄。邵荣芬认为庄、章"当时这两母虽然混乱，可不一定全无区别"(1997 [1963]:291)。

　　如果接受庄、章的分别一直保存至《中原音韵》，(2)的知组合并就不是发生在庄、章合并之前，而是发生在庄、章合并的同时。下面将(2)的模式调整为(3)，并以一套符号表达古今音类的分合演变。

(3)　知、庄、章合并模式(二)

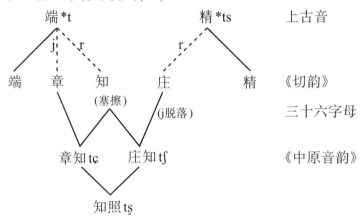

　　在(3)的模式里，由塞音变为塞擦音的知组，分化后随即归并庄、章组，形成庄知、章知二组；然后发生知照合并，即知二庄和知三章的合并。为了方便图解知组先分化随即并入庄、章组，笔者将(2)的上古端组的分化图示略加调整但不改变分化条件，只是将"知"置于"庄、章"之间。为了便于对照，(3)加上了董同龢(2001[1968])拟定的《切韵》以后的相关音值。

_____

[①] 至于更多见于各种注音、直音文献里所反映的庄、章互注的情况，笔者认为它们说明了不同地区、不同时代的合并趋势参差不齐，或者口语音的变化早于读书音的变化。

5.3　现代北方官话声母分类的证据

19世纪历史比较法有个基本原则：后代如有不同，前代必定有别。根据这一原则考察现代北方官话来自中古知、庄、章三组声母的分合，可以帮助我们追溯中古声母的分合过程，特别是知组与庄、章组的分合关系。

熊正辉(1990)通过分析现代官话声母ts, tʂ的分类，说明中古知、庄、章三组对应现代北方话呈三种情况：有的是一组声母，有的是两组，还有的是三组声母。他进一步将官话方言归为三种基本类型：济南型、南京型、昌徐型(昌黎话、徐州话)。笔者现将熊正辉的表格重组为(4)，其中灰色块显示同一组(即知、庄、章三组中的任何一组)的读音与其他组不同，南京型有一个庄组灰色块，昌徐型有知组、章组两个灰色块，而济南型没有灰色块。

(4)　知庄章三组今音的分类

中古音	类型	济南型	南京型	昌徐型 (开口呼)
知	二	tʂ	tʂ	ts
	三	tʂ	tʂ	tʂ
庄	二	tʂ	ts	ts
	三	tʂ	ts	ts
章	三	tʂ	tʂ	tʂ

现在分析表中三种类型的对立情况。济南型的知、庄、章合为一组，不存在对立。南京型的庄组与知、章组不同，而知、章组合并，所以南京型有两组对立：庄与知对立、庄与章对立。昌徐型知、庄、章三组的读音各不相同，所以昌徐型有三组对立：知与庄对立、庄与章对立、知与章对立。

再看声母的读音。济南型只有一个读音tʂ。南京型有两个读音ts和tʂ，却形成两种不同的对立：庄组二三等形成tʂ : ts对立，庄组与知章组形成tʂ/ts : tʂ对立。昌徐型也只有ts, tʂ两个读音，却形成四种对立：知组二三等的ts : tʂ对立，知与庄的ts/tʂ : ts对立，知与章的ts/tʂ : tʂ对立，庄与章的 ts : tʂ 对立。

此外，音类上"组"的对立与语音上"种"的对立并不一致。昌徐型有三个"组"对立，四个"种"对立，多出的一个"种"对立反映知组内部二三等的读音不同。同样，南京型有两个"组"对立，两个"种"对立；即使庄组二三等都读 ts，但两个"组"对立依然存在。这说明"组"对立与"种"对立之间没有对当关系；如果想利用现代读音找出它们与古代知、庄、章的对应，那么"组"对立就能满足这个要求；如果想通过现代读音再细看它们古代的差别，这时"种"对立可能更有价值。

对于知组与庄、章组的分合关系，(4)的三种类型有的能体现知组分化，有的不能。昌徐型的知组二三等的 ts : tʂ 对立，这个"种"对立正好体现了另外两个"组"对立，即知二读音与庄组一致，但知、庄对立；知三读音与章组一致，但知、章对立。南京型则缺乏如此对当。

熊正辉 (1990) 对于北京话在知、庄、章分合上属于济南型还是南京型有些犹豫，北京话曾开三庄组和梗开二知章组入声字文读声母为 ts，白读声母为 tʂ；但北京话读 ts 的字比南京型少得多。他说，就这类字的白读音而言，北京话像济南型；就文读音而言，北京话又像南京型。高晓虹 (2002) 认为北京话庄组入声字读 ts 是明末清初受了南京话的影响；而庄组非入声字读 ts 最早见于《中原音韵》，如"淄溲"，但其后增加的非入声 ts 音多不是口语字，所以它们读 ts 可能也是受了明代官话 (南京话) 的影响。笔者认为虽然北京话知、庄、章三组读 ts 的字比南京型明显的少，且历史上曾接触过南京话，但在 ts, tʂ 分类上北京话应该属于南京型。

以现代方言材料参证中古音位的分合关系，要注意古今有别，不能"以今代古"或者"以古喻今"。熊正辉 (1990) 对烟台话声母的分析可看作"古今有别"的例子。烟台话有一组 ts, tsʻ, s 声母，没有 tʂ, tʂʻ, ʂ，也没有胶辽官话都有的 tʃ, tʃʻ, ʃ；精组字洪音前读 ts, tsʻ, s，细音前读 tɕ, tɕʻ, ɕ；知三章在细音前也读 tɕ 类，其他知、庄、章读 ts 类。根据韵母的洪细，现代烟台话声母可分两类：ts 类和 tɕ 类。熊正辉主张将烟台话的 tɕ 类看成昌黎话的 tʂ 类，于是烟台话的 ts : tɕ 对比相当于昌徐型的 ts : tʂ 对比，烟台话无疑属于昌徐型。如果是"以今代古"，就是为了求证中古知、庄、章三组在历史上曾合并而将现代烟台话ts, tɕ两类声母按照韵母的洪细归成一套音位，这样的做法有缺陷，因为归纳音位的互补分布原则不具备历史价值(参见本书第二章1.1节的讨论)。张玉来(1994)曾举山东沂南话的例子，说明可依据现代韵母洪细将沂南话tʂ, tʃ两类声母处理为一套音位，他这么做是为了引证明末《韵略汇通》里知、庄、章三组声母已经合流，差别只在韵部。而这个做法其实是"以古喻今"。

钱曾怡等(1985)将山东省110个方言点分成东、西两区，所依据的唯一条件就是中古知、庄、章三组今声母的异同。东区属于昌徐型，声母分ts, tʂ两类；西区属于济南型，声母只有一类。钱曾怡等将山东省东区方言甲、乙两类声母的中古音类连同例字列为(5)。

(5) 山东方言知庄章三组今音分两类

		甲类	乙类
知	开二	茶罩站绽幢桌撑宅	
	开三		滞池超抽沾沉缠珍张征贞掷
	合三	缀追忠	猪
庄	开口	沙斋巢斩山杀窗生　师愁渗衬虱色	
	合口	闩刷　　　　　　初衰率崇	
章	开口	支	遮制烧周占针十善真升织正石
	合口	税吹众	诸

根据钱曾怡等的研究，知、庄、章组的山、臻两摄合口和通摄合口入声字是归甲类还是乙类，形成了东区方言的内部差别：其中东莱片归甲类(包括知开二庄、止开章等)，东潍片归乙类(包括知开三章、–止开三章等)。比较(5)的分类加上钱曾怡等所列举的山臻通三摄合口例外，笔者发现山东省的方言划分标准与《中原音韵》韵母的甲、乙两类基本一致，后者的甲类为"知二庄+合口蟹止通知三章+止开三章"、乙类为"开口知三章+合口遇山臻知三章–止开三章"(桑宇红2008)。这说明现代山东方言与《中原音韵》存在明显的对应关系。

以上划分山东方言的做法既顾及"古今有别"，又做到"以今证古"。"古今有别"体现为不以现代方音的音值当作古代音类分合之依据，古、今属于不同音系；而"以今证古"表现为以现代的音类差别诠释古代音类的不同。只有音类可以成为"以今证古"的今音材料，不是音位或音素。对于现代方言音类的认识，需要经过历史比较法的梳理和分析，仅靠归纳音位的方法会误入歧途。

综上所述，从(3)的模式看中古知组的分化类似"初起性分化"。初起性分化指分化、合并同时发生，即中古知组根据等的不同先分为两类，分化的结果又与庄组、章组合并。知组与庄、章组的分合可表示为(6)。

(6) 中古知组的分合模式

知、章、庄三分以《切韵》和《广韵》的声类为代表，庄知、章知二分以《中原音韵》为代表，"知照"完全合并以15世纪《韵略易通》为代表。模式(3)与(2)的主要差别来自对《中原音韵》知二庄、知三章两组声母的不同认识，本节的分析为了以一套符号表示古今音类的分合演变，同时参考中古知、庄、章三组在现代北方话的分合类型：知庄、知章对立型分布于中原官话、兰银官话、冀鲁官话、胶辽官话以及晋语区，知、庄、章合一型广泛分布于全国(桑宇红2008)，后者可视为一种晚期的类型共变。历时地看，知庄、知章对立型应该是知、庄、章合一型的前期形式。

本节的分析基本上没有参考中古的拟音，不能说不是个遗憾。但讨论知、章、庄三组的分合，即使缺少音值的参照，只是少个旁证，不能算作缺失，因为本节试图说明中古知、章、庄三组的合并模式跟现代官话声母的分合类型，未探讨知、章、庄三组如何演变为现代官话各类声母的实际读音。

此外，本节撇开了端组和精组，算是一个局限。笔者相信，如果能涵盖端组和精组的现代方言的ts, tʂ, tɕ, t四类声母的分合状况，这样的研究将会提供一个完整、可靠的中古舌齿音的音位配置模式。

第七章 历史层次的划分

第一节 印欧语的历史层次

1.1 历史比较法的层次概念

本书第五章第四节指出，西方19世纪历史比较法和内部构拟法所考察的印欧语材料不存在像汉语方音的"文白异读"那么明显的不同音系的叠置，但这并非表示19世纪历史比较法缺乏历史层次的概念。任何语言系统都是历史演变的积淀；此外，任何一个语言(方言)都会跟其他语言(方言)发生接触，有接触就会引起语言的变化。时间性和地域性(包括空间性)是语言演变的两个基本要素，它们也反映了语言的历史层次，因此，语言(方言)的历史层次是该语言(方言)的本质特征，任何对于语言历史的科学的研究，不会看不到历史层次的痕迹的；只是有的明显一点，有的不明显；有的成系统，有的不成系统。19世纪历史比较法虽然未专门讨论"历史层次"，却不乏对于语言演变的时间性以及语言接触的地域性的分析，这些都体现了历史层次的概念。

1.2 语言演变的时间性

格里姆定律及其相关定律可视为早期西方学者对于语言演变时间性的认识。格里姆定律当时在德国被称为"第一日耳曼语语音变换"，它代表了公元前1世纪的原始印欧语至原始日耳曼语的辅音演变；这个变化有别于4世纪至8世纪古高德语的辅音演变(它在德国叫"第二德语语音变换")，即从原始日耳曼语到古高德语的辅音演变，例如，*opan > offan 'open', *taihun > zehan 'ten', *dauhtar > tohter 'daughter', *broþar > bruoder 'brother', *þat > dazz 'that'。为了便于说明，现将本书第三章第三节的(3a), (3b)和(5a)分别转述为以下的(1), (2), (3)。

(1) 第一日耳曼语语音变换

PIE　　　　　　　　　原始日耳曼语

a.　p, t, k̑, kʷ　　　　　>　　f, þ, χ, χʷ

b.　b, d, g̑, gʷ　　　　　>　　p, t, k, kʷ

c.　bʰ, dʰ, g̑ʰ, gʷʰ　　>　　b, d, g, gʷ

(2) 第二德语语音变换

a.　p>pf (or ff)　　　　　b>p

b.　t>z (or zz)　　　　　d>t　　　　　þ>d

c.　k>kch (or hh, ch)　　g>k

　　格里姆认为(2b)的古高德语的塞音变换 þ>d (如 *broþar > bruoder 'brother', *þat > dazz 'that')与PIE的浊送气变浊塞音，例如(1c)的 dʰ>d，二者存在某种平行关系，他把送气音、塞擦、擦音归为A类，它与浊塞音的M类以及清塞音的T类对立(Hock & Joseph 1996:352)，于是格里姆将部分塞音从PIE到原始日耳曼语(PGmc)、再到古高德语(OHG)的演变概括为(3)的形式。

(3) 日耳曼语两条"语音变换"的概括模式

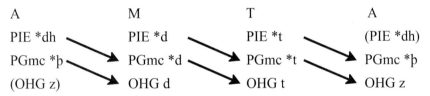

　　格里姆以上的概括模式受到现代学者的质疑，被批评错误地将浊送气、清塞擦、清擦音归为同一个A类(Hock & Joseph 1996)。然而，格里姆借助这个模式表达了发生在日耳曼语里的两次辅音变换以及它们分别代表的三个历史阶段，即原始印欧语、原始日耳曼语、古高德语，这也可看作早期历史比较法对于日耳曼语的不同历史演变阶段的认识。虽然早期学者未能进一步讨论演变阶段，但原始印欧语、原始日耳曼语、古高德语代表了三个有相承关系历史阶段，比如"古高德语"里存在"原始印欧语"和"原始日耳曼语"的成分，比较语言学家只要列出(3)

之类的表达式，就解释了语言演变"阶段性"的问题。这种由不同阶段产生的历史层次，对于早期的印欧语学者来说似乎不是个问题。

至于语音变化规则的例外，早期历史比较法学者认为所有例外都是可解释的，"没有一个例外没有规律。"新语法学派"语音规律无例外"的口号里有一条解释例外的途径——"方言分化"，它将由语言(方言)接触所产生的历史层次简单地用"方言融合"或者"方言分化"概括了。如果仅从字面上理解"方言分化"，或许它无法反映更细微的历史层次；下一节"语言接触的空间性"的例子显示，19世纪西方历史语言学的"方言分化"应该具有更深刻的含义，我们不能局限于字面上的意思。

1.3 语言接触的空间性

所谓语言(方言)接触的空间性，指不同语言(方言)因某种非语言学的因素而发生接触。这种接触可以来自千里以外的不同语言，也可以来自邻近方言，总之，这些来自他地的不同语言(方言)和被接触的语言(方言)之间需要有一个空间的转移，这种转移一般是通过人的移动来实现。

对于语言(方言)的接触，西方历史语言学主要考察由语言接触而引发的两种语言现象：一种是语言(方言)的借用，一种是语言的变换(language shift)。

语言借用的最常见现象是借词。Hock & Joseph (1996)以英语的历史为例，将由历史接触而产生借词的情况分为三种情况，它们是根据语言档次(prestige)的高低决定的。第一种是所谓高档次(higher prestige)语言很少向低档次语言借用词汇。例如，随着5世纪日耳曼人进入英格兰，早期日耳曼语的一个分支——盎格鲁—撒克逊语与当地的塞尔特语(Celtic)发生接触，前者在社会阶层、军事、政治上明显高于后者，所以从5世纪至11世纪的古英语(Old English)只从塞尔特语借了不到十二个词，这些借词分为两类：一般词汇和传教词汇。其中一般词汇列为(4)(Fennell 2001:89)：

(4)　<u>借自塞尔特语</u>　　<u>词义</u>

　　　bannock　　　　燕麦或大麦薄饼

　　　bin　　　　　　谷仓

　　　borck (badger)　獾

　　　crag　　　　　　峭壁

　　　luh (loch)　　　湖

　　　cumb　　　　　　深谷

　　第二种由接触而产生借词的情况，是两种语言的档次"平等"，结果产生了大量的借词。比如，从8世纪开始斯堪的那维亚人进入英格兰，斯堪的那维亚人是说古北欧语的"丹麦人"(Danes)，经过频繁的战事，最后在"丹麦法则"(Danelaw)下定居英格兰东海岸从约克郡到伦敦郊区的广大沿海地区。这些所谓"丹麦人"与当地说英语的人通婚并要求"平等"，结果他们的语言Danes对古英语词汇产生了极大影响，估计有1700个词融入古英语，而且许多是常用的基本词，如give, get, take, like, skin, skirt, sky, egg, guest, husband，还有人称代词，如they, their, them (Hock & Joseph 1996:48, 273)；甚至包括系词are (Fennell 2001:92)。此外，这些融入古英语的基本词汇都不附带任何正面或负面的隐含义，比如，Danes的skirt "裙子"和to raise "使升高"与相应的盎格鲁—撒克逊语的shirt "衬衫"和to rear "举起"比起来，来自Danes的词不附带任何隐含义。

　　另一方面，定居下来的斯堪的那维亚人也逐步接受英语的同化。Fennell (2001)认为，有些地区的Danes很早就放弃了自己的母语而使用英语；有些地区的Danes则保持了相当一段时期的母语；在苏格兰的一些地区，北欧语(亦称Norn)甚至维持到17世纪。

　　由于古英语与北欧语在语系上很接近，并有过亲密接触甚至融合，以致很难判断现代英语的某个词是源自古英语，还是借自北欧语。然而，如果根据北部日耳曼语的语音规则，例如sk是否腭化，后人还是能够区分二者的。比如，sk在古英语里腭化为[ʃ]，它远早于现代斯堪的那维亚语的腭化，因此像shall (古英语sceal), fish (古英语fisc)等sk发

[ʃ]的词应该来自古英语，像sky, skill等未腭化的词则来自古北欧语。例如，古英语的scyrte变为shirt，经过了腭化；而古北欧语的 skyrta 变为skirt，未经腭化(Fennell 2001:91)。西方历史语言学界对于此类的历史层次，只是将相关的音变规则列出，如sk在古英语腭化为[ʃ]；而那些不符合音变规则的，如未经腭化的skirt，就属于别的层次。英语演变的历史层次与它在历史上受到的不同民族的融合或者入侵有密切的关系，通过研究盎格鲁—撒克逊人的历史，可以追踪到那些不同历史阶段融入英语的、不合英语规则的词源。

　　第三种历史接触的情况是低档次语言向高档次语言借用词汇。比如，本书第三章2.1节引述英语和法语一些相似的词由语言接触产生，因为英国人曾经受过法国诺尔曼人的统治，英语与法语有过接触。11世纪法国北部的诺尔曼人征服了英格兰，成为盎格鲁—斯堪的那维亚人的统治者，古英语演变为中古英语(Middle English)。当时的社会上层都讲法语，法语是高档次语言，英语则成为大众语言，进入英语的法语借词大多产生于这个时期，因此可以看到法语词、英语词不同的社会功能。比如，动物名、家畜名都用英语，见(5a)；它们的餐名则用法语，见(5b)(Fennell 2001:107)。

(5) 法语、英语的不同社会功能

a. <u>动物</u>　　<u>词义</u>　　　　b. <u>餐名</u>　　<u>词义</u>
　　ox　　　　牛　　　　　　　beef　　　　牛肉
　　sheep　　　羊　　　　　　　mutton　　　羊肉
　　swine　　　猪　　　　　　　pork　　　　猪肉
　　deer　　　鹿　　　　　　　venison　　鹿肉
　　calf　　　牛犊　　　　　　veal　　　　小牛肉

　　同样，工商界的人都说法语，自然高人一等。除了smith "铁匠"和baker "烤面包师"来自古英语，其他商人或工匠的名称都来自法语，见(6)(Fennell 2001:89)。

(6) <u>借自法语</u>　　　　<u>词义</u>

butcher　　　　肉商

barber　　　　理发师

carpenter　　　木匠

draper　　　　布商

grocer　　　　食品杂货商

mason　　　　泥瓦匠

tailor　　　　裁缝

　　家庭成员的名称根据亲疏关系不同而来源不同，一般是核心成员的名称来自日耳曼语，见(7a)；非核心成员的名称有些来自法语，见(7b)；有些则是法、英混合，通常为合成词，见(7c)(Fennell 2001:107)。

(7) 家庭成员名称的不同来源

a.　来自日耳曼语

mother　　　　母亲

father　　　　父亲

sister　　　　姐妹

brother　　　　兄弟

son　　　　儿子

daughter　　　女儿

b.　来自法语

uncle　　　　父亲/母亲的兄弟、姑母/姨母之夫

aunt　　　　姑母/姨母/婶母/伯母/舅母

cousin　　　　堂/表兄弟、堂/表姐妹

nephew　　　侄子、外甥

niece　　　　侄女、甥女

c.　法、英混合式

grandmother　　祖母/外祖母

grandfather　　祖父/外祖父

grandson　　　孙子/外孙

granddaughter　孙女/外孙女

以上(4)至(7)是英语历史上由于说话人的社会地位不同而产生的语言借用，也可以说，语言接触引发了说某种语言的人的社会地位的改变，这种语言的社会功能的分化大概相当于新语法学派声称的所谓"方言分化"，19世纪后期西方新语法学派把这种"方言分化"看成产生音变例外的主要途径。从当代社会语言学的角度看，"方言分化"就是说话人社会地位的变动，它与汉语方言里"文白异读"所反映的不同社会功能，可谓异曲同工。

1.4   方言地理学

19世纪后期的方言地理学与新语法学派的"方言分化"是两个不同的概念。19世纪后期西方的历史语言学在新语法学派的影响下开始重视方言，学者们的研究对象从假定为事实的原始语言形式(字母)转移到从书面文献和口语方言里获得的语言材料。新语法学派强调口语材料，"认为从死亡的字母来获取历史上的实际发音是错误的。这就有力地促进了语音学的发展。人们再也没有借口把字母跟语音混为一谈了"(罗宾斯1997:204)。法国方言地理学家吉叶龙针对"语音规律无例外"甚至提出了"每个词都有自己的历史"①。

布龙菲尔德将方言地理学理解为"研究一个言语区域内的地方分歧，可以辅助比较法的运用"(1980:404)。他反对夸大方言在保存语言古老形式上的作用，他这么说(1980:405)：

> ……现在一般的意见又倾向于另一个极端。一个地方方言，因为保存了某些在标准语里绝了迹的形式，便被看作是某一古代典型原封不动的继承；我们还听说，某个偏僻地区的言语是"纯洁的伊利莎白时代的英语"。由于只在标准语里才觉察到其它方言形式的混合，人们便一跃而得出这样的结论：地方方言完全避免了这种混杂成分，所以从历史意义上说更富于规则性。

---

① 罗宾斯认为，这两个观点并非像一般所说的水火不相容，"词语发音的变化，可以用所含语音的演变来解释(这正是历史'语音定律'的基础)。但有时候则必须通过词语演变过程中的特定环境来解释。新语法学派强调语音变化的一致性，而日叶龙和他的学生则强调词源变化的特殊性"(罗宾斯1997:206-8)。

他认为方言地理学对于历史比较法的辅助作用的价值是有限的，他这么说(1980:405-6)：

> 调查研究的结果显示了任何语言在许多形式上由于其它方言形式的混合都难免经受结构的替换……因此，有些学者想在地方方言里找到音位的一致规律(就是说，忠实地保持了较古的模式)，这种一致规律是被标准语破坏了的……文克尔调查研究的结果，一开头就很明确，引起了惊讶：地方方言同古老的言语形式的关系，并不比标准语更规则一致。方言地理学(Dialect Geography)只是肯定了比较研究的结论，就是说，不同的语言演变情况分布在一个区域以内的不同部分。

以上观点代表了西方学者对于印欧语的地域方言在保存古老形式上的认识。如果将印欧语的地域方言跟汉语的地区方言的情况相比较，我们至少得到三点启示。第一，西方的做法是将地域方言直接与标准语相比，汉语方言也能直接与标准语相比，但在历时的比较上，将汉语的地区方言与区域中心方言比较，可能更有意义。第二，印欧语的地域方言表现为"不同的语言演变情况分布在一个区域以内的不同部分"，比较汉语的地区方言则应考虑"一个区域以内的不同部分"能否反映语言演变的历时先后。第三，西方的方言地理学能肯定比较研究的结论，汉语的历时比较研究则必须建立在方言比较之上；没有汉语方言的验证，汉语的历史比较得不出有效的结论。本章第二节将从这三个方面讨论汉语方言的比较。

1.5 "语言变换"中的层次问题

在印欧语的语言接触中，除了引发语言间的借用以外，还有一种现象叫"语言变换"(language shift)。它指由外族进入而产生了语言接触，进入的语言最终取代了本地语言；但由于前者受到后者长久的、系统的影响，常常保存了本地语言的层次(Hock & Joseph 1996:383)。比如，西罗曼语言有一种相对于古典语言——拉丁语的塞音弱化(weakening)现象被认为源自凯尔特语的层次，因为这些地区曾经跟古代凯尔特人的地区毗邻。比较(8)的西班牙语、法语的塞音弱化现象(Ø表示零)。

(8) 西罗曼语言的塞音弱化

拉丁语	西班牙语	法语	词义
a. amicus	amigo [-ɣ-]	amiØ	'friend' 朋友
b. vidēre	veØer >ver	veØoir >voir	'see' 看见

(8a)的拉丁语、西班牙语、法语的塞音弱化过程为c[k]>g[ɣ]>Ø，(8b)的塞音弱化为[d]>Ø。 Hock & Joseph (1996:384)认为，虽然这些例子可以解释传统的"层次"观点，但它们摆脱不了这种解释的弱点，即假设的历史层次如何得到实证？比如，(8)的这种晚期凯尔特语(古爱尔兰语和中古威尔士语)的特点，是否在早已消失的大陆高卢人的凯尔特语方言里也存在？后者是难以证明的。此外，相同的弱化也出现在意大利方言里，而这些地区原本并没有凯尔特人居住。

"层次"说有一个典型的"巴斯克层次"的例子。西班牙语方言、法语方言里都有h-对应拉丁语f-的现象，它们被当作最好的"巴斯克层次"的解释，比较(9a)和(9b)的粗体字母(Hock & Joseph 1996:384-5)。

(9) 西班牙、法国、意大利方言里的"巴斯克层次"

a.	拉丁语	**f**ilius	**f**arina
	西班牙方言	**h**ijo	**h**arina
	词义	'son' 儿子	'flour' 面粉
b.	拉丁语	**f**aber	**f**estus
	法语方言	**h**àure	**h**èsto
	词义	'smith' 铁匠	'festive, festival' 节日
c.	拉丁语	**f**arina	**f**ilum
	意大利方言	**h**arina	**h**ilu
	词义	'flour' 面粉	'string' 细绳

(9a)和(9b)说明f>h音变不仅在邻近巴斯克的西班牙方言里存在，在南部法语方言里也出现，且西班牙方言和南部法语方言并不邻接，由巴斯克地区将二者分开。再看(9c)，远离巴斯克的意大利南部方言也有这样的对应。

西方的"层次"说注重某种早期语言对后来相关语言的影响，如(8)的西罗曼语的塞音弱化被认为来自古凯尔特语的层次，该观点通常以民族征服与语言入侵的历史来考察语言演变中是否保存了外来的特征，所以这种层次的解释需要历史事件的佐证。

从语言类型学的角度，相同类型的音变会在不同地区的语言里发生，以上列举的塞音弱化现象也在汉语的历史演变中存在，如中古汉语影母喉塞音 [ʔ] 的"医衣乌屋"等字在现代北方话里演变为零声母，或者像高本汉列举的上古音"怕"字，其上古的 p'ak>p'ag>p'a 演变显示了塞音韵尾经历 k>g>Ø 的塞音弱化(见赵元任 2002 [1930]:304)。当然，没有人会认为汉语的中古音、上古音跟古凯尔特语层次有任何关系。

以语言类型学的观点，Hock & Joseph (1996:385)这样评价西方的"层次"理论：它是一种不寻常的、特殊的解释手段，对于塞音弱化之类的常见音变，与其以层次的观点解释它如何受到某一特定语言的影响，不如发掘某种语言为什么没有经历塞音弱化的一般规律。他们认为对于后者的解释更有意义。

汉语方言演变中的层次来源与西方语言的层次来源有相似之处，也有不同之处。二者的相似之处在于：对于本地音而言，能构成层次的音类大概是受到外来成分的影响；二者的不同之处在于：西方的外来成分都是伴随民族的征服以及语言的入侵，汉语方言里能构成层次的外来成分大概不能看作语言入侵。汉语方言中的外来成分究竟是什么性质，将在下一节讨论。

第二节　汉语的历史层次

2.1　关于层次分析

上一节对西方语言(方言)跟历史层次的关系作了评述，同时介绍了以 Hock & Joseph (1996)为代表的美国历史语言学界对于层次分析的看法，他们认为层次的解释容易偏于假设、疏于实证，因此意义不大。中国学者早就注意到了西方历史语言学界的这一动态，何大安曾说："利用'层'来解释语言的变化，尤其是解释音变，称为Substratum Theory，一度非常流行。但由于少有实证，近年颇受质疑。"他进一步认识到汉语方言层次分析的艰难，认为"'层'的辨认的困难与陷阱，相当程度上反映了现行方法学的限度，也显示了这一领域继续扩展的无限的可能性"(何大安2007 [2000]:13)。笔者赞同这一看法。如何从西方历史语言学走过的路子获取有益的成分，认识到汉语的历史演变与西方语言的历史演变有所不同，尝试在层次分析上走出一条中国式的路子，这个任务落在了汉语历史语言学家的肩上。

先比较"外来成分"在汉语方言历史演变中与西方语言的不同。西方民族在其历史上常有征服或者被征服的过程，它们的语言也随之发生入侵或者被入侵。加上不同的民族语言常常有不同的书写形式，如果某民族语言在历史上曾发生过入侵或者被入侵，形式上通常会留下痕迹。西方语言里的外来成分，如本章1.3节的词汇借用，它们可从两个方面辨析：一是词义比较专门，如上一节的例(4)至(7)；二是音变规律不同，即语音系统不同，如古英语的scyrte 'shirt' (衬衫)与古北欧语的skyrta 'skirt' (裙子)相比，前者s后面的塞音k经过腭化，后者的塞音未经腭化(Fennell 2001:91)。

汉语方言的所谓"外来形式"在字形上不留痕迹，仍以汉字表示，只是发音有所不同，我们无法从书写形式上获得汉语方言"外来成分"的任何启示；"外来成分"只能从音韵系统上离析，但难度颇大。"文白异读"虽然是汉语历史层次的主要考察对象，但汉语方言的文、白之分不等于印欧语的外族语、本族语之分。印欧语的外来成分比较容易判断，也容易追溯；汉语方音的"外来成分"如果有一字两读的情况，虽然从字音上可判断哪个读法属于白话层，却难以说明文读音的确切来源。所以汉语方音的"外来成分"难以从音系上、来源上证实，大多属于合理的猜测。

然而，汉语方言的层次又是汉语方音史无法回避、必须解决的问题。以下三方面的讨论跟层次的概念息息相关：一是同源、异源，二是文白异读，三是叠置式音变。学者们近几十年来对这此进行了探讨，现将几种主要观点评述如下，同时提出笔者的看法。

2.1.1 析层拟测法

王洪君(2006)运用"析层拟测法"解析汉语方音的层次，她认为"析层"就是重建外来音系和本地音系的原貌并确定它们各自的方言归属。她将"析层法"概括为下面的三大步及其所包含的五小步：

一、离析单点方言的层次。它包括两个小步：

　　1. 确定有异读音类的古音条件及其所有字音的文白层次；

　　2. 配整各层音系。

二、分层重建区域方言原始语。它也包括两个小步：

　　3. 对单点方言运用内部拟测法；

　　4. 对多点方言运用历史比较法。

三、确定各层原始语在汉语中的历史方言支派。这一步需要注意词法层次，即最后一小步：

　　5. 词形归一法。

以上这些步骤蕴涵了分析汉语历史层次的一些合理的设想。第一，离析单点方言的层次是层次分析的出发点；第二，在多宗相关的单点方言分析的基础上重建该区域方言的原始形式；第三，以上两个步骤需要比照有文献记载的中古音和上古音，以确定各层次的历史归属，即拟测它们的历史源头。

20世纪70年代美国普林斯顿学派曾运用过以上一些步骤。为了构拟汉语音系的早期形式，美国普林斯顿大学1966年获得美国福特基金的赞助，建立了"中国语言学计划"。他们主张以现代方言为研究对象，为每一种单独的方言群构拟它的原始形式，如原始粤语、原始闽语、原始吴语等，在此基础上再构拟一个祖语系统。后来海外汉学界把以现代汉语方言为基础进行构拟的学者称为"普林斯顿学派"，代表学者有贝乐德(William L. Ballard)、罗杰瑞(Jerry Norman)、司徒修(Hugh M. Stimson)、余霭芹(Anne O. Yue)等(见殷方1991)。该计划虽然没有构拟出一个汉语祖语系统，但以现代汉语方言为分析起点，为每个方言群分别构拟各自的早期形式，再构拟汉语祖语的设想，这个设想符合西方19世纪关于重建原始形式的分析原则。现在看来，如果不参考汉语中古音系，不分辨汉语方言的文白音系，不比较区域方言的相互影响，就无法把握汉语方音演变的脉搏。王洪君所概括的三大步五小步，在普林斯顿学派的基础上增加了文白层次、古音条件、历史的归属与参照这三个方面，这个路子充分考虑了汉语方言历史演变的特点，它值得尝试。

然而，王洪君认为"析层法"只是用来重建外来音系和本地音系，层次分析才是"在一个汉语方言共时音系中共存的不同方言来源的音韵层次"(2006:64)，她认为应该从"字音音类分合关系"上辨析音韵层次。这是一个合理的假设，也是理想的原则，只是操作上难以将"字音音类分合关系"直接与音韵层次挂钩，因为"字音音类分合关系"在层次分析之前并不存在，它必须经过层次分析、加上内部构拟之后才能得到一个重建的音类分合关系。笔者将在本书第七章第四节以粤语各方言片的中古牙喉音声母今读[j]音的分布为例，说明"字音音类分合关系"本身就是汉语方音历史演变的一个难题。如果将未经证实的"分合关系"当作层次分析的前提，其分析结果难免"偏于假设，疏于实证"。

2.1.2 "同源论"和"异源论"

主张层次分析的学者对文白异读有两种不同看法：一种是"文白异读同源论"，简称"同源论"；另一种是"文白异读异源论"，简称"异源论"。

"异源论"先根据方音与中古音的关系分出先后层次，再从方言接触上区分同源层次、异源层次。把属于同一音类的不同读音看成先后层次，叫同源层次；把那些来自异方言或本方言底层的读音叫异源层次，并认为"异源层次一般是其中的文读音，大多是从外方言借入的"(王福堂 2007 [2003]:2)。

"同源论"根据方音的文白异读分出不同的历史层次，把文白异读看作方言接触、方言融合的结果，把同一音类的异读看成不同历史层次的反映。丁邦新比较了"同源层次"和"异源层次"的称法，主张"用'同源层次'指称来源于汉语的异读，无论是历史上的或现代方言中的；用'异源层次'指称来源于'非汉语'的异读，当然包括底层的讨论在内"(2007:193)。

"同源论"和"异源论"的异同可概括为以下四点：

一、二者都主张文白异读本身代表不同的历史层次；

二、二者都将方言接触看作产生不同层次的起因；

三、"异源论"的层次有双重含义：一是根据方音与中古音的关系确定古今层次(该方言与中古音的远近关系)；二是同一音类的不同读音分为同源、异源，如果是同源，分古今层次；如果是异源，也分古今层次；

四、"同源论"把文读看作同源的历史层次，"异源论"把文读看作异源的历史层次。

二者的主要区别在第四点。笔者认为，从层次分析的步骤上将那些来自异方言的读音看作异源层次是一种理想的做法，但难以实施。就像王洪君从"字音音类分合关系"上辨析音韵层次的设想一样，判断来自异方言的成分在层次分析之后才能知道，它在层次分析之前只能靠假设；在离析层次的时候很难分辨哪些属于同源、哪些属于异源。笔者倾向于"同源论"的观点，主张把离析层次当作主要任务，如果没有明显的迹象就不分同源、异源。如果把来自异方言的读音叫"异源层次"，那一般所说的汉语方言层次就统统属于"异源层次"，这种"异源层次"的困难在于它所对应的"同源层次"无法再与其他方言进行比较了，因为其他方言都是"异源"。此外，从源流上追溯同源还是异源，那是一项艰巨任务，不是比较法本身所能胜任的。

以上对"异源论"的不同看法主要针对它的称法。如果不管称法，只看它的实质，即根据某一方音与中古音的关系分出先后层次，再从方言接触上区分"同源"、"异源"，或者叫甲层、乙层，那么，王福堂(2003)提出的文白异读"异源论"是有道理的。他(2006)自己也把文白异读的"读书音"明确解释为来自异地方言，主要是权威方言，即民族共同语，也包括邻近有影响的方言。而对于厦门话这类具有复杂历史层次的方言，他认为其读书音不是某个异地方言，而是古代韵书的音系；因其性质是外来的，也可当作一种权威的异方言。

按照以上分析，如果把进入某方言(简称"本方言")的异方言成分看作音系上与另一方言的对应，那就能将"本方言"的不同成分按照它与他方言的对应关系离析出不同的层次。李荣说过，"方言的语音演变规律规定了方言之间的语音对应规律"(1982:20)。同理，我们可以从方言之间的对应规律推断相关方言的语音演变规律，这是汉语方言层次研究值得尝试的一条路子。

2.1.3 "演变模型"与"层次又音"

潘悟云(2007:33-4)提出了两种层次演变模型，它们的共同点是汉语方言的内部演变是连续的，这些连续的、由若干节点组成的成分构成了汉语方言的主体层次，顺着这条线上溯，可以重构它的原始形式；此外，同一方言可能分化出别的方言，比较由一个节点分化出来的方言(属于同一历史层次)，可以构拟出它们的节点方言。

陈忠敏(2007)提出了几个值得思考的问题。第一，由于语言的本质为"有序异质"[①]，由语言接触而产生"异质"，便有了层次的差异，所以语言(方言)的本质是多系统共存，有不同语言(方言)的叠置现象。第二，层次应该是一个面，不是一个孤立的点，因为层次"具有成系统的语音特征。"第三，"滞后音变"造成的变异应与一般的历史语音层次分开，前者往往受到非语音因素的制约，如封闭型词类的滞后音变；而历史语音层次一般以语音因素为标准。第四，文白异读形成系统性的"层次又音"，分析文白异读就是根据不同的"层次又音"将只有一读的字归入适当的层次。他以上海话"嘉家甲奸"声母的文、白两种读法为例，读[k-]的属于白读层，读[tɕ-]的属于文读层；虽然"胛减痂"只读[k-]声母，"驾郊艰简"只读[tɕ-]声母，仍可判断读[tɕ-]的属于文读层，读[k-]的属于白读层；这些字[tɕ-]的读法是外来的。

笔者赞同把文白异读解释为"层次又音"，因为"又音"的概念体现了音系的一体性，而"文、白"的概念早已被铸成有"外来成分"的加入。本章2.2节将讨论汉语方言的文白异读不同于西方的外来语言(方言)的入侵。

[①] 关于"有序异质"，参见本书第六章3.1节和3.3节的有关内容。

杨秀芳(1982)、陈忠敏(2007)提到文白异读(或层次又音)有时体现在字音的声、韵、调三个不同的方面,如果这三方面归属不同的层次,应该如何判断该字的层次归属。比如苏州话的照三系字"章赤石盛",丁邦新(2002)认为这类字卷舌声母的读法反映了文言层,平舌声母的读法反映了白读层;陈忠敏(2007)认为这类字的韵母才体现它们的文、白分野,而声母的卷舌、平舌与文、白无关。这是典型的对不同音类归属有不同看法的例子,本章2.2.3节将详细讨论这个问题。

2.2 文、白:两个沿用的名目

汉语方音的文白异读反映什么?要回答这个问题,首先必须对文白异读所反映的语言(方言)的社会结构特征进行分析。这一特征以往虽然也被注意,但多数的研究都将这一社会特征看作不同的语言(方言)接触的结果,"文、白"被假设为不同语言(方言)的代表,再根据这个假设离析汉语方音的不同层次。

比较本章1.3节的内容,我们不难发现,将"文、白"层次理解为源自不同的语言(方言),这完全是受了西方历史语言学的影响,几乎是照搬西方的模式,没有超出印欧语模式的语言(方言)接触或语言(方言)借用。虽然汉语的"文、白"分析主要看音系的不同,而西方模式主要看词汇的不同,但二者性质是一样的,即"文、白"的差异本质上属于不同语言(方言)的差异。

这一方面"异源论"表现得较为突出,它将"文读层"所代表的语言(方言)看作与"白读层"的语言(方言)互不相干。"同源论"在这一方面走得没有"异源论"那么远,但它也是将"文、白"归于不同的语言(方言)。

2.2.1 "文、白"反映语言的社会结构

笔者提出这么一个观点:汉语方言的文白异读本质上反映了语言(方言)的社会结构特征,并非直接来自语言(方言)的接触或者融合。这个观点突出了中国社会阶层对语言的长久、深厚的影响,摒弃了西方的语言(方言)借用模式。

本书第六章3.2节在分析"词汇扩散论"的证据时曾引用拉波夫(1994)对汉语文白分化的理解，他认为汉语里的文白分化是属于一种"来自上层的变化"，语言的变化可分为"来自上层的变化"和"来自下层的变化"。"来自上层的变化"一般为大众所意识到，它通常来自被认为具有较高社会地位的言语社区，这种转借不会马上影响到大众阶层的日常口语形式，它主要通过正式场合的说话形式以显示其地位的优越。"来自下层的变化"则是日常口语里的系统的语言变化，这种变化只有到了将近完成的阶段，社区成员才开始感觉到它的变化(拉波夫1994:78)。

笔者认为，从汉语方言的文、白读音的语体风格看，文读形式是较正式场合的语言，白话形式属于日常口语。在汉语历史演变过程中，"文读音"虽是读书人或者官员的语音特征，但不代表他们还有一套与口语音完全不同的、独立的音系。这些人代表了社会的"上层人"，用"上层音"和"下层音"能体现该音系的不同语音特征。当然，我们仍可沿用"文、白"这两个传统术语，但对于它们所蕴涵的社会结构意义，拉波夫"来自上层的变化"的观点为"文、白"提供了很好的社会语言学的诠释，它既有助于理解汉语方音层次产生的社会原因，也有助于认识"文、白"层次的本质特征。

2.2.2 "文、白"体现不同阶层的语音特征

本章2.1.2节所讨论的"文白异读同源论"和"文白异读异源论"都将"方言接触"看作产生不同层次的起因，并将"文读音"看作移借的外来成分。这个观点的困难之处在于如何确定这个"外来成分"，它是一个什么样的音系。

笔者主张将文读音、白读音看作汉语方言特有的社会标记。中国社会长期形成了由科举产生官宦的制度，造成了社会阶层对语言的长久、深厚的影响，成为不同历史时期积淀下来的不同阶层的语音特征，这就是汉语方言近现代的所谓文读音、白读音。显然，文白异读不是一种偶然现象，对于汉语方言里积淀下来的语言社会性的痕迹，我们既要注意到它们所代表的语言社会的隔阂，也要注意到它们所反映的语音的一体性。

　　文白异读的语音整体性表现为两个方面：一方面，下层音受上层音的影响而发生变化；另一方面，上层音也会受下层音的影响而发生变化。杨秀芳(1993)认为文读层的演变主要受了白读层的调整，因为"文读音一般都是用'今音'读反切而得，其受'今音'的调整自不待言。"丁邦新认为，"如果两个文读层有些读音似乎显示先后演变的关系，相信是因为来自同一个汉语的源头，在原来的来源中有演变的关系，或者是进入新方言之后受白读音的调整再发生演变，并不是文读音之间产生自然的演变"(2007:191)。他用(1)表示前后两代文读音之间可能存在的演变关系。

(1)

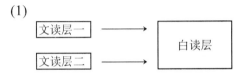

　　以上图示说明孤立的文读音是不会变化的，因为它不是一套独立于口语音之外的音系；它只有融合到白读音里才能发生变化，才能产生所谓文读音的先后层次。对于(1)的文读音融入白读音，笔者理解为上层音受下层音的影响而发生变化。

　　王洪君(2006)在讨论苏州话照三系声母卷舌/平舌的对立时[1]，也注意到所谓老派、新派并非年龄的差异，而是"社会集团"的分别。有卷舌音特征的老派发音是评弹界人士和郊县来源的居民(叶祥苓1988)，不带卷舌音的新派发音大概是普通居民。她把这种同一个地区的不同言语社团的"社会方言"看作一种特殊的文白异读，"普通居民自源性演变的成为整个社团的白读，有小集团师承标准的成为整个社团的文读"；她认为这种"社会方言"不是汉语方言一般意义上的文白异读，因为"对于某一特定的言语社团来说，并不存在一字两读的文白层次"(王洪君2006:74)。

　　以上苏州话的不同"社会集团"对于语言变化的直接影响，与拉波夫"来自上层的变化"是相同道理，与本书提出的同一语言社会根据阶层的不同而带有各自的语音特征(即"上层音"和"下层音")也是相通的。

---

[1] 具体例子将在下一节(2.2.3)讨论。

所不同的是，王洪君认为"有小集团师承标准的"苏州评弹是一种特殊情况，所以这类文白异读不具有普遍性。照此推理，各地方言的文白异读或多或少都带一些本地的特殊性，比如赵元任所讲的常州话，是只占城内人口百分之一二十的"乡绅"音，多数派则属于"街谈"音(赵元任2002 [1961]:548)，我们如何能避开这些特殊的小集团口音呢?其实是回避不了的，既然苏州话"郊县来源的居民"和评弹界人士属于同一类，怎能说源自郊县的居民有"小集团师承标准"?

苏州话带卷舌音的发音代表了一种语音特征，说它"老派"也好，"文读"也好，"高层方言"也好，"上层音"也好，采用哪种称法并不重要，重要的是能否把它看作苏州音系的异读? 王洪君(2006)在这一点上表现得模棱两可:一方面承认文白异读的性质需要考虑社会方言的不同;另一方面又认为苏州话"高层方言"的卷舌音并未以文读形式进入一般阶层的方言，成为一般居民口中的异读，所以它不是一般的文白异读。

笔者认为，苏州话百年来带卷舌音的语音特征在上层音和下层音里减少甚至消失，反映了语音的整体性，即上层音受到下层音的影响而发生变化，这一前代的文读音特征在现代苏州音系里几乎完全消失，而残留的遗迹成为苏州音系里的异读现象，它可以代表一种历史层次[①]。

至于下层音受到上层音的影响而变化的例子，就是近半个世纪以来汉语标准音给各地方言所带来的变化，这方面的例子比比皆是，此处不赘。

2.2.3　不能将层次对应于"文、白"

笔者把汉语方言的层次定义为一个共时音系中存在的不同音系的叠置，为的是能清楚地看到层次的叠置。笔者赞成陈忠敏根据不同的"层次又音"(即文白异读)将只有一读的字归入相应的层次，但这种分

[①] 至于苏州话早期下层音的卷舌音变化，笔者同意王洪君(2006)的说法，即照三系与精庄组洪音合流为舌尖音，它属于本地低层方言的自然演变。笔者认为，既然是自然演变，无须再分层次。

析只限于共时音系，因为超出共时的范围便难以判断它们的社会特征，只能以历时的先后分出层次①。我们虽然可以根据西方历史语言学的内部构拟法，将不同音韵特征的音类归入不同的层次，但不能将所有历史层次都贴上非"文"即"白"的标签，历史层次不可能与"文、白"形成一一对应的关系。

下面引述对于苏州话照三系的近现代读音的不同分析，说明历史层次无法与"文、白"直接对应。丁邦新(2002)根据陆基1935年《苏州同音常用字汇》的材料，将下列字的文白异读排列为(2)(甲、乙由本书作者所加)。

(2) 苏州话文白异读举例

例字	甲	乙
	文言	白读
章	tʂã	tsã
唱	tʂʰã	tsʰã
伤赏	ʂã	sã
射	ʐɤ	zo
菖阊	tʂʰã	tsʰã
赤	tʂʰəʔ	tsʰɑʔ
石	tʂʰəʔ	zɑʔ
盛	ʐẓn	zã

丁邦新认为陆基所列这些字的音韵类别以声母为依据，甲组的卷舌声母反映文言层，乙组的平舌声母反映白读层，并且《字汇》里其他照三系的字绝大部分都是卷舌音。陈忠敏(2007)则认为这些字的音韵层次体现在韵母上，与声母的卷舌、平舌无关。 (2)文言层的音韵特征为韵母ã或əʔ，白读层的音韵特征为韵母ã或ɑʔ。他以"章赤石盛"四字今音的读法为证， "章"文读[tʂã˩]、白读[tʂã˩]，"赤石盛"文读韵母分别为əʔ或ən，白读韵母分别为ɑʔ或ã；它们现今声母都是平舌。再根据文白层次的系统性，将只有一读的"唱伤赏阊"依其韵母ã的读音归入白读②。

---

① 本章第三节将详细讨论层次的历时先后。

② "菖"字依其韵母ã的读法被看作文读。

至于(2)的声母上的差异，陈忠敏引用叶祥苓(1988:77)苏州话的文白异读"表九"里的例子①，认为"旧派"按例对照三系的文白异读应该是"吹"[tsʰE¹]文、[tʂʰʮ¹]白和"水"[sE³]文、[ʂʮ³]白，这跟丁邦新对这两字声母的文白属性的看法相反。丁邦新(2002)专门讨论了苏州话"吹水"两字的文白异读，主要是针对韵母[E]~[ʮ]的文、白对应，顺带提及了它们的声母。他认为这两个字的白话卷舌音来源较早，依然保留照三系的卷舌音，因为无锡、常熟的白话音也读卷舌音；而它们的文读平舌音是从卷舌音变来的，可看作晚期演变，也可看作"文白混合产生新读音"。

从对苏州话照三系"吹水"的分析看到，丁邦新、陈忠敏两人都从今音的韵母特征上区分文白，但对于这类字的声母特征，两人看法不同。丁邦新认为照三系的早期读法是卷舌音，文言读[tsʰ]、[s]大概是后来变成平舌音，属于后期演变。陈忠敏认为从层次的系统性以及邻近方言的对应性上缺乏相应的材料，所以这类字声母的卷舌、平舌与文、白之间没有对应关系。

此前(2.1.3节)提出的疑问，即如果某字的声、韵、调三个方面属于不同的层次，应该如何判断该字的层次。从目前的做法看，似乎还没有一个理论上可行的办法能解答这个疑惑，因为对声、韵、调本身的演变都可能有不同的解释。

再比较丁邦新对"章赤石盛"等的声母文白分野和"吹水"的声母文白分野的分析，他将照三系读卷舌音的看作早期形式，并且文读和白话都可能保留早期读音，他认为"卷舌的读法是大部分主流的演变，并不是少数的文言音"；而读舌尖音则是晚期的演变。所以早、晚与文、白不能对应。此前曾提及丁邦新(2007)关于两个文读层显示先后演变关系的说法，并加上(1)的图式表示前后两代文读音之间的演变关系，笔者相信，他的那段话大概也是对(2)的苏州话卷舌/平舌与"文/白"之辨的回应。可以这么理解：这些字在早期苏州话里都是卷舌音，现今都为平舌音，从卷舌音到平舌音显示了先后演变关系；这种演变或者是受

---

① 叶祥苓认为"吹"和"水"的韵母不同才是分辨文白的特征，韵母[ʮ]为白读音，韵母[E]为文读音。

了白读音的影响而发生，或者是"晚期方言移借"。

　　以上笔者试图借苏州话的例子说明语音整体性的观点。丁邦新对于《字汇》里照三系"卷舌的读法是大部分主流的演变"这个观察很有启发意义，它说明照三系卷舌的读法曾经是苏州话的主流读音，不分上层、下层。后来应该是下层音先变平舌，然后上层音受到下层音的中和，从卷舌到平舌，使得历史上曾经有过的卷舌特征几乎完全消失。对于以上下层先变、上层后变的顺序，王洪君(2006)持相同的看法，她认为本地高层方言(文读)保留早期的卷舌音，本地低层方言(白读)为舌尖音，后者属于自然演变。

　　对于苏州话的例子，如果运用"上层音特征"和"下层音特征"的概念，可以避免"晚期方言移借"这类说法的迟疑和颠顶①，也能为"文白混合产生新读音"提供一个合理的新注。

2.2.4　由北京话的"文、白"引起的主宾纠纷

　　由于文白异读一般被视为"本方言"、他方言的不同，于是产生了北京话的文、白异读孰主孰宾的问题。李荣(1982:59, 52-4)认为，文言音、白话音是两个沿用的名目，白话音用于口语色彩较浓的地方。他在分析北京话的古今演变规律如"色择熟"等字的一字二音时，常以"又音"称之。对于北京话读书音的来源，他曾说"北京话的文白异读，文言音往往是本地的，白话音往往是从外地借来的"(1982:115)。李荣举了两个借字的例子，一是"搞"，一是"尴尬"，它们现在的读音都是外来的，不符合北京话的古今音变规律。笔者(1998)曾猜测，李荣所说的北京话的"白话音往往是从外地借来的"指"搞"、"尴尬"之类不合北京话古今音变规律的方言借字，而不是一般常见的铎、药、觉、屋、德、陌、麦等

---

① 丁邦新把苏州话这类字的新派发音看作邻近吴方言的移借，这个做法也受到王洪君(2006)的质疑。丁邦新在苏州话文白异读孰主孰宾的问题上表现出明显的犹豫，如"现在我们推测苏州方言文言音的卷舌读法大概保存了较古的面貌，反而白话音是从其他吴方言借进来的"。"当然我们不能否认也有白话是早期读音，文言音是后来整批方言移借的可能。但在衡量旧派能分 tʂ、ts，新派不分的现象之后，还是认为白话音是后起的"(2002:424)。

韵入声字(如"色择熟")的文白异读。李荣主张将古今演变与文白异读分开，不要混在一起，他说"语音对应规律讲的是现代语音，语音演变规律讲的是古今演变……我们不能把古代音韵分类的字眼放在对应规律里来讲"(1982:20)。这段话的意思是不要把语音对应规律和语音演变规律糅合一起；文白异读或者本地音、外来音属于语音对应，不能将之对等于语音演变。

王福堂(2006)分析了现代北京话的铎、药、觉、屋、德、陌、麦等韵入声字的文白异读在声、韵、调方面与其他方言的语音对应，他认为从语音系统上看，"北京话成系统的文白异读仍然是读书音来自异方言，口语音是方言原有的，情况不是例外。"即使现代北京话有个别从外地借来的口语音，如"芥菜"的"芥"读[kai]从南方方言借入，那也只是个别字的说法。在北京话成为民族共同语的语音标准之前(清代中叶)，北京话自然也受当时权威异方言的影响，借入的应该是读书音，不是口语音。

笔者认为，以上二位学者的不同观点反映了他们对北京话的文白异读以及本地音、外地音的视角不同，所以对象也不同。李荣在讨论方言借字时说北京话的"白话音往往是从外地借来的"，说的是北京话口语里那些不合北京话音变规律的口语词，它们从外方言借入，可以叫外地音；对于常见的北京话入声字的"文白异读"，按李荣的观点推断，它们都符合北京话的古今音变规律，所以都是本地的，不是外来的。按照李荣的看法，现代北京音系作为民族共同语的语音系统，从外地借入的成分是零碎的、不成系统的，只限于个别借字。从北京话的古今音变规律上，李荣的说法并没有错。

王福堂的分析也不无道理，他从另一个角度考察文白异读，这个角度就是"文读异源论"。他先把同一音类的不同读音看作先后层次，叫同源层次；再把来自异方言的成分叫作异源层次①。李荣、王福堂二人的不同在于：王福堂将文白异读的"文读音"从来源上归入异方言成分，李荣则将这类文白异读(不论是文读还是白读)都看作同一音类的不同读

---

① 本章2.1.2节曾提及王福堂(2006)把厦门话的文读音看作古代韵书的音系，因此性质上也是外来的。

音，也叫"又音"，它们合乎北京音系的古今演变规律，不是外地音或者异方言成分。

从以上比较看出，北京话"文、白"的主宾纠纷来自不同的看法以及不同的对象。如果研究北京音系的古今演变规律，"文、白"这两个名目所带来的麻烦是显而易见的，它们的所谓"沿用的"好处对分析北京音系却是有限的。如果研究汉语标准音的历史演变层次，王福堂的做法似乎更可取。

2.3 层次与叠置

在汉语方言的层次研究上还有一个流行术语叫"叠置"，它也成为容易引起误解的术语。本书第六章第四节没有区分"叠置"与"层次"的不同，笔者把它们当作同一现象的不同名称。如果说"叠置式音变"要比"层次式音变"容易接受些，那是因为"叠置"的说法突出不同音类之间的"合"，"层次"的说法突出不同音类之间的"分"，这样区分"叠置"与"层次"也无可非议。

然而，有些学者认为这两个术语性质不同。"叠置式音变"首先由徐通锵(1991)提出，他认为两种不同系统(指文白系统)同源音类的因素相互竞争，其中一种因素失败而被另一种因素取代，使该语言系统里的叠置痕迹得以消除，这种音变过程叫叠置式音变。

王洪君(2006)从所谓动态、静态的角度区分"叠置"与"层次"："叠置"从动态音变或从共时音系的角度看层次，看外源音系是如何叠加在自源音系上；"层次"指一个共时语言系统里成系统地共存着的不同语言(方言)来源的成分。这两个角度都是看共时音系，只是"叠置"指音变过程，"层次"指音变结果。

笔者认为，层次体现了音变的结果，这是毫无疑义的。至于"叠置式音变"因表示音变的动态过程而使得"叠置"与"层次"有别，这个说法值得商榷，"叠置"能看成一种音变方式吗？

2.3.1 "竞争"不是一种独立的音变方式

徐通锵(1991)在论证"叠置式音变"时将音变方式分为"变化"和"竞争"两种,"变化"指音变的结果,"竞争"指音变的过程。瞿霭堂、劲松(2008)认为,"变化"和"竞争"本质上并无对立,将音变的过程以及音变的结果看作两种不同的音变"方式",并无实际意义。他们认为汉语文白异读的变化没有所谓特殊的"竞争"方式,"叠置式音变"不是一个独特的音变方式。

笔者(2009)赞成这个观点,并进一步引用拉波夫(1994)以实证考察语言变异的理论说明,"叠置式音变"在方法论上所依赖的"词汇扩散论"并未证实它所声称的词是语音变化的最基本单位。对于"词汇扩散论"坚持音变的基本单位是词而不是音位,拉波夫从语言变异的角度提出,词是社会意义的承载体,当人们谈论语音变化,当然着眼于具体的词,而不是声音;只有到了音变过程接近尾声的时候,人们才会有意识地修正自己的发音。他提出一个音变原理的"悖论":语音变化似乎是音位的变化,也好像以词为变化单位;如果历史材料各有支持,无法否定对方,就应该考察语言的共时变异。拉波夫等人以美国费城的社会语言学调查证明,音变是语音的变化,不是词的变化。他们对费城语音的一项研究说明,原来的短a变为紧元音的/æh/只影响了部分的词而不是所有的词,这种语音分化不存在词汇上的选择[1]。拉波夫从一个名叫卡罗尔的调查对象所说的含有紧元音/æh/的众多词语里挑选了五个使用最高频率的词,即'half', 'pass', 'last', 'Pan Am', 'can't',并将这五个词的高度系数(F_1和F_2的矩阵)分别加到可能对紧元音/æh/产生影响的五种不同的语音条件,结果发现单个词的选择对/æh/的高度系数没有影响。拉波夫(1994:469)这样总结道:或许这五个词有偶然性,而别的五个词能看到词汇的影响;但如果词汇扩散的方式声称为音变实施的基本模式,那么在我们以各种方法考察的"北部城市语音转移"和"费城语音转移"里,应该起码能看到一例词汇上的选择。

---

[1] 参见本书第六章3.4节对于该研究的详细介绍。

根据拉波夫以实证方法考察语言变异模式的研究，我们看不到"词汇扩散论"所声称的词是语音变化的最基本单位。徐通锵的"叠置式音变"完全依靠了"词汇扩散论"；既然后者未能证实，那么"叠置式音变"就缺少了理论基础。

2.3.2　青少年的读音不代表语音演变趋势

"叠置式音变"的另一依据是"竞争"。徐通锵把"竞争"定义为"不同系统的因素共处于一个系统之中，因而相互展开了竞争，如果其中某一个系统的因素在竞争中失败，退出交际的领域，那么在语言系统中消除了叠置的痕迹，实现了两种系统的结构要素的统一。我们把这种竞争的过程称为叠置式音变。"而汉语的文白异读是竞争的典型形式，并且"竞争的总趋势一般都是文读形式节节胜利，而白读形式则节节'败退'"(1991:353)。[1]

下面具体分解徐通锵所提出的所谓"竞争"的三个阶段。

第一阶段是"文弱白强"，文读形式的出现受到极为严格的词汇条件的限制。他举的例子是山西闻喜方言麻韵三等章组字的韵母形式，文读 -ə，白读 -iɛ。在他所调查的 15 个语素中，只有中老年人将一个"社"字在"社会主义"这个词里念文读形式 ₛsə，其他都念白读的 ₛsiɛ。

第二阶段是"文白相持，势均力敌"，表现为有些词语的读音文白共存，甚至日常用语都能文白并用，如"车、蔗"的韵母为 -ə或 -iɛ。这一阶段青少年与老年人有明显不同，青少年的文读音多于老年人的。

第三阶段是"文强白弱"，这阶段白读形式的出现受到词汇条件的限制，有的只出现在地名里。根据这些地名留下的白读音残迹，能够知道该方言曾有过这类形式，它们在方言史研究中具有重要价值。

以上三个阶段所反映的文读音在闻喜方言逐渐增多、白读音逐渐减少的现象，被解释为"竞争"，被看作一种典型的"叠置式音变"。

---

[1] 这个说法当然不适合北京话。徐通锵(1991:349)在一脚注中引用了李荣关于北京话的"白话音往往是从外地借来的"那段话，却无法解释为什么北京话的"文、白"与其他汉语方言有异。

对于以上的"叠置式音变"，需要考虑两个方面：一是不同年龄人群的语言情况不一定能说明音变的历时先后；二是音变的方式。这里先讨论不同年龄的人群。

比较不同年龄的言语社团，一定会发现语音的差异，这并不代表语言演变的历时先后。青少年由于处于学习阶段，受到多方面的影响，包括朋辈的影响，他们属于一种不定型的言语人群，其发音并不代表语言演变的趋势。Chambers (2009:201-2)举了一个例子，加拿大南安大略省以及多伦多市的孩子们受到美国电视(如"芝麻街"等儿童节目)的影响，会把字母Z读作[zi](美国读法)，他们成年后就会放弃美国发音，改为本地读法[zed]。1979年多伦多市有个调查，12岁的孩子有三分之二的人将Z读作[zi]，而成年人这么读的只有8%；到了1991年，又调查了多伦多市20至25岁的成年人(即12年前的孩子)的发音，当中只有39%的人读[zi]。Chambers预测还会有更多的成年人将Z改读[zed]，因为同一调查显示该市30岁以上的人群只有12.5%的人将Z读作[zi]。

同样的现象也体现在汉语方言区的人对待方言的态度。陈立平(2009)调查了江苏省常州市不同年龄的人群对"随着普通话的普及，常州话是否会消失"的看法，结果发现中学生(15-20岁)对常州话的信心最低，只有28%的人；而相信常州话不会消失的人群随着年龄的增长呈递增趋势，三组的年龄分别为21-40岁、41-55岁、56岁以上，三组对自己方言的信心分别为49%、55%、67%。常州话的例子说明，青少年受学校及朋辈的巨大影响，他们的语言态度并不代表整个社团的语言态度。加拿大多伦多市的青少年对字母Z的读法说明，青少年的语音现象也不代表整个社团的语音演变方向。

本书第六章3.4节曾引用王士元、沈钟伟(1991)对"老派"、"新派"上海话里元音 /ã/, /ɑ̃/ 分合情况的调查，以显示"新派"上海话"词汇扩散的动态描写"[①]。他们根据"新派"上海话的元音 /ã/, /ɑ̃/ 合并为 [Ã] 的报道(许宝华、汤珍珠1988)，如"张"[tsã⁵³]、"章"[tsɑ̃⁵³]都读为[tsÃ⁵³]，认为有必

[①] 笔者在分析"词汇扩散论"时曾引用该例，说明该理论从最初的"音变的竞争造成剩余"这一抗衡于"语音规律无例外"的观点蜕变到观察个人言语的差异，它已经背离了"词是语音变化的最基本单位"这一理论的核心价值。

要描写这一音变的具体过程，于是将28个/ã/音字和56个/ã/音字组成28个三字组。每组有一个/ã/音字和两个/ã/音字。要求测试者对这三个汉字进行判断。收回的有效答卷376份，三十岁以上的35份，二十九岁以下的341份(其中9-19岁285人，20-29岁56人)。统计结果显示，/ã/和/ã/二者完全不分的有151人，占40%；圈出不同的(1个至27个不等)有225人。

　　该项目的研究者观察在元音合并的青少年人群(225人)中间每个字在个人语言里的变化是否同步。他们举例说明了三个被测试者对"浜朋棚彭碰蚌"六个/ã/音字的选择，显示在这三人的个人语言里/ã/音位依然存在，不过三人的音位内容各不相同，他们将它视为"新派"上海话里"词汇扩散"的动态描写。

　　由于我们无法了解这三个被测试者的具体年龄，不能确定他们是否也像加拿大多伦多的年轻人那样将Z改读[zed]。但上海话的/ã/, /ã/分合属于共时变异，这些测试对象(主要是青少年)可能参照"老派"上海话将他们原来合并的字音分开，因此该例也可用来说明上海青少年的语音并不代表社团语音演变的方向。

　　以上徐通锵所举的闻喜方言的文、白变化以及词语的文、白并用，也都是以青少年的读音为参照，这种人群使用的文读音就代表"新"，白读音就代表"旧"。其实，这只说明了青少年受普通话的巨大影响，并不表示语言新、旧形式的更替也是这么快。中国这五十年来推广普通话，使得各地方言迅速接纳新字音而逐渐放弃旧字音，这种字音的类比速度是前所未有的，它是当代中国特殊的社会语境造成的，不能代表汉语千百年来语言历史的常态。我们难以找到语言演变常态的通用公式，例如"格里姆定律"只能解释原始日耳曼语的辅音变化，"英语元音大转移"只能解释从古英语到中古英语再到现代英语的元音变化；而现代汉语方言的所谓"文白竞争"也只能说明汉语方言这五十年来特殊历史环境下的特殊现象；像本书第二章3.3节曾引用过的20世纪初瑞士的一个名叫沙美(Charmey)的小村庄二十多年的语音演变，有的音变化快一些(如[aᵒ]→[ɑː])，有的音变化慢一些(如[e]→[eⁱ])，有的音则根本无变化(如[θ]→[h])，它说明在语言历史的常态下，音变没有一种固定的模式。

当然，汉语方言的历史演变一直受到"雅言"的影响，这可看作汉语方言的演变模式。但不同时期的"雅言"本身也经历了变化，历史上的"雅言"是什么样子，"雅言"与方言的关系怎样，是否像现在这样语音上完全是"雅言"作用于方言的单向影响，"雅言"本身又是如何演变的，这些问题没有弄清楚，我们难以将当代特殊的社会语境所造成的现象看作千百年来汉语演变的历史常态。

2.3.3 "竞争"与类比

再看"文白竞争"的实施方式。

即使我们对某一方言的调查发现三十年前后的语音有所不同，也不能证明音变以"竞争"的方式实施。历时先后的不同状态只能证明语音变化的结果，不能说明语音变化的方式。汉语方言的所谓文、白"竞争"是一种由新、旧字音的类比而发生的变化，旧字音通过类比新字音而被逐个地套用，经过时间的推移而产生所谓新音"由弱变强"，即新字音逐步代替旧字音。以上"竞争"的三个阶段，其实反映了类比发生的不同阶段；除此以外看不出"竞争"还有自己的音变方式。

下面比较类比与"竞争"的过程。一般所说的类比以四项类比公式为代表[①]，它表示为(3)。

(3) 类比公式

a. $a : a' = b : X$

b. $X = b'$

(3a)表示从一对已知的 $a : a'$ 词形类比另一对 $b : X$ 的词形，其中后一对成分 b 为已知项，X 为未知项。(3b)表示根据前一对 $a : a'$ 词形对应于后一对词形，未知项 X 可推测为与 a' 相应的 b'。比如，英语 cow "母牛"复数形式的类比是依据了 stone "石头"之类的复数形式，其类比程序表示为(4)。

[①] 对于类比公式的说明及其在汉语史研究中的运用，参见本书第三章2.3节。

(4)　stone : stones = cow : X

　　X = cows (取代早期形式 kine)

汉语词形缺乏形态变化，所以不能照搬以上四项类比公式来分析汉语词的类比，但我们可通过该公式的对应性说明汉语词的类比变化的平行性。所谓平行性，相当于公式 a:a' = b:b' 前后两组之间的对应性，即 a 与 a' 的关系平行于 b 与 b' 的关系。这种由两对相关项构成的平行关系，可用来解释汉语同一音类的词与词之间的类比，其原则与印欧语的词形类比是一致的。

　　下面以闻喜方言麻韵三等章组字的韵母为例，将同一音类字的某一读音作为对应项，运用类比公式解释同类字之间的类比变化。如"社、车"都属于麻韵三等，闻喜方言的白读韵母为 -iɛ；如果"社"字受"社会主义"的影响而读 -ə 韵，那"车"字也有同样的文读韵母，其类比步骤表示为(5)。

(5) 闻喜方言麻韵三等 -ə 韵的类比步骤

a.　　社:车 = -ə$_文$:X$_文$　　该等式可转换为等式 a'，即：

a'.　社:-ə$_文$=车:X$_文$

b.　　X$_文$= -ə

c.　　"车"的文读为 ts'ə

　　以上等式 (5') 相当于类比公式 (3a)，但 (5') 不是直接得到的，是由 (5a) 转换而来。等式 (5a) 的依据是同一音类的字作为对应项，将 (5a) 转换成 (5') 是为了在形式上与典型的四项类比公式如 (4) 相一致。

　　以上比较说明"竞争"所表示的音变步骤并没有超出类比方式。徐通锵认为两种不同系统(指文白系统)同源音类的因素相互竞争，其中一种因素失败而被另一种因素取代，使该语言系统里的叠置痕迹得以消除。笔者认为这种音变仍属于语言演变的一般规律，"叠置式音变"没有自己的音变方式。

第三节　汉语层次的历时先后

3.1　对于层次的早期认识

汉语史学者对于层次的认识并非现在才有，以前虽然没有直接使用"层次"的术语，但类似层次的概念在一些论述中早已存在，只是说法不尽相同，认识也有不同。在20世纪末展开汉语层次讨论之前，中国学者对于汉语层次的早期认识大概有这么几种看法：一、将存在于现代方言中的所谓"不规则的变化"看作方言之间的语音对应关系，如王力(1985)；二、从方音史的角度提出口语音属于"早期层次"，书面语音属于"晚期层次"，如鲁国尧(1988)；三、方言的分布体现了语音史演变的阶段，阶段性反映了历时的先后，如丁邦新(1982)。下面分别评论这三种看法。

3.1.1　他方言的遗迹反映语音的对应关系

现代方言存在他方言的遗迹，学者们早就注意到了；如何从系统上解释这类"例外"现象，王力(1985)的《汉语语音史》代表了一种较为普遍的看法。他在该书"不规则的变化"一章里将"偶然性"列为"不规则"变化的三大原因之一①。他所说的北京话不规则变化的"偶然性"指不符合北方话的语音发展规律，但在其他方言(如梅县话、广州话)却是规则的，如北京话"特"念送气的 [tʻ]，属于不规则变化；"特"在客家梅县话也念送气，但属于规则变化，因为古全浊入声字在客家话都变送气。王力说这些不规则的变化"也不是绝对偶然，必须是邻近的音，然后可以转化"(1987 [1985]:770-4)。

王力的方言之间可"转化"的语音对应关系，也可理解为同一音类在不同地区的分布。如果将同一音类在不同地区的不同情况看作语音历

---

① 另外两个原因是"文字的影响"和"方言和普通话的相互影响"，前者指读音受到谐声偏旁的影响，后者分为两个方面：一是方言影响普通话，一是普通话影响方言。

史演变的阶段性，那么以上所举的北京话"特"字的"偶然性"，其实代表了语音演变的阶段性在现代北京话里遗留的层次迹象。当然，王力没有将更多同类的"偶然性"归纳为某种历史层次，也没有使用"层次"的术语，但这个思路似乎隐约地显现了层次的概念。

然而，现代方言里最能反映层次概念的文白异读现象，在王力的这部著作里被看作"普通话影响方言"，将之与"方言影响普通话"并列，二者被归为另一种"不规则的变化"的原因。这种做法对于探索历史层次不是正确的思路，因为它将两类不同性质的语音现象混合一起。比如，对于"方言影响普通话"，王力举了"癌"的例子，认为该字在北京话本应读如"岩"，因受到吴方言的影响而读[ai](1987 [1985]:768)；而对于"普通话影响方言"，王力举了不少现代方言里文白异读的文言音与北京话的对应。这样排列"方言和普通话的相互影响"，把规则的、成系统的对应和不规则的、个别的借用并列一起，忽略了文白异读在考察方音历史演变上的重要价值，也忽略了对这种最能反映语音历史层次的方音现象的剖析。将这两种本质上不同的语音现象并列，除了名称上的对应，并没有多少实际的意义。

3.1.2　从方音史看"早期层次"和"晚期层次"

中国学者对方言史的研究应该从罗常培的《中国方言研究小史》(1934)开始，此后有许宝华、汤珍珠《略说"五四"以来的汉语方言研究》(1982)，何耿镛《汉语方言研究小史》(1984)，王福堂《20世纪的汉语方言学》(1998)等。鲁国尧认为这些都是概论性的，还缺少对某一具体方言演变历史的研究，他是这么评论的(2003 [2001]:194-5)：

> ……如果需要打个比方，罗常培、何耿镛、许宝华、汤珍珠、王福堂五位先生的论著仿佛是史学上的"通史"或"断代史"、目录学上的"总集"，它们讲的是全局的问题，而个别方言的研究史则是"国别史"、"别集"，它所涉及的是局部问题甚至是细部问题。

对于具体方言演变历史的研究，可以鲁国尧的《泰州方音史与通泰方言史研究》为代表。这部长篇论著(十万余字)完稿于1965年，二十二年后略加修订,1988年3月发表于日本亚非语言文化研究所《亚非语の计数研究》第30号,2003年辑入《鲁国尧语言学论文集》。笔者认为这部作者自称"少作"的方音史大作,堪称汉语方音史及区域方言史研究上的原创之作。它的贡献是多方面的,此处主要评述该文关于方音层次上的观点。

通泰方言处于江淮官话和吴语的过渡地带,按照方言融合的看法,通泰方言由于地处江淮官话区的边缘,北接吴语,必然受到吴语的影响。作者认为这只是"平面观察的结果";如果考察历史纵面,他提出一个大胆的假说:江淮之间本为吴语,直至4世纪,北方话将吴语逐退至江南武进、常熟一线。江淮之间的官话方言具有吴语的底层,如韵母单元音化,阳声韵尾的丢落使韵腹元音鼻化,山咸摄一等和二等元音有别,声调依古声母的清浊而分化,入声有两个,喻三和匣相混(鲁国尧2003 [1988]:93)。加上作者钩稽了丰富的史料论证4世纪初永嘉之乱以后大量北方移民迁徙至江淮间,这一带于是时由吴语区变成北方话区。

如果说鲁国尧所论述的通泰方言具有吴语的底层只是一种假说,那么他关于泰州话口语音属于"早期层次"、读书音属于"晚期层次"的分析则是对方音历史层次的一次具体论证。

鲁国尧通过比较泰州附近的泰兴话和如皋话,发现这两处方言有大量的字在念文言文或者书面语时跟口语音一致,他推测这两个方言里原来应该是"言文一致"的。此外,泰州话里具有书面语读音的词虽然比这两个邻近方言多一些,但原来的泰州话在语音上也应该是"言文一致",因为有些较文的字只有口语音。现代泰州话里读书音的增加,大概是受了清末民初始兴的汉民族共同语——"白话"的影响。比如,现代泰州话的语音特点之一是古全浊上和浊去不独立成调,这组字很多有文、白两种声调,口语音为阴平,书面语音为去声。将泰州话的这一声调特点与邻近的方言相比较,他发现泰州话念阴平调的情况与泰兴、如皋、东台话一致,而念去声的则与扬州话一致(后者与北方官话一致)。

为了进一步求证这点,鲁国尧将这一类的几百个字分别请泰兴、如皋、东台三地的人念过，发现这三地，尤其是泰兴、如皋两地，其中只念阴平调或者可念阴平调的字比泰州的多，而只念去声调或者可念去声调的却比泰州的少，这显示了泰州话因靠近扬州而具有较多的宁扬方言的特点，也显示了泰兴、如皋离扬州较远而较少受到宁扬方言的影响。

在泰州话文、白读音使用的社会功能上，鲁国尧提出口语音是本地土音，而读书音旧称"官音"，因泰州的老一辈读书人把早期的读书音叫作"官音"，它是由当地比较高级的知识分子传开来的"官话"之音。随着清末民初的"白话"成为汉民族共同语的文学语言,泰州学堂里的读书音(即从前的"官音")势力逐步加强，形成了泰州话的文白异读，如"上学"之"学"土音为[xaʔ⁴⁵]，而"学堂"之"学"读书音为[ɕiaʔ⁴⁵] (鲁国尧2003 [1988]:73)。

笔者认为，泰州话读书音的最早形式是"官音"，早期本地高级知识分子极少， "官音"是少数高级读书人(包括朝廷的命官)在有限场合内使用的语音，它的流传范围有限。本地不识字的人讲土音；即使识字的人，如果读书不多，或者没有受到高级读书人的严格训练，他们并未掌握"官音"音系，所以他们所用的字音没有超出土音范围。鲁国尧推测的早期泰州话是"言文一致"，大概指这种状况，即本地一般识字人的语音没有超出本地音的范围。

泰州话的这种状况一直持续到清末民初"白话"成为汉民族共同语的文学语言。随着各类学堂的开办，教育的普及，从前极少数人使用的"官音"成为一般学堂里的读书音，它的音系相当于清末民初的"白话"音，于是逐渐形成了现代泰州话的"言文异读"，这就是泰州话文白异读形成的历史过程。根据这一历时的先后，鲁国尧提出口语音的古全浊上和浊去混同于阴平属于"较早层次"，它们在书面语音里变为去声属于"较晚层次"(2003 [1988]:43)。这个观点明确区分了泰州话文、白两个层次的历时先后，并且论证了这两个层次的来源。

笔者认为，论证音类的不同层次是一方面，论证层次的历时先后则是另一方面，综合之二者才能显示语音的历史层次。此前说过，早期汉语史学者也有层次的概念，但缺乏对层次的历时先后的论证，所以他们的层次概念不够清晰。鲁国尧以泰州话的例子说明了口语音、读书音属于两个不同层次，并以具体的历史形成过程论证了两个层次的来源及先后，该观点完成于20世纪60年代中期，称得上当时方音层次分析的一个创新。

3.1.3 从音变的历时先后看方言的历史层次

对汉语方言进行分类，必然先有个分类标准。以前似乎没人说出这个标准；或者根据汉语的方言状况，没有一个统一的分类标准。丁邦新(1982)从比较汉语方言分区的语音条件入手，提出了汉语方言分区原则，该原则将历史性的条件与历时性的先后结合，可视为汉语方言分区的一种理据。此外，他以独特性的条件分出闽语和客家话，也可视为汉语方言分区的历史层次概念。

下面先分析该文如何将方言分区、历史性条件、历时性先后三者综合起来。丁邦新(1998 [1982]:168-9)认为，方言分类的语音条件一般具有两方面的性质：一是历史性，相对于平面性(即最晚期的语音差异)；二是普遍性，相对于独特性。这两种性质可以交叉配合，但"最早期的条件最重要"，"用早期历史性的条件区别大方言；用晚期历史性的条件区别次方言；用现在平面性的条件区别小方言。"这种以语音演变的历时先后作为大方言分区的原则，可看作将音变条件与音变的阶段性(历时的先后)结合，再将之对应于方言的分布。这种将音变条件、音变阶段性、方言分区相结合的做法，在汉语方言分区上属于首创，是对西方历史语言学以不同音变区分历时先后的成功借鉴。本书第三章3.1节介绍的"格里姆定律"和"古高德语语音变换"在德国的名称分别为"第一日耳曼语语音变换"和"第二德语语音变换"，前者解释了公元前1世纪原始日耳曼语从原始印欧语分化出来，后者解释了4世纪至8世纪古高地德语的辅音演变。后一变换只适用于"高地德语"(Upper German)区①，它包括瑞士及德国西南部的德语；由南往北，从中部德语(Central German)到低地德语(Low German)，语音变换的规律性逐渐消失(Hock

---

① "高地"指这一地区为陡峭的高地，它与中部和低地的平缓地形有很大的不同。

& Joseph 1996:353)。比较这两条早期日耳曼语的语音变换规律，在历时的先后上，"格里姆定律"早于"古高德语语音变换"；在语言分区上，根据"格里姆定律"分出原始日耳曼语，根据"古高德语语音变换"分出古高地德语，后者区别于西日耳曼语(West Germanic Languages)，如英语和低地德语等。

如果将音变条件、音变阶段性、语言分区这三者构成对应，再从汉语语音史的角度将语音变化的先后对应于汉语方言分化的先后，这将有助于认识汉语方言的语音特征，可以比较容易地看到方言里保存的早期音变痕迹；如果这些早期痕迹具有音类上的特点，就可以说晚期方言里存在早期的历史层次。从这个意义上说，丁邦新以语音演变的历时先后作为方言分区的原则也显示了汉语方言史的历史层次概念。

然而，这个方法对于考察汉语次方言或小方言的历史层次帮助不大。丁邦新想凭借少数音变条件明确分出几个大方言，再利用其他条件分出次方言和小方言，这种分法，尤其是大方言的分法，其实与西方19世纪的语言谱系模式一致。本书第六章第二节曾讨论过施莱赫尔谱系树的合理性和局限性，谱系演变的合理性在于语言(或方言)之间固有的亲属关系，亲属关系是语言(或方言)可比性的基础。某个语言从哪个语言分化而来，成为语言发生学、历史比较法所研究的对象。随着研究的深入，谱系树所展示的语言亲属关系也成了它的局限性。该理论认为语言的演变与分化，从主干到分支都呈现单向性，不发生分支间的交互影响。这种直线性分化方式对解释汉语方言的分化是远远不够的。从汉语方言的实际情况看，方言的演变不仅跟它的早期方言有关，也跟它的邻近方言有关，即除了亲属关系，还有亲疏关系，后者指方言之间在区域政治、经济或文化上的接触和影响。此处笔者借用福克斯(Fox 1995)的树形来图示汉语方言演变过程中的亲属关系和亲疏关系，图中的方框为笔者所加。

(1) 方言历史层次的产生

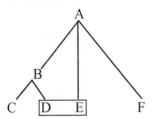

上图原本用来显示各成员之间的对等关系，如B, E, F对等，都从A分化而来；C, D对等，都从B分化而来；C与F不对等，D与E也不对等。所谓不对等，就是不属于同一历史层次。笔者曾指出(参见第六章2.2节)，语言演变或者分化过程中的相互影响，既有来自对等成分的，也有来自不对等成分的，(1)的D, E的关系就代表了不对等成分的影响。方框代表D方言里存在着E方言的成分，或者E方言里存在着D方言的成分。它表示D, E之间亲疏关系的影响大于亲属关系，也就是说，由于方言接触的关系，D方言以某种音类形式保存了E方言的某种形式。以层次的观点看，就是晚期方言D保存了较早期形式E的某种成分，形成了D方言里有个与E方言对应的历史层次。

丁邦新(1982)的做法，特别是对于大方言的分区，基本上属于谱系理论的方法。他把汉语大方言的演变看作一种从主干到分支的单向分化，他这么说(1998 [1982]:169)："早期分出来的方言可能保存若干母语的痕迹，等到母语发生变化之后，晚期再分出来的方言自然不可能保有变化之前的语音现象。"如果以(1)解释这段话的意思，大概这么理解：从A分化出来的B, E, F类比早期分出来的三个方言，它们都带有母语A的痕迹；等到B再分化，晚期分出来的C或D就不可能保存A的痕迹了。

历史比较法有个原则：前代的语音一旦变化了，后代人就不可能知道前代的语音，所以不能凭晚期的音素直接推测早期的音素[1]。这是历史比较法在建立对应关系、确定同源成分时所遵循的一个原则(参见本书第六章2.3.1节)，此处将它视为语音变化的绝对先后原则。如果以历史比较法的语音变化的绝对先后原则类比汉语方言的分化，必然将后

---

[1] 必须比较晚期相关音素的语音环境来推测早期的语音变化，参见本书第四章2.3.2节。

者处理为从主干到分支的谱系型分化；而对于不符合谱系型分化的例外，或者以独特性条件另立一类，或者忽略不计。

"忽略不计"的做法容易忽略一些有意义的特征，因为谱系型分化的例外可能代表了某种跨方言的历史层次，虽然目前还不能有效地解释跨方言语音层次形成的历史原因，但不能无视它们的存在。"独特性条件"则是一个不错的权宜之计，丁邦新(1982)就是以独特性条件分出闽语和客家话的①。

下面以湖南双峰话的古知彻澄三母今读作t, t', d为例，说明这一被视为湘语的"特例"可能反映了老湘语所保存的上古音层次，而这一层次正对应现代闽语的主要特征。

古知彻澄三母今读t, t', d是上古音的痕迹，闽语以此作为较早从上古汉语分化出来的依据之一②。然而，在以双峰话为代表的"老派"湘语或较早"层"的湘语里③，除了有一套完整的浊塞音、塞擦音和擦音外，古知组、章组、见组跟三等韵相拼今多读t, t', d，古知组的例子如(2)(材料来自袁家骅等(2001 [1960]:116)④，上古音根据李方桂(1980)的拟音)。

---

① 丁邦新(1982)先用两个普遍性条件(古全浊塞音的演变以及古塞音尾的演变)分出七个大方言：官话、吴语、湘语、赣语、客家、闽语、粤语；因为湘语和闽语对于古全浊塞音有类似的演变，所以加一个独特性条件(古知彻澄母字读t, t')将闽语分开，再加另一个独特性条件(古次浊上声读阴平)将客家话与赣语分开。

② 另一条依据为轻唇音归重唇音，见袁家骅等(2001 [1960]:236)。

③ 湘语分为"老派"、"新派"以及不同的"两层"，是袁家骅等(2001 [1960]:101)的观点。也有采用湘语三分的做法，如长益片、娄邵片、辰溆片，其中娄邵片相当于"老派"，辰溆片则介于"老派"和"新派"之间，参见陈立中(2004)。

④ 袁家骅等(1960)将"睡着"之"着"列为知母入声。此处依据鲍厚星(2006)增添了"着衣"之"着"为知母入声，并将"睡着"改列澄母入声。

(2) 老派湘语双峰话的上古音特征

中古音类		上古音声母	今声母	例字及今音
知	遇合三鱼	*t-	t-	猪 ₌ty
	遇合三虞			蛛诛株 ₌ty驻 ty²
	宕开三阳药			张 ₌taŋ长涨 ˢtaŋ帐账 taŋ²着~₌衣 ₌tʋ
彻	宕开三阳	*th-	t'-	怅畅 t'aŋ²
澄	遇合三鱼	*d-	d-	除 ₌dy苎箸 dy²
	遇合三虞			厨 ₌dy柱住 dy²
	宕开三阳药			长~₌短肠 ₌daŋ丈杖仗 daŋ²着₌睡~₌ ₌tʋ

根据鲍厚星(2006)的报告,老派湘语湘乡话的澄母入声字大都清化、送气并且塞擦化,例子见(3)(材料来自鲍厚星(2006),湘乡地理上邻接双峰)。

(3) 老派湘语湘乡话澄母入声字的清化、送气并且塞擦化

例字	上古音声母	今音
侄	*d-	₌tʂ ɻ
直		tʂ'ɿ²
泽		₌tɕ'ia

比较(2)、(3)老派湘语的古浊音入声字的声母演变,古知彻澄三母舒声字今读t, t', d为普遍现象,而入声字的声母则大都清化、送气且塞擦音化(鲍厚星2006),本书作者推测后者可能是受到入声演变的影响。

凭借古知彻澄三母今读t, t', d的特征,可认定老派湘语保存了上古音层次。至于判断这一层次来自亲属关系还是亲疏关系,本书作者认为目前缺乏有效证据论证它来自亲疏关系,因为老派湘语与闽语在地理上相隔很远,两地政治、文化上也未有过接触。如果认为吴、湘曾为近亲(袁家骅等1960,陈立中2004),或者吴、湘、赣为一类(Norman 1988),加上吴、闽有某种继承关系(丁邦新1988),以及"吴语本北抵淮河说"、"通泰、客、赣方言同源论"(鲁国尧1988),那老派湘语的这个上古音层次应是湘语保存了某种早期形式,而这一形式在新派湘语里已经消失。湘语如分为三片,那么介于老派、新派之间的第三片就处

于该特征正在消失的过渡阶段。

以上将老派湘语里古知彻澄三母今读t, t', d的上古音层次视为来自亲属关系的看法只是一种推测，它有待更多的对湘语史的研究来证实或者证伪。此处用这个例子说明，汉语方言里那些自成一类的"特例"可能是某种历史层次的遗迹，但要论证它们属于哪种历史层次，它们如何产生以及在什么情况下积淀(即保存)为层次，则需要对汉语大方言之间的历史渊源有所认识。对此，从袁家骅等(1960)到鲁国尧(1988)、罗杰瑞(1988)、丁邦新(1988)、辛世彪(2004)、陈立中(2004)等论著，这方面的研究开始形成汉语方言史研究的"一道亮丽的风景线"。

3.2　从对应关系看历史层次

本章1.5节曾讨论过，"层次说"在西方历史语言学中不受重视，认为与其以层次的观点解释某种语音特征来自其他语言的影响，不如发掘某种语言为什么未受影响(Hock & Joseph 1996:385)。西方的"层次说"注重某个特定的早期语言对后来相关语言的影响，通常以民族征服加上语言入侵的历史来考察语言演变中是否保存了某种外来成分，如本章第一节所引的例子。但汉语方言演变过程中的层次来源与西方语言的层次来源有很大的不同，西方的外来成分通常伴随民族征服以及语言入侵，而汉语方音中构成历史层次的成分，它们或者是早期形式的保留，或者是方言间主动融合的结果。即使从社会语言学的角度将现代汉语方言的"文白异读"看作上层音、下层音，二者之间也不存在征服与被征服、入侵与被入侵的关系，而是一种逐步认同、乐意接受的融合过程。因此，历史层次在汉语方言里是一种常见现象，汉语方音史的研究应该关注一个方言如何受到其他方言的影响。在这一点上，西方学者对于"层次说"的批评完全不适用汉语方言的情况，汉语方言史研究应该走出一条有汉语特色的历史层次的路子。

汉语方言的融合现象指一个音系的音类融入另一个音系，在后者形成了一个特别的类，构成了一个历史层次。所谓历史层次，"历史"指音变的历时先后，"层次"指一个特别的音类。历史层次有大有小，大到整个音系发生变化，小到某一类字的声调发生变化。越小的历史层次越容易识别，越大的历史层次越难论证，因为我们难以从方音比较上直接发现大范围历史层次的源头。只有跟中古音、上古音比较才能知道现代方音里哪些音类还保存了中古音甚至上古音的特点，如袁家骅等(1960)《汉语方言概要》"比较音韵"的做法。这样的比较不同于本书的"方音比较"，在本书"方音比较"的意义上，如果是整个音系发生变化，也可以不称其为历史层次①，而看作整个音系的历史演变。因此，本书所说的"方音比较"主要考察现代方言之间存在的音类对应关系，对应关系通常不是指整个音系，而是在某一类音或者某几类音之间。

此前(本章3.1.3节)讨论了方言之间的亲属关系以及亲疏关系是产生历史层次的主要原因，本节将讨论如何从各种对应关系中发现历史层次，重点论述本书首次提出的两种对应关系：渐次对应和"血缘"对应。

3.2.1　来自邻近方言的整体对应

上一节分析了老派湘语保留了一些上古音层次。这种对应关系具有典型性，因为古知彻澄三母今读 t, t', d 是上古音的典型特征。下面用一个新派湘语的例子说明有些细小的对应明显地来自邻近方言的影响，这种对应关系可能既无典型性，也无普遍性。对于这种历史层次，大概知道它们的来源就够了。

鲍厚星(2006)在《湘方言概要》后记里描写了长沙市东北部的金井话与长沙城区以及附近赣语区社港话的声调对应现象，用以说明方言间的融合无处不在②。此处以该例说明，那些明显受到邻近方言的影响、暂未发现它们有其他价值的语音对应，可作为方音比较的起点；只有排除不具备历史价值的对应现象，才能离析具有历史价值的对应关系。

金井在长沙市东北面五十公里，与赣语区的社港邻接。金井话的声调与长沙城区的声调比起来，阴平、阳平、阴去、阳去都相同，只是

---

① 如王福堂(2003)把汉语方音与中古音的关系叫作"先后层次"，或者"同源层次"，它不同于来自异方言的"异源层次"。关于"先后层次"的讨论，参见本章2.1.2节。

② 鲍厚星未将这一现象列入正文而放在"后记"里，可能认为它缺乏历史音变的价值。

上声、入声有所不同，二者调值正相反；金井话的声调与其附近赣语社港话的调值相同，见(4)(材料来自鲍厚星(2006)后记，括号里的调值为长沙话新派发音)。

(4) 长沙话、金井话、社港话上声、入声调值对应

	阴平	阳平	上声①	阴去	阳去	入声
长沙话	33	13	41	55(45)	11(21)	24
金井话	33	13	24	45	21	41
社港话	33	13	24阴11阳	45	22	42

如果将金井话与长沙话比较，只能发现金井话的上声、入声调值相反；如果再比较邻近的社港话，就知道金井话调值相反的现象来自赣语区的影响。然而，不能认为金井话的整个声调系统受到社港话的影响，因为后者上声分阴阳，前者不分。根据浏阳东乡、南乡话的上声调值为24、入声为42的情况，可以说金井话的上声、入声两个调类受到赣语浏阳话的影响，但无法证明金井话的整个声调系统受到浏阳话的影响，因为长沙话新派发音的阴平、阳平、阴去、阳去与金井话一致。

此处把金井话的上声调和入声调视为一种特殊的"音类"(受浏阳话影响的调类)，它反映了浏阳话的层次。这个影响总体上发生在该"音类"的所有成员身上，可视为一种整体对应。同样，本章3.1.3节例(2)所列的湖南双峰话古知组跟三等韵相拼今多读t, t', d的情况，也是一种整体对应，虽然它偶有例外，如"逐畜~生"读[ʂtɕʻiʊ](北大1989)。

这里面临一个难题：如何看待例外？笔者赞同"所有例外都可以解释"的观点，但解释的手段有不同。本书第六章4.2节在分析中原官话的区域分化型演变时曾根据古德陌麦韵的韵尾状态将河南方言分为两组：洛阳组(包括洛阳、郑州、信阳、开封话等)和商丘组(包括商丘、遂平、灵宝、卢氏话等)。洛阳组的古德陌麦韵尾主要读零韵尾，少数带[i]尾(集中在"北墨贼国或获塞核"八字)；商丘组都是/i/韵尾，极少有零韵尾

---

① 社港话属于浏阳北乡话，浏阳东乡话、南乡话上声都是24，入声都是42(见鲍厚星(2006)后记)。

(遂平话的"刻客黑吓"四字)。笔者的解释是，洛阳组"北墨贼国或获塞核"八字的/i/韵尾在中原官话具有很大的普遍性，它也对应于其他官话如兰银官话和冀鲁官话，这种中原地区的一致性和普遍性促使笔者将洛阳组的/i/韵尾看作一个历史层次的代表。

对于商丘组遂平话"刻客黑吓"四字的零韵尾形式，笔者将这些字的零韵尾形式与冀鲁官话的相关字比较，发现这类字在冀鲁官话有两种读音：一为/i/韵尾，一为零韵尾(韵母[ɤ])，如河北昌黎的"黑刻泽责"四字。同时发现/i/韵尾是这类字的主要形式，零韵尾为零散形式，如山东莒县"克客刻"有/i/韵尾和零韵尾两读，前者属于本地音，后者属于读书音(石明远1995)。冀鲁官话的这些零散形式对应于遂平话"刻客黑吓"的零韵尾形式，笔者实在找不到把后者看作例外的理据，所以把它们处理为不同音变的不同传播(见本书第六章4.2节(3)的模式)。

3.2.2　来自邻近方言的部分对应

汉语方言里常见的层次现象不是整体对应，而是部分对应，即方言融合的痕迹只反映在该音类的一部分字，不是音类的所有的字。比如王福堂(2003)在说明层次来源时举了徽语休宁话的例子，休宁话古浊母清化后，塞音和塞擦音的字都一分为二：一部分送气，一部分不送气，分化没有语音条件。(5)是古定母分化的例字(材料来自王福堂(2007 [2003]:6)，此处将原文的送气符号改为['])。

(5) 休宁话古定母今音送气、不送气的分化

不送气	送气
teˀ 题提蹄	t'eˀ 蹄
tɔˀ 弹	t'ɔˀ 檀坛
tiəuˀ 投	t'iəuˀ 头
ti:ɐˀ 填	t'i:ɐˀ 田
tɒˀ 堂棠唐塘	t'ɒˀ 糖
taˀ 腾誊	t'aˀ 藤
tænˀ 铜桐筒童瞳	t'ænˀ 同

　　根据清代江永《榕村〈等韵辨疑〉正误》的记载，三百年前婺源东郊方言和休宁话的古浊声母都清化不送气，而婺源西郊方言直至现今的赣语区都清化送气，王福堂认为(5)的古浊母的部分字清化送气应是赣语影响的结果。此处以该例说明今休宁话古浊母清化送气的赣语层次只保留在音类的部分字里，不是全部的字。

　　对于休宁话的古浊母清化送气与否的现象，即一部分字受到影响而另一部分字未受影响，"词汇扩散"似乎是一个很好的解释。如果某音类的大部分字受到影响，那是扩散过程几乎完成；如果只有小部分字受到影响，那是扩散处于开始阶段；如果恰好一半字受到影响，则是扩散过程进行至一半。然而，这只是对历史音变的一种假说性诠释，能否成为一种音变理论，需要有实例论证。已经完成的音变无法用来论证，只能以正在发生的语音变异来论证。本书第六章3.4节曾介绍拉波夫(1994)对"词汇扩散"的评价，他以实证的方法考察了语言变异的模式，从中却看不到"词汇扩散"所声称的词是语音变化的最基本单位。如果"词汇扩散"是一个音变理论，那么观察正在进行中的语音变异，应该有实例显示由于某个词的因素而引起该词的语音变异。

　　徐通锵(1991)以汉语方言的"文白异读"在不同年龄人群中的不同变量来论证"词汇扩散"或所谓"叠置式音变"(参见本章2.3节)，这也无法与拉波夫的结论抗衡。因为所谓的"叠置式音变"现象都能用19世纪新语法学派对于音变的例外——"方言混合"来解释，只需将新语法学派的"语音变化无例外"改为"语音变化有例外"。

　　(5)的休宁话例子说明，历史层次常常保存在音类的部分字里。此前所说的汉语方言的融合常常是一个音系的某音类融入另一个音系并在后者形成了一个特别的类，这个"类"就是原音类分化出来的一部分字，它们在另一音系里因语音不同而自成一类；究其源，这些字在它们原本的音系里并不是一个独立的音类。如果将这一点看作汉语方言历史层次的特点，那么汉语方音里音类的无条件分化完全可视为一种历史层次而加以考察。这种语音的分化大概是社会的或者区域的原因引起的；由于历史音变的社会因素难以考察，也难以证实，而音变的区域因素比较容易发现，所以我们从区域的分布上找对应关系，从而推断历史音变的原因。本书第六章第四节提出的"区域分化型演变"便是从区域分布上发现音变痕迹，从而推断音变的原因。

3.2.3　来自"雅言"影响的渐次对应

汉语方言的演变一直受到"雅言"的影响，这是一个不容忽略的事实。但是不同时期的"雅言"是什么样子，不同区域的"雅言"是否一样，某个特定方言曾受到什么样的"雅言"的影响，这些问题没弄清楚，只是拿半个世纪以来中国社会语境下普通话对方言的影响看作千百年来汉语方言演变的历史常态，这种推测会导致错误的结论。

本书作者认为，半个世纪以来中国社会语境下的普通话对方言的影响是一种特殊的语言现象，不能以这个特殊现象推测中国社会千百年来的语言演变，也不能用它来推测各地方言千百年来的历史演变，因为历史时期不同，地域不同，方言受"雅言"影响的程度和方式也各不相同。本章3.1.2节曾引述鲁国尧(1988)的观察，他比较了泰州话与邻近的泰兴话、如皋话，发现古全浊上/浊去不独立成调，这组字很多有文、白两种声调，口语读阴平，书面语读去声。他还发现泰州话里这类具有书面语音的词比泰兴话、如皋话的多，而这类口语音的词又比泰兴话、如皋话的少，他的结论是泰州话受"雅言"(附近的扬州话)的影响大，而泰兴、如皋离扬州较远，受"雅言"的影响相对地小。这说明同一个区域内不同的方言受"雅言"影响的程度是不同的，如果将相关的影响串连起来，就能看出"雅言"与该区方言的某些音类形成一种渐次对应。

此外，通泰方言区内七声调的兴化话、如东话、南通话，它们有阴去、阳去两个独立的声调。从古全浊上/浊去今书面语读去声和古全浊上/浊去今口语读阴平这两个方面看，这两个音变在通泰方言里显示了不同的对应，并形成两个层次的交叉。先比较通泰方言区内七声调和六声调的不同，见(6)(材料来自顾黔(2001:485)，排列有改动)。

(6) 通泰方言六声调与七声调的比较

		泰州	如皋	泰兴	兴化	南通
		六声调			七声调	
平	清	阴平	阴平	阴平	阴平	阴平
	浊	阳平	阳平	阳平	阳平	阳平
上	清/次浊	上	上	上	上	上
	全浊	白读阴平 文读去声	白读阴平 文读去声	白读阴平 文读去声	阳去	阳去
去	浊					
	清	去	去	去	阴去	阴去
入	清	阴入	阴入	阴入	阴入	阴入
	浊	白读阳入 文读阴入	白读阳入 文读阴入	白读阳入 文读阴入	阳入	阳入

　　针对通泰方言六调区的古全浊上/浊去今书面语读去声的分布，鲁国尧(1988)提出了"雅言"(扬州话)的影响从西到东呈递减状的渐次分布。笔者认为这只显示了该现象的一个方面；如果考察七调区古全浊上/浊去今口语读阴平的情况，可以发现该区几乎不具备这一特征。据顾黔(2001)的调查，这类字在兴化话、南通话、如东话大多数仍读阳去，只有极少数读阴平，例如南通话"妇氏罢艾赠"，兴化话"谬缪"，如东话"妇户互召受项颈~雁"等少量字①。

　　综合以上两种情况：一方面，来自"雅言"的古全浊上/浊去今书面语读去声的这一音变渐次地影响了通泰方言区六声调的方言，即从泰州话到泰兴话、如皋话这类字形成了由西到东的递减状的渐次分布；另一方面，在通泰方言区的七声调方言(兴化话、南通话、如东话)，同样是"雅言"的影响(即全浊上/浊去归去声)，这种影响几乎在本调区消除了通泰方言六调区普遍存在的古全浊上/浊去口语今读阴平的特点，它在通泰方言区形成另一种渐次对应，即从七调区的兴化话、南通话到六调区的泰州话、泰兴话、如皋话，古全浊上/浊去口语今读阴平的字形成了由少到多的不规则渐次分布。

---

① 顾黔(2001:500)将连字组里的阴平调看作一种原调向阴平调发展的趋势，这个说法有待商榷。笔者赞同吕叔湘的观点，认为连字调应是字调(即"字调的本来面目")加上字组调(即变调的作用)，如果把连字调看成"字调的本来面目"，它缺乏音系上的理据，参见侍建国(2008)。

通泰方言区声调归并呈现两种渐次分布：一种是地理上呈连续的递减状，即六调区的古全浊上/浊去今书面语读去声；另一种是地理上非连续的、不规则分布，即通泰方言区古全浊上/浊去口语今读阴平调，后者不具备地理上的渐进性。这两个音变都是通泰方言历史演变的结果，二者也反映了不同的历史层次；这两个层次发生在原本的同一音类(古全浊上/浊去)里，并且在同一区域内形成交叉，即形成不同层次的交叉(或叠置)。下一节将分析这种地理上非连续性的"渐次" 分布的原因。

3.3   从调类归并看通泰方言与客赣方言的语言接触

通泰方言与客赣方言的关系曾引起一些方音史学者的讨论(鲁国尧1988，张双庆、万波1996，李如龙、辛世彪1999，顾黔2001)，结论较为一致：二者具有同源关系。即使不赞成"同源论"，也认为有关音变是在同一规律支配下产生的①。本节根据历史语言学的方音比较的同一性原则，在重新诠释"同源论"语音论据的基础上提出"语言接触"论，即通泰方言的浊上归阴平是早期与客赣方言有过接触的痕迹，不是同一祖语的共同特征。

"通泰、客赣方言同源论"最早由鲁国尧(1988)提出，他认为二者"血缘"上有相近关系，这个"源"就是4世纪的南朝通语。其音类上的依据有二：一是古全浊声母今音逢塞音、塞擦音不论平仄一律送气，二是调类都分为七声调、六声调两种。顾黔(2001)又将后一依据概括为古全浊上/浊去归阴平是通泰方言六调区的特征，通泰方言七调区无此特征。

---

① 例如，王福堂(1998)提出客赣方言的语音共同点可能是由方言间的接触而造成的；但对于浊上归阴平的现象，却不认同它是由接触造成的；至于这一调类归并也出现在通泰方言里，他认为是"同一规律支配下产生的历史音变"。

3.3.1　语音分化还是类型变化

在历史比较法看来，不同语言间的相同的语音分化是论证同源关系的有力证据。语音分化指有语音条件的音类变化，无条件的音变不能当作同源关系的直接证据，因为它可能是由类比引起的变化，也可能是类型学上的变化，或者由语言接触所造成。语音分化的模式可表示为(7)，其中a, b代表语音条件，x, y代表变化后的形式，符号@代表早期形式[1]。早期形式在a环境下演变为x，在b环境下演变为y。我们可以循着语音环境推测音变之前的早期形式。

(7) 早期形式

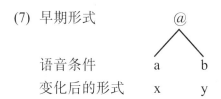

语音条件　　　　　a　　　b
变化后的形式　　　x　　　y

现以该模式重新审视古全浊声母今音不论平仄一律送气的特点。

李如龙、辛世彪(1999)把汉语方言的全浊声母清化后的送气情况分为五种，分别为"平声送气、仄声不送气"的官话方言，"仄声送气、平声不送气"的粤北土话[2]，"不论平仄一律送气"的客赣、通泰以及晋南和关中方言，"不论平仄一律不送气"的湘语，以及"多数不送气、少数送气"的徽语、闽语。他们把"不论平仄一律送气"看作客赣方言、通泰方言、晋南和关中方言具有源流关系的证据，认为它们都是从古代的秦晋方言承传下来。

笔者认为，以上五种类型中具有语音分化特征的只有官话的"平声送气、仄声不送气"，它们是以调类为语音分化条件。粤北土话的所谓"仄声送气、平声不送气"，根据张双庆(2000:14)的报告，粤北乐昌土话是并、定母不论平仄一律不送气，与湘语的情况相同；而群母及其他塞擦音声母不论平仄一律送气，情况与客赣方言相同。粤北连州土话也是并、定母不论平仄一律不送气，其他全浊声母一律读送气清音

---

[1] 这一模式参考了本书第二章1.2节例(2)音系上的可预测性图示。

[2] 这一说法跟张双庆(2000, 2004)的调查结果不一致。

(张双庆2004:14)。笔者由此认为粤北乐昌、连州土话的这两种情况都缺乏语音分化条件，不能算语音分化，可看作无条件的浊音清化，只是其中并、定母的清化属于不送气类型，其他塞擦音声母属于送气类型。客赣、通泰以及湘语的情况，也不算语音分化，因为浊音清化后要么送气，要么不送气，二者也可分别看作不同的类型变化。至于闽语、徽语的"多数不送气、少数送气"，它说明这两个方言区的浊音清化也缺乏语音分化的条件，只是数量上有分别，多数不送气的像湘语类型，少数送气的像客赣语类型。

以上只是类型上的推断。下面用浙南吴语与闽语、赣语接触区域的浊音清化为例，说明浙南吴语一些方言已经发生或正在发生的浊音清化，完全是受了邻近方言的影响，它们缺乏语音分化条件。据曹志耘(2002)的报告，浙南吴语与闽语接壤的浦城、龙泉、庆元、泰顺四个方言，全部浊音声母都已清化，逢塞音、塞擦音一律不送气，与闽语的"大多数"属于同一清化类型。地处这四个方言之中的景宁、云和方言，只有平声发生清化，其清化类型也是不送气。而浙南吴语北部的金华、兰溪方言只有上声清化，其清化类型为不送气，与邻近的徽语严州片建德方言的上声清化类型相同①。

如果以上分析可以接受，即把官话的古全浊声母清化看作语音分化，而把其他送气或者不送气的情况作为两可处理：或者是类型上的变化，或者是同源关系，到底属于哪种情况，暂时无法确定，有待其他方面的论证。那么，古全浊声母今音不论平仄一律送气(如客赣方言类型)或者一律不送气(如湘语类型)，它们都不属于语音分化。因此，以古全浊声母今音不论平仄一律送气来论证通泰、客赣二者具有同源关系，这一语音上的论据还不够充分；二者的送气类型相同，也可能属于类型上的共变。

---

① 据曹志耘(2002)报告，建德方言的浊音已完全清化，平、上、入为不送气，去声为送气。它是否属于有条件的语音分化，有待查证。

3.3.2　同源关系还是语言接触

现在分析"同源论"的第二个语音上的证据：通泰方言六调区古全浊上/浊去归阴平的特征以及这一特征如何与客赣方言进行比较。

笔者对于通泰方言七调区几乎不具备古全浊上/浊去今读阴平的特点觉得奇怪。兴化、南通、如东地处通泰方言区的边缘，毗邻东海，如果扬州话作为"雅言"对其附近的通泰方言发生较大的影响而使通泰方言的特征渐趋消失，那么地处这种影响的边缘地带的七调区应该保留更多通泰方言原有的音韵特征。问题在于，如果古全浊上/浊去口语读阴平属于通泰方言原有的音韵特征，为什么七调区里这一特征极少？换言之，如果它不是通泰方言原有的特征，从七调区到六调区这一特征由少到多的不规则分布应该如何解释？

对于以上问题，顾黔(2001)主张把七声调看作通泰方言的早期形式，把六声调的古全浊上/浊去归阴平看作后来的演变。鲁国尧(1988)认为通泰方言六调区的这种调类归并早在16、17世纪就有文献记载了，归并原因是古全浊上/浊去原本混同于阴平。顾黔根据七调区阳去调的调型、调值跟六调区阴平调的调型、调值极为相近，推测六调区的原阳去调与阴平调因语音相近而合并。

因语音相近而造成音位合并的观点需要重新考虑。语音的相似性有大有小，多大的相似度可能造成合并，没有一个客观标准。此外，从现今语音的相似上难以论证历史上的语音合并。论证同源关系的音位合并，应该与语音分化一样，从语音环境上找合并的条件。比如，西方历史语言学的典型的音位合并，即早期印欧语的五元音系统i, u, e, o, a变成梵语和日耳曼语的三元音系统i, u, a，其间经历了e, o, a的合并，合并的语音环境是早期的腭辅音分化为硬、软两种腭音，而元音合并之后模糊了早期腭辅音分化的条件(参见本书第四章3.2节)。所以，仅凭语音相近推测历史上的语音合并是不足信的。

此外，西方历史语言学严格区分"同源关系"与"语言融合"。即使是深度的语言融合，如从8世纪开始的古英语和北欧语在英格兰的融合，也只限于词汇上的借用，不视为同源关系。虽然长期融合所产生的大量借词使后人很难判断现代英语的某个词是源自古英语还是借自北欧语(Fennell 2001),但对于两个相应的词,如shirt (衬衫)和skirt (裙子),还是可以根据北部日耳曼语的音变(如sk在古英语里腭化为[ʃ])大致能将古英语词区别开来。对于这种语系上相近、且有过深度融合的语言接触,西方历史语言学不看作同源关系。

汉语方言的历史演变有所不同。首先,所有的汉语方言都具有一定的同源性,它既是汉语的一大特点,也给研究方音的历史演变带来不少麻烦。比如,遇到不同方言的语音相近,应该在多大程度上运用同源性?其次,不同方音都经历了长期的演变过程,以致发展成现代相互不能沟通的汉语方音。我们在比较汉语方音的异同时,既要注意它们的同源性,更要重视它们的流变关系,即各个方音的具体演变过程及其相互间的影响。汉语方音的历史研究通常把方言的同源性看作既然性,即所有汉语方言都是从一个共同祖语演变而来的,它们之间的同源关系似乎无须证明;而对于具体方音的演变过程,由于它对官话的发展可能没有直接影响,所以方音演变未得到应有的重视。

西方语言的历史研究有两个方面:一方面,假定一个原始印欧语形式,并试图为这个原始形式重建每个词的原始形态,所以它包括尽量多的音系细节;另一方面,从谱系上重建各语系、语支的早期形式,探索每个语言在谱系上的归属。这两个方面在西方语言的历史研究中是相互参照、相辅相成的。汉语的历史研究也有两个方面:重建古代书面语的音系是一方面,现代方音比较是另一方面,二者属于不同学科,一是音韵学,一是方言学。这两个方面基本上不联系、不参照,各行其是。所以,汉语方音的比较研究除了与中古音的对比,可直接参照的内容很少。

需要说明的是,汉语方音的比较研究缺乏明确的参照,这也是汉语方音历史演变自身的特点所致。因为汉语方言的演变与西方语言的演变有很大的不同,西方的外来成分通常伴随民族征服和语言入侵,而任何一个汉语方言对于外方言成分是逐步认同、乐于接受并主动融合。汉语方音史应该重视一方言如何受到他方言的接触及其影响。

3.3.3　通泰方言的"全浊上归阴平"来自跟客赣方言的语言接触

笔者认为通泰方言六调区的调类归并应该来自某种外部因素，七调区则没有受到外部因素的影响。下面以古全浊上今归阴平的材料论证通泰方言六调区的调类归并的起因来自历史上跟客赣方言的接触。

客家话和赣语都有古全浊上口语归阴平的现象，而且文读也归去声[①]。客家话古全浊上的调类归并比较一致，都是口语字归阴平、书面语字归去声[②]。赣语古全浊上的文白分调集中在江西东部、南部以及跟赣南、闽西客家话相邻的地区，如南城、黎川、弋阳、抚州、吉水，这些地区的古全浊上口语字也是归阴平，书面语字则归阳去(张双庆、万波1996，谢留文1998)；其他大部分赣方言，古全浊上都归阳去(辛世彪2004:48-9)。

王福堂(1998)认为通泰方言与客赣方言也许有过"亲密的关系"，依据为客赣、通泰两地全浊上归阴平是在"同一规律支配下产生的历史音变"，这个结论是建立在古全浊声母清化后一律送气这一客赣方言"最重要的共同点"上。

此前论证了古全浊声母清化后一律送气不属于语音分化，这一"最重要的共同点"可能是类型上的相同变化，不是"说一不二"的同源关系的证据；而"同一规律支配下产生的历史音变"的说法常常跟"同源关系"同义，所以王福堂的"亲密关系"论虽然也可理解为语言接触，但对语音材料的解释其实未脱离"同源关系"的范畴。

顾黔(2001)比较了客赣方言和通泰方言的对应，认为客赣方言里古全浊上归阴平和阳去的两种归并分别对应通泰方言六调区、七调区的声调归并；再参考古全浊声母清化"不论平仄一律送气"的音类特征，她提出通泰方言与客赣方言同出一源，它们是4世纪北方汉语的后裔，是原有方言基因的共同遗传。

[①] 辛世彪(2004)认为甚至整个东南方言归阴平的古浊上跟归去声的古浊上在字类上都有分别，一般是口语字归阴平、书面语字归去声。

[②] 也存在一些地域性差异，主要是数量上的多少，字少的方言点相信是受到邻近他方言的渗透(严修鸿2004)。

辛世彪(2004)也看到通泰方言和客赣方言的古全浊上归阴平的一致
性,认同客赣、通泰方言具有同源关系,并提出通泰地区是客赣方言
群体历史上的经居地。刘镇发(2003)根据粤东粤语(如从化、清远、英
德)的古全浊上大部分归阴平的现象,认为客、赣及粤东粤语的古全浊
上归阴平不是偶然因素,而是来自一个共同的"祖语"①。然而,他们在
解释相关方言的一致性时,主要的依据还是语言的同源性。

笔者认为,通泰方言六调区和七调区的两种不同声调归并存在着
明显的区域分布特征,客赣方言的不同声调归并则属于"文白"的不同,
通泰方言和客赣方言在这方面有着本质上的区别,不能对应。张双庆、
万波(1996)提出南城赣方言的古全浊上归阴平属于方言自身的演变,古
全浊上归阳去则是后来受到外部方言的渗透。刘纶鑫(2001)把客赣方言
的全浊上归去声和次浊上归上声看作北方官话影响的结果,而古浊上
归阴平则是8世纪之前的事。严修鸿(2004)认为客家话的古全浊上/次浊
上的同流演变(即二者归阴平)是早期音韵特征,它们的分流演变(全浊
上归阳去,次浊上归上声)则是后期特征②。这些研究的共同结论都是把
客赣方言的全浊上归去看作不同层次或者不同来源的音韵特征,它难
以跟通泰方言七调区的声调归并发生直接的关联。

再来看通泰方言两种不同的声调归并。笔者遵循历史比较法的路
子,对某些无法用同源关系解释的现象,避免使用同源性;对于通泰
方言六调区的古全浊上归阴平,笔者认为这是由方言的深度接触而获
得的音韵特征,而全浊上归去则是通泰方言和客赣方言长期受北方官
话影响而产生的相同的变化,它属于"同一规律支配下的历史音变",不
是来自语言接触。

笔者这么做可以合理地解释通泰方言内部的不同。对于通泰方言的
六调区声调发生归并而七调区未经归并的现象,如果只看通泰方言本
身,二者的差距是很难解释的,"语音相近而混同"的说法只是权宜之
计。如果从历史上找出它与客赣方言的关联,证明通泰地区曾是客赣

---

① 这些学者在解释这些方言的语音变化时都以词汇扩散理论说明古全浊上归阴平和归
阳去的分化。对于这种分化原因,笔者语言接触的观点与词汇扩散论有根本的不同。
② 但他对已归入阴平的原全浊上字因受北方话的影响而再次分流的说法难以接受。

方言群体历史上的经居地，那就在很大程度上解释了通泰方言内部的不同，也解释了通泰方言跟客赣方言在调类归并上的源流关系。

对于通泰方言与客赣方言的接触，笔者认同4世纪开始的北人南徙在经居地与当时的通泰方言有过深度接触，通泰方言六调区的古全浊上今归阴平是历史上受到"客家先民"的直接影响。对于通泰地区与客赣地区历史上的关联，此处援引其他学者的观点。罗香林(1989[1950]:39)云："客家先民东晋以前的居地，实北起并州上党，西届司州弘农，东达扬州淮南，中至豫州新蔡、安丰。"其中"扬州淮南"正是今通泰方言六调区所在地。鲁国尧(1992)根据各种历史文献记载，提出南北朝后期形成了汉语南、北两个通语：以洛阳话为标准的北朝通语和以金陵话为标准的南朝通语；而客家话源于南朝通语，通泰方言则是南朝通语在原地的嫡系后裔(1994 [1992]:71)。

从两位学者的结论里看到一个共通点，就是始于4世纪的北人南徙(包括"客家先民")与南朝通语的时代一致，地域也相关。从语言演变的角度，这种北人大规模迁徙的时代性和地域性既可看作通泰方言与客赣语有同源关系的佐证，也可看作语言深度接触而产生"血缘"对应的佐证。笔者为了解释通泰方言六调区与七调区的不同，选择了后一种可能，即把4世纪开始的北人南徙看作"客家先民"在经居地与通泰方言的六调区有过深度接触。泰州古称海陵，即海边高地之意。今南通、如东地区4世纪还未露出海面，南北朝时始成沙洲，隶属海陵郡[①]。由此看来"客家先民"的音韵特征之一古全浊上归阴平只影响了当时的泰州地区，未影响泰州以东的海上沙洲(今南通、如东地区)，所以今通泰方言七调区没有发生古全浊上归阴平的声调归并。

3.3.4 其他相关声调的归并情况

要让通泰方言和客赣方言之间由语言接触而产生的全浊上归阴平的对应获得接受，还有一个问题必须讨论：次浊上和浊去在两地的归并情况。

[①] 到了10世纪，这些海上沙洲才连成一片，称静海洲，与大陆连接，隶属淮南海陵郡管辖(鲍明炜、王均2002:1)。

先看次浊上的归并。通泰方言的古次浊上仍为上声，与北方官话相同。大多数客家话的古次浊上口语字归阴上，书面语字则跟随全浊上口语字走，也归阴平(辛世彪2004:44)；赣语的古次浊上声字鲜有文白分化，大多读阴上，只有少数地区的少数字读阴平。有学者认为次浊上的不同归并是区分客、赣方言的标准之一(如 Hashimoto 1973)，也有学者认为客、赣方言在这一点上没有本质的区别，只是数量的多少(王福堂1998)。严修鸿(2004)不认可客家话与通泰方言有同源关系，所依据的是客家话的古次浊上也归阴平。比较古次浊上在通泰方言和客赣方言的归并情况，笔者认为它们在归阴上方面，可能是同源关系，也可能是语言接触，需要进一步研究。但有一点可以肯定，客家话的次浊上书面语归阴平应该是后来的变化。

再看古浊去的归并。通泰方言六调区是古全浊上/浊去今归阴平，客赣方言的古全浊上今归阴平一般不包括浊去，个别点(赣语的都昌、波阳、客家话的大余、徽语的屯溪、休宁)也有古全浊上/浊去归阴平(辛世彪2004:64)，但这些方言点的阳去已与阴平合并，所以这种归并不典型、不普遍，无法做出可靠的推论。

老湘语有两个方言(新化和冷水江)的古全浊上和全浊去的"文白"分化相似。新化的古全浊上今文读归去声，白读分化为二，或为上声，或读阴平；古全浊去大多文读去声，白读阴平。冷水江的古全浊上今文读归阳去，白读大部分读上声，小部分读阴平；古全浊去大多文读阳去，白读阴平(鲍厚星2006:21)。张振兴(1992)发现闽语的边远地区也有古浊去字今读阴平的现象，认为它可能跟非闽语的古今声调演变有关。这个推测是站得住的，它至少有老湘语的白读音材料为证。

顾黔(2001)从通泰方言自身的演变考虑，根据七调区有阳去而六调区无阳去的现象，认为六调区的声调归并是浊上归去在先，然后阳去归阴平。这一推测虽无直接证据，相关证据倒有一个，就是她调查了通泰区的每一个点，并没有找到任何古全浊上与浊去分化的遗迹。这说明通泰方言早期六调区和七调区在浊上归去方面(书面语)是一致的，只是在归阴平方面(口语)有所不同。如果说通泰方言的全浊上/浊去今归阴平也跟湘、闽一些方言点的古浊去归阴平形成某种对应的话，这种对应的普遍性较差，暂时得不出有效的推论。

通泰、客赣两地次浊上和浊去的不同归并跟全浊上归阴平没有一致的共变关系，它并不妨碍本节所主张的"语言接触"论，个中的差异这么解释：地处官话区的通泰方言归阴平的古全浊上/浊去受到区内"浊上归去"的强烈制约，而客赣方言早期的全浊上归阴平则发生在"浊上归去"之前(刘纶鑫2001)。客赣方言的次浊上和浊去或归阴平的现象，或者是书面语的变化，或者是后起的变化，它们跟通泰方言的全浊上/浊去归阴平的历时先后不同，发生的区域也不同，二者缺乏同一性。

综上所述，本节论证了通泰方言六调区的"全浊上归阴平"来自跟客赣方言的语言接触。此前笔者把通泰、客赣、晋南/关中方言的"古全浊声母不论平仄一律送气"看作两可情况(或者是类型上的共变，或者是同源关系)，现在能够较有把握地说，通泰、客赣、晋南/关中的"古全浊声母不论平仄一律送气"属于源流关系，也可视为同源关系①，李如龙、辛世彪(1999)根据这点提出三者具有源流关系是站得住的。然而"同源论"所引用的证据之二，通泰方言的"全浊上归阴平"，则来自语言接触，而非同一祖语的特征。

本节的结论是：同一祖语特征可以通过语言接触而获得，如通泰、客赣的"古全浊声母不论平仄一律送气"，但由语言接触所获得的特征不一定是同一祖语特征，如通泰方言的"全浊上归阴平"。

第四节　粤语牙喉音声母今读[j]音考——兼论同一性*

本书第二章4.3.3节曾提及粤语疑、日母今读[j]与溪母今读[j]的历史来源(或者层次)是不同的，后者从早期的喉擦音[h]演变而来，前者由其他声母脱落或演变而来。二者的来源不同，在历史比较法看来，二者不具备同一性。

---

① 万波(2009)认为客赣方言的古全浊声母清化模式一致，应为二者之间的同源关系所致。

* 本节内容最初发表于《粤语研究》第四、五期(2009年12月)，第36-45页，此处稍有改动。

为了全面考察粤语通音[j]的来源及历史演变，本节比较中古牙喉音八母(见、溪、群、疑、影、晓、匣、喻)以及日母在现代粤语各方言片读[j]音的分布和交替情况，运用比较法，采用同一性原则和普遍性原则，追溯粤语牙喉音今读[j]音的历时演变过程。笔者的结论是：粤语的[j]音分三个阶段，第一阶段由中古之前云、匣母的[ɣ]演变而来，之后以母加入；第二阶段中古时期影母脱落喉塞音加入[j]的队伍；第三阶段中古之后疑、日母合并且鼻音特征消失而融入[j]的行列。

在分析之前，先说明若干假设。对于现代广州话近音(approximant)[j]的音系性质，它既可分析为一个独立的声母，也可分析为零声母音节前带的摩擦成分。前者从粤语音节结构上取消/i/介音，后者则保留/i/介音，减少声母数量。从历史演变的角度，后者似不利于分析原本带[j]音字的历史来源，所以笔者把现代粤语的近音[j]从古到今都看作声母。

对于构拟汉语方言音系的早期形式，美国普林斯顿学派主张以现代汉语方言为分析起点，不参考中古音系，为每个方言群分别构拟各自的早期形式，在此基础上再构拟汉语祖语[①]。现在看来，实施这个方法有一定的困难。以现代粤语的[j]声母为例，它有不同的来源，如果完全不参考中古音系，便无法分辨[j]的不同源流。本节的分析将参考中古音分类，但不在中古音与现代音之间"拉直线"。

在方法上，笔者遵循下列五条原则：

一、 对于粤语古音类的A、B两个今音形式，判断二者关系是A>B还是B>A，以区域中心方言的音类形式为较晚的状态，以边远地区方言的音类形式为较早的状态；

二、 如两地方言具有同类的历史音变现象，则两地材料具有同一性；

三、 以现代的音变类比历史的音变，二者音类上必须具有同一性；

四、 以普遍性判断音变的规则性，普遍性指边远化、广泛化及口语化；

五、 分析粤语历史音变时，除非有词源上的证据，否则百越语层底不作为早期形式。

[①] 对于美国普林斯顿学派的介绍，参见本章2.1.1节。

4.1 粤语见、溪、群、疑、日五母的[j]

广东省境内的粤语一般分为广府片、四邑片、高雷片、莞宝片、香山片(詹伯慧2002)。根据古全浊声母今读不送气塞音或塞擦音的特点，广府片的西江流域部分地区(肇庆、四会、广宁、德庆、怀集、封开、云浮、新兴、罗定、郁南)在《中国语言地图集》(李荣等 1987)被单独划为粤语勾漏片。笔者发现中古牙喉音字在该方言片也具有特色，所以笔者跟随《中国语言地图集》将勾漏片从广府片独立出来。

先看粤语见、溪、群三母的分合。

见、群二母不论洪细，现代广州话一律读 [k]或[k'](包括二者的圆唇特征)。溪母则有 [k'], [h], [f], [j]四种读法，其中[h], [f]更为常见。一般认为，溪母少数读 [k']是保留古音；另外，开口变 [h]，合口变 [f]；对少数(限于开口三等字)读[j]的则未有定论(王力1987，李新魁1993 [1963]，伍巍1999，詹伯慧2002)。

根据现代广州话溪母字主要为[h], [f]而见群母一律为[k], [k']的情况，能否推论早期粤语的溪母与见群母分流？见溪群三母中古为软腭塞音，其中群母字经浊音清化分别融入见、溪母，但是现代广州话的群母字无一例读如溪母的[h], [f], [j]，以此推测，粤语的溪母与见群母分开时代应早于浊音清化时代。

以上猜测依据了现代广州话，还需要其他粤方言材料证明溪母有别于见群母。相同现象可视为同一性材料，不同现象也可能是同一性材料。粤语勾漏片见群母的流、深、臻三摄今音声母呈 [ts]/[ts']~[k]/[k']交替，即部分见群母字在该方言片有的读 [k]/[k']，有的读 [ts]/[ts'][①]。见群母读[ts]的有:[见母] "九久韭灸救究今金禁(~止)襟锦巾紧筋急级吉"，[群母] "求球仇(姓)臼舅笞旧枢琴禽擒勤芹近仅及";见群母读[ts']的很少，只有"襟"(广宁、怀集、封开)、"级"(德庆)、"仇(姓)"(云浮、新兴、罗定)。而勾漏片的溪母字，不论开合，读[k']的比其他方言片的多，却无一例读[ts]/[ts']。

[①] 本节所引用的粤语材料，除沙头话来自彭小川(1995)，其余的都来自詹伯慧(2002)，詹伯慧、张日昇(1987, 1994, 1998)。

为什么勾漏片见群母今读[ts]/[ts']限于流、深、臻三摄，笔者暂时无解。但这些口语常用词在勾漏片有一定的普遍性，看不出曾受到外方言的影响，大概能够假定勾漏片见群母与溪母的分流有所传承。根据勾漏片以及广州话的见群母与溪母的分流情况，即一方面勾漏片有些见群母字读[ts]/[ts']，溪母字则无此类读音；另一方面，广州话溪母字今音主要为[h], [f]，与见群母字不同，笔者将两地的不同分化视为相关音类的同类分化。

再看粤语溪母的[j]。在粤语的历史音变中，溪母应该较早地与见群母分开。溪母字分化有两种可能：或者溪母字变化，或者见群母字变化。从现代广州话的读音看，应该是溪母字变化，见群母字未变。王力(1987)、李新魁(1993 [1963])的研究说明，溪母字开口变[h](或者[x])[1]，合口变[f]，有一部分未变[2]。

现代广州话有少数溪母开口字读近音[j]，如"丘钦泣"。该三字在其他粤语方言片不读[j]，大多读[h]。"钦"勾漏片的云浮、罗定读[k']，"丘"郁南读[k]，读塞音应该是保留了溪母的古音。广州话溪母字读[h]的，其他方言片极少读[j]的(只有勾漏片的肇庆"犬"一例)，这说明现代广州话溪母的[j]~[h]交替在粤语其他方言片里缺乏对应。如何解释广州话溪母字的[h]与[j]的关系，需要考察其他声纽的[j]音后再作判断。

笔者在第二章4.3.2节曾将粤语疑、日母的历史音变概括为[ŋ]>[n]>[ȵ]>[z]>[j]的路向。其中[ŋ]代表疑母字的早期形式，广州、东莞、中山、台山、开平、信宜、廉江、广宁、云浮今音(洪音)都保留这个舌根鼻音形式，其他地区的疑母细音字发音部位开始前移，变为[n]或[ȵ]。

疑、日母合并后分为两路：一路丢失鼻音特征，向[z], [j]发展，如广州、顺德、东莞、广宁、云浮；一路保留鼻音特征，如廉江以及勾漏片其他地区(德庆、封开、郁南、罗定)，有些方言点存在交叉现象，如信宜。从以上的音变路向看，疑、日母的[j]是较晚期的形式，不是牙喉音声母今读[j]音的早期来源。

---

[1] [h]为喉清擦音，[x]为舌根清擦音，二者中古无对立；为了一致，笔者采用[h]。

[2] 为什么这部分溪母字未发生变化，现有材料找不到答案。

4.2　粤语影、云、以三母的[j]

中古音的影母为清喉塞音[ʔ](董同龢2001 [1968])。今广州话洪音为零声母(音节起首无摩擦成分)，细音为[j]声母；韵母开头为后、高、圆唇元音[u]的，音节起首则为[w]。粤语影母字的今读音见(1)(⊙代表零声母)[①]。

(1)　粤语影、云、以母的今音

	影	云	以
广州话	⊙ 阿鸦亚哀爱蔼矮懊坳呕暗鸭压安肮恶(善~)扼瓮屋 j 於椅医衣腰要(重~)邀忧音饮因乙一揖烟燕冤秧莺翁 w 窝蛙乌恶煨委威弯温稳	j 于雨羽有右圆园远日粤 w 芋卫为位违云运王永 h 熊雄	j 爷夜余预誉与愉喻锐移易(难~)姨已以异摇耀油盐叶缘悦羊孕营育容用欲 w 维遗唯匀允颖
广府片(顺德)	⊙ 阿哀爱蔼矮懊坳暗安肮恶莺扼瓮屋 j 腰要冤　i 翁因一	j 于曰粤 h 雨宇羽禹炎焉圆员院园远越熊雄(沙头) f 王往旺(沙头)	h 爷夜与愉喻易姨已耀盐叶缘悦羊 j 锐摇　i 孕营育容欲 h 爷夜余与预誉愉裕移易已以异姨遥窑盐叶页延演沿缘铅悦阅羊阳养样药(沙头) j 锐摇尧耀由油游诱淫引逸盈亦液译营疫役融育容欲(沙头)
莞宝片(东莞)	ŋ 矮懊坳暗恶莺扼瓮屋 z 於椅医腰要忧音饮揖烟燕冤翁	z 于雨羽有右圆园远日粤 h 熊雄	z 爷夜与愉喻锐易姨已摇耀油盐叶缘悦羊孕营育容用欲
香山片(中山)	⊙ 阿哀爱蔼矮懊坳暗安肮恶莺扼瓮屋 i 翁因一	y 雨羽圆园远日粤 h 熊雄	i 爷夜锐易姨已摇耀油盐叶羊孕育容用欲 y 与愉喻缘悦

[①] 对应于广州话[w]的粤语其他方言片的影、云、以三母读音，跟本节所讨论的[j]音来源无直接关系，所以表中不列。

（续表）

四邑片 （台山 开平）	⊙阿哀爱蔼矮懊坳暗安 莺扼恶瓮屋 z 於椅医衣腰要忧音因 乙一烟燕冤翁	z 于雨羽有右圆园远 日粤 h 熊雄	z 爷夜与愉喻锐易姨已 摇耀油盐叶缘悦羊孕 营育容用欲
高雷片 （信宜 廉江）	⊙阿哀爱蔼矮懊坳暗安 肮恶莺扼瓮屋 j 於医腰要忧音因乙一 揖烟燕冤翁（信）（廉i）	j 于雨羽有右圆园远 日粤熊雄（信）（廉i）	j 爷夜与愉喻姨衣易摇 耀油盐叶缘悦羊营疫 容用欲（信）（廉i）
勾漏片 （广宁 云浮）	⊙阿鸦哀爱蔼矮懊坳暗 扼瓮屋 j 於腰要忧音饮烟燕冤 因乙一翁 h 邀（广）	h 雨宇羽矣焉圆园远 员院越粤熊雄（广） j 有右　于雨羽焉 圆园远员院越日粤 （云）	h 余预誉愉喻裕移易姨 已以异摇姚舀耀盐叶 页沿铅悦阅赢（广） j 爷夜锐缘　与愉喻 裕移易姨已以异衣摇 姚舀耀油盐叶页悦羊 孕容欲沿铅悦阅赢（云）

对于广州话影母的读音，可用某阶段的零声母推测影母脱落喉塞音而成为现代读音的三种音节起首状态：以前、高元音为起首的，音节前增加腭部摩擦而产生[j]声母；以后、高、圆唇元音[u]起首的，音节前增加唇部摩擦而产生[w]声母；以非高元音起首的，音节前无任何摩擦成分。这样，广州话影母的[j]与疑、日母的[j]不具备同一性：现代广州话影母的[j]是中古塞音声母[ʔ]脱落后的演变，而疑、日母的[j]是中古[ȵ]声母失去鼻音特征后的演变。

根据同一性原则，以现代音系类比历史音变，二者必须语音上同类。广州话影母的[j]音与疑、日母的[j]音是否同类，即二者是否共同经历了零声母状态，还应该考察其他方言片的情况。笔者发现广府片的顺德和中山、高雷片的信宜和廉江、勾漏片的云浮，这些方言点的影母字今音的分类情况，跟广州话的一致。它说明影母今音的[j]似可看作历时上经历过零声母的状态。

东莞和四邑片（台山开平）的材料值得探讨。笔者（2008）在讨论东莞疑母的[ŋ]、[z]作为历时演变过程中的两种形式时，注意到东莞的影母亦是洪音[ŋ]、细音[z]，我们能否将东莞影母的[ŋ]、[z]视为疑母的同类？大概不能，因为影母字在其他方言里没有鼻音的读法，东莞影母的[ŋ]与粤语其他方言的读音没有同一性，它大概是东莞话自身的特点：将广州话的零声母（音节起首无任何辅音）读成[ŋ]声母。

东莞影母的[z]则可能与疑母的[z]同类，因为它们都对应于广州话的[j]；此外，四邑片影母细音字也读[z]声母。基于现代粤语方言没有一个音系存在[z], [j]对立，即使东莞、四邑的[z]反映了粤语影母的一种历时音变形式，那也是在影母脱落喉塞音之后细音字在一些方言里衍生了[z]，在另一些方言里衍生了[j]。所以，粤语牙喉音声母今读[j]音的早期形式不是来自东莞、四邑影母的[z]音。

再看粤语云母的[h]和[j]。中古云母只有三等，(1)的粤语各方言片的云母字很少读洪音①。广州话云母字主要分两类：一为[j]开头(韵腹为前元音)，一为[w]开头(韵腹为后元音)。东莞、中山以及四邑片、高雷片材料与广州话同类，虽然实际的读音略有不同。中古云母为零声母(董同龢2001[1968])，从中古零声母到今音的[j], [w]，情况似乎与影母今音的[j]性质相同。

然而，(1)的广府片顺德、勾漏片的广宁，云母字有不少读[h]的，如"雨羽圆园远熊雄"，而且"熊雄"[h]声母的读法普遍见于粤语各方言，还遍及闽语(厦门话、潮州话)、客语(梅州话)。顺德附近的南海沙头话云母也有不少读[h]，如"于雨宇羽禹炎焉圆员院园远越曰粤"(彭小川1995)。根据此前的普遍性原则，粤语云母的[h]应看作云母的早期形式。云母中古之前属匣母，匣母早期是浊擦音[ɣ](或[ɦ])(董同龢2001[1968])②，清化后变[h]。云母今音[h]应是云母跟随匣母走了[ɣ]>[h]的音变路子。

至于云母字今音[j]，则是中古之前云母脱落[ɣ]声母后，音节起首受三等介音/i/的影响而产生[j](董同龢2001[1968])。目前尚无法确定粤语浊音清化的时代，董同龢(2001[1968]:154)认为，中古汉语云母字脱落声母与以母字混，"当是中古不很晚的事。"笔者相信，粤语云、以相混应在同一时代或者更早。现将粤语云母字的历史音变表示如(2)(符号⊙代表声母脱落后的状态)。

---

① 有些方言(如广府片的南海沙头)"王往旺"读[fɔŋ]，笔者猜测这种洪音读法由声母的音变造成。粤语历史音变中存在hu→f规律，如"王往旺"由huɔŋ变成fɔŋ(彭小川1995)。

② [ɣ]是舌根浊擦音，[ɦ]是喉浊擦音，二者的差别犹如各自的清音[x], [h]，中古没有对立。

(2) 粤语云母字历史音变

$$\gamma \Bigg\{ \begin{array}{l} h \\ \odot \rightarrow j \,/\underline{\quad} \; [\,元音具前特征\,] \\ \odot \rightarrow w \,/\underline{\quad} \; [\,元音具后特征\,] \end{array}$$

由此看来,云母的[j]与云母的[h]同时出现,历时上比溪、疑、日、影母的[j]出现得早。此外,早期云母的[j]应该不是从[h]发展出来的。

现在分析粤语以母的[h]和[j]。(1)的粤语各方言片的以母字除[w]以外也是两种读音:[j]和[h]。还有个别例外读法,如"捐"读[k]。以母的[j],[h]与云母的[j],[h]分布相同,比如,以母[h]在顺德、沙头、广宁大量出现,云母[h]也在这三处方言大量出现。然而,以母[h]的普遍性比不上云母的[h],比如云母"熊雄"[h]声母的读法,通行于粤语绝大多数方言,还遍及闽语、客语;而以母读[h]的字,如"余与预誉裕缘沿",却不见于大多数粤方言,闽语(厦门话、潮州话)、客语(梅州话)也无一读[h]的。

根据以上云、以母[j],[h]的分布并参考中古以母的零声母性质,笔者认为粤语以母字走了一条⊙→j的路子,它相当于云母细音字脱落声母[ɣ]之后的状况。

鉴于以母[h]的普遍性相对不足,笔者将它与云母的[h]区别对待。即以母的[h]不是从匣母[ɣ]直接变化而来的,它是对于云母分化为[j],[h]的类比。就是说,当云母字由[ɣ]分化为[j],[h]并且其中读[j]音的与以母字合并时,原本由介音发展为[j]音的以母字类比了云母字的[j],[h]分化,结果部分以母字也读[h]声母了。

对于粤语云、以母字读[h]的现象,其他学者也分析过。彭小川(1995)认为,云、以母受韵摄主元音影响而产生"类化",有一类是喻四[j]向喻三[h]变,今读[h];另一类是喻三向喻四变,今读[j]。前者为j>h音变,后者将j>h"类化"为h>j。张晓山(1997)对此提出质疑,为什么其他粤语方言的云母字都是ɣ>⊙(j)>j路子,偏偏沙头、广宁话的[h]自匣母以来一路向前,还反过来"类化"(指h>j音变)云母字?本节提出云母[ɣ]变为[h],[j]和以母类比云母[h],[j]的两种不同分化途径,为以上质疑提供了解答。

4.3 粤语晓、匣母的[j]

晓母字在现代广州话的读音呈规则分布，即开口读[h]，合口读[f]，个别合口三等字如"毁讳"读[w]，还有几个开口三等字如"休欣衅"读[j]，见(3)[①]。也有一些例外读音，如"吸豁(~然)"读[k']，"轰"读[kʷ]。这些读塞音的例子遍及整个粤语区。

(3) 粤语晓、匣母的今音

	晓	匣
广州话	h 靴虾吼喊险胁汉蝎显喧血香黑 f 火呼花灰晦辉欢婚忽熏训慌霍 j 休欣 w 毁讳	h 夏孩害谐鞋蟹喉合咸洽协学 j 嫌弦完县穴形 w 户湖回会弘或核(果~)宏获划 k'溃绘畦　k 校(上~)茎
广府片 (顺德)	h 吼喧 u 毁讳婚忽　f 霍 i 休欣	h 嫌弦完县穴 f 户湖回会 u 弘或核(果~)宏获划
莞宝片 (东莞)	h 休欣 f 毁讳豁(~然) k'吼吸霍 s 喧	h 嫌茎 z 弦完县穴形 f 户湖害弘核(果~)宏 v 回或获划
香山片 (中山)	h 晦吼喧 i 休欣 k'训霍	h 户湖回嫌弦形 y 完县穴 u 弘或核(果~)宏获划
四邑片 (台山 开平)	h 休欣 f 毁 v 讳吼 k'霍　　蝎(开)　　ɬ喧	h 嫌(台)　　核(果~)(开) z 弦完县穴形　嫌(开) f 户慧弘宏 v 湖回或获划　核(果~)(台)
高雷片 (信宜 廉江)	h 吼　　　喧(廉) f 毁(廉)霍(信) w 讳　　　毁(信) j 休欣 k'霍(廉)　ɬ喧(信)	h 嫌弦核(果~)宏　弘穴(廉) j 县形(信)(廉i) f 湖　　　户(廉) w 回　　　户弘或获划(信) u 或获划核(果~)(廉)

[①] 为省篇幅，对于粤语其他方言片的晓、匣母今音，表中主要列出与广州话读音不同的例字。

（续表）

勾漏片 （广宁 云浮）	h 喧　　　吼（云）欣（广） f 豁（~然）（广）霍（云，新派） w 毁讳（云） j 休　　　欣（云） k' 霍（广）（云，老派）	h 校（上~）嫌（云）完弦县穴（广） j 弦县穴（云） w 宏获划弘或核（果~）　湖户回 　完（云）

李新魁（1997［1993］:411）把粤语晓、匣母今读塞音的例子看作上古属于见溪群母的痕迹。粤语的其它方言似乎也证明了这一点，如"霍"字，东莞、中山、台山开平、廉江、广宁都读[k']；云浮老派读[k']，新派读[f]。其它[k']~[h]~[f]交替的例子还有"吼蝎训"。

"喧"四邑片、高雷片读舌尖边擦音[ɬ]，这跟东莞的[s]音一致，大概是"宣"的读边字（历史上某些字音受偏旁读音的影响）。

鉴于粤语历史音变中存在hu>f的倾向（彭小川1995），笔者把粤语晓母今读[f]分析为历史音变中也经历了h>f的过程，这样粤语各方言片晓母合口字有的读[f]或[v]，有的以[w]或[u]开头，它们都是音节起首受到合口的影响而产生的相似读音。至于广州话"毁讳"读[w]声母，大概是不同历史层次的积淀。

现在解释晓母[j]音的出现。粤语各方言片晓母今读[j]音限制在"休欣衃"几个开口三等字，四邑片和东莞以及勾漏片的广宁则把这些字读成[h]声母。根据本章4.1节提出的第一条原则，笔者推测晓母的[j]音应从[h]变来，其音变机制与h>f相似：当中古晓母字受合口韵母影响而将音节起首的摩擦部位从舌根音[h]前移至唇部[f]，这几个字受腭介音影响而将起首的摩擦部位移至前腭，结果产生了[j]。另一种可能是，粤语晓母字的[j]，受云母分化为[h], [j]的影响而类化出来。与云母的[j]比起来，晓母的[j]略微晚出。

晓母的今音与溪母的今音有相同之处，它们的合口都读[f]，绝大多数开口读[h]，只有几个开口三等字读[j]。不同的是，溪母的[h], [f]从中古[k']演变而来，晓母合口的[f]从中古[h]演变而来。对于晓、溪二母[j]音的来源，笔者猜测，晓母字类比云匣母的分化，从[h]发展出几个读[j]的字；溪母字从[k']分化为[h], [f]之后，经历同样的类比，也从[h]发展出几个[j]音字。

再看粤语匣母的[h]和[j]。

从(3)的广州话材料看，匣母洪音读[h]，细音字读[j]，以/u/开头的读[w]。还有一些读塞音声母的，如"溃绘畦"读[k']，"校(上~)茎"读[k]，这些读塞音的例子遍及整个粤语方言区。李新魁(1997 [1963]:411)认为，晓匣母上古属于见溪群母，这些今读塞音的匣母字无疑是上古汉语的痕迹。

广州话匣母[h], [j], [w]的分布与晓母不同，而与云母相同。此前把云母的[h]分析为它早期形式(云母中古前归匣母)清化后的状态；匣母早期形式为浊擦音[ɣ]，清化后变[h]，这符合广州话匣母今读洪音的情况。广州话匣母读[j], [w]的情况应该与云母[j], [w]的演变相同，即匣母在浊音[ɣ]的清化过程中，音节起首受到韵母影响而分别产生[j], [w]：以前、高元音起首的，音节产生[j]声母；以后、高、圆唇元音[u]起首的，音节产生[w]声母。所以，匣母字的历史音变与云母字的相同。

比较晓、匣二母[j]音的不同来源：晓母[j]受云母的类化，由[h]产生；而匣母[j]音与云母相同，直接从中古之前的浊音[ɣ]演变而来。笔者认为，匣、云母的[j]可能是粤语牙喉音声母今读[j]音的最早来源。

以上笔者以现代粤方言材料为起点，比较中古牙喉音八母及日母的现代读音，以比较法推测[j]音的两个来源：一是从[h]音分化而来，如溪、晓母的[j]；一是从其他声母的脱落或演化而来，如疑、日、影、云、匣母的[j]。

喉擦音[h]在历史音变中是一个活泼音素，它易于从其他声母分化而来，如溪、晓、匣母的[h]从[k']变来，少数疑、日母字分化出[h]；它也易于分化为其他声母，如溪、晓母从[h]分化出[j]。

由其他声母脱落或演化而来的近音[j]再分两类：一类由辅音声母变来，一类由零声母变来。笔者把疑、日、晓、云、匣母的[j]分析为由辅音声母变来，而把影母的[j]分析为由零声母变来。由辅音变成近音[j]，是原有的某些发音特征消失而增加腭擦成分；由零声母变成近音[j](包括原有辅音声母的脱落)，是音节起首增加腭擦成分。我们虽然可以从概念上区分这两类演变：以声母的"脱落"当作零声母状态，以特征的"消失"当作有声母状态，但实际的音变可能介于二者之间。例如，中古之前云匣母的 [ɣ] 在洪音前变 [h]，在具有 [前特征] 的元音前变 [j]，在具有 [后特征] 的元音前变 [w]；后二者也可能经过零声母阶段。如何确定，需要更深入地探讨。

粤语 [j] 音的产生可分三个阶段：第一阶段由中古之前云匣母的 [ɣ] 演变而来，之后以母加入；第二阶段中古时期的影母脱落喉塞音而加入 [j] 的队伍；第三阶段中古之后的疑、日母合并且鼻音特征消失而融入 [j] 的行列。

19世纪新语法学派关于"语音变化无例外"的原则称得上音变的理想原则，但是，如何解释音变例外却给汉语方音研究者提出了更高的要求。"词汇扩散"论认为音变的例外可能由两个规则音变的竞争所造成，而不是由音变与类比的竞争而产生 (Wang 1969)，该理论被拉波夫 (Labov 1994) 以实证方法考察语言变异模式而被否定。拉波夫认为，对于历史上的变化，要避免"那些以历史的比较语言学的框架论证词汇扩散的文章都脱离不了音变规则性的窠臼"的做法；对于进行中的语音变异，应该有实例显示单个词的因素引起了变化。本节在追溯粤语牙喉音声母今读 [j] 音来源时，把从今音或古音分类上找到音变条件的，看作规则性音变；找不到的，归由类比产生。这种对于音变机制的理解依然遵循了新语法学派的原则。然而，印欧语历史比较法的类比主要针对词形变化，规则音变产生不规则词形变化，因为音变是不顾词形的；类比则可以解释不规则形态，它试图重建规则的形态变化。汉语自古以来缺乏丰富的形态变化，能否以类比"收拾"汉语方音历史音变的例外，这是笔者的困惑之处。本节在运用类比时，尽量满足"语音相似、属类相近、历时同时"三个前提。语音相似指发音部位或方法相似，如 [h] 与 [j]；属类相近指中古音属类相近，如云、以母或者溪、晓母；历时同时指不存在历时的先后，如云、匣母的音变属于历时同时。

第八章　　余论：困惑与展望

　　本书的前七章在评述西方历史语言学比较法的基础上探讨了汉语方音比较的研究方法。本章对前面讨论过的一些重要观点作些补充，并对存在的疑惑提一些想法。

　　汉语方音史虽冠以"史"，但跟一般的"史"有较大的分别。它是研究汉语方言语音从古到今的演变规律，是在考察多个相关实体(方言)的演变之后才能"综合"出的一个汉语语音(方音)系统的演变。打个不十分恰当的比喻，如果汉语语音史有所谓的"正史"和"野史"的话，那么传统音韵学注重韵书、韵图之类的"正史"材料，而方音史则专门研究方言语音的"野史"材料。现在看来，"正史"材料无法全面反映口语语音面貌，而"野史"材料则往往是不充分、不完整的；无论研究"正史"材料还是"野史"材料，二者都不足以建构一种现代语言学意义上的汉语语音史研究方法，用"正史"或"野史"的观念是无法科学地探讨汉语语音(方音)的历史演变的。

　　汉语语音史的研究需要另辟途径。

　　西方历史语言学的比较法是个不错的起点，它在西方语言的历史研究上有过诸多成功的经验；如果运用得当，它也应该适用于汉语语音史的研究。试述后者理由如下。汉语语音的演变由两方面组成，所谓书面语音是一方面，方言语音是另一方面。传统音韵学通常以零散的方言材料补证书面语音，而对方言语音自身的演变重视不够；在西方历史比较法的影响下，汉语方音自身的演变逐渐受到学者们的重视。汉语方音有个特点，"口语音"和"读书音"分别反映了音系的不同的社会功能，它们是否属于两个不同的系统，需要进一步研究，不能一概而论。历史比较法利用相关词形追溯早期形式的方法，能够帮助我们系统地将汉语方言里的"读书音"或者"口语音"筛离；再通过与邻近其他方言的比较，厘析汉语方言里"读书音"或"口语音"的不同历史层次。笔者相信，比较法的最大特点是将相关的音类进行比较，并层层厘析；而层次与来源正好是汉语方言语音演变的两个主要方面，也是研究的重点和难点。笔者基于这个理念，在系统评述西方历史比较法的同时，尝试运用它分析了若干汉语方音的历时演变。

对于汉语语音史研究中如何运用历史比较法的问题，有两个方面需要考虑：一是目前缺乏既定的运用模式，二是汉语方言的实际情况较为复杂。这里套用中国领导人邓小平三十年前对于中国经济改革说过的一句名言——摸着石头过河。汉语方音史研究的"石头"是什么？它要过的是一条什么样的"河"？如何能"摸着石头"？本书对于这些重大问题都未能提供全面的解答，只是陈述了作者自己的做法，是否摸到"石头"了，还说不定。这是笔者对于汉语语音史研究方法的困惑之一。

其实，中国语言学发展的每一个进步都离不开方法的革新。本书第一章在提到推衍法与释证法时，说西方学者重视方法论，善于运用推衍法。推衍法的长处是推陈出新，其更深层的意义在于培育一种可持续发展的学术研究氛围，扩展学术自由探索的空间。虽说西方的语言学研究容易有"重理论轻事实"的倾向，但它并非指推衍法本身有缺陷，而是点明了使用该方法时易犯的错误。中国传统音韵学普遍采用的释证法，它的特点是强调材料的可靠性和全面性，然而，面对汉语方音浩瀚、复杂的材料，如果没有新的观点、新的方法，难以驾驭这些复杂的材料，也难以形成新学说、新理论。所以，汉语方音里"口语音"与"读书音"的复杂交替以及方音材料浩瀚丰富，是促使我们在研究方法上进行创新的驱动力。

同一性原则是本书在方音的历史比较上遵循的首要原则。汉语方言的音类是研究古今语音演变的一个有效参照点，但音类有大有小，加上"口语音"、"读书音"的差异，判断音类上是否具有同一性成为汉语方音比较必须特别注意的方面。本书第七章第四节以粤语牙喉音声母今读[j]音为例，将边远化、广泛化、口语化作为判断同一性的参照标准，推测粤语[j]音有两个来源：一是从[h]音分化，如溪、晓母的[j]；一是从其他声母脱落或演化而来，如疑、日、影、云、匣母的[j]。后者再分为两类：一类由辅音声母变来，另一类由零声母变来。

对于历史比较的同一性原则，笔者一直有个困惑，就是如何把握方音比较的同一性原则与特定方言音系的互补分布原则之间的关系。方音比较的同一性也包括两地方言具有同类的历史音变(详见本书第七章第四节的分析)，而音素的互补分布则是归纳音位的一条重要原则。虽然互补分布原则是对特定方言音系里"同一个音"的认识，但音位上的"同一个音"属于共时音系的概念，它不具备历史意义。共时的音位归纳和历时的语音演变属于两个完全不同的范畴，当我们拿这两个不同范畴的材料进行比较时，要特别注意它们是否相关。

赵元任在著名的"音位标音法的多能性"一文中提出音位归纳与历史音变属于两种互不相干的因素，不能以后者证明前者。他在"把音归入音位"一节中特别指出"照顾词源"(即词的历史来源)不属于描写共时音系的范围，他说(2002 [1934]:780)：

> 照顾词源本来不属于本文的研究范围，因为本文只涉及某一时期的某种语言的描写研究。可是，音位处理既然常常有不同的可能，我们当然可以偷看一眼外部的因素。事实上对许多作者而言，词源考虑占很大分量。从词源上看，把 [tɕ]、[tɕʻ]、[ɕ]归于 [k]、[kʻ]、[x]比归于 [tʂ]、[tʂʻ]、[ʂ]来得好，虽然只是部分地顾到词源。可是，如果按照来源把北京话的 [tɕ]、[tɕʻ]、[ɕ]拆成舌根系列和齿音系列，比方"希"为 [xi]，"西"为 [si]，那就不成其为严格的音位标音了，因为除了词汇上的列举以外，没有一条关于音位成员的规则能告诉我们什么时候是 [xi]，什么时候是 [si]。

赵元任所说的"外部的因素"就是本书第二章1.1节提到的北京话音系 [tɕ, tɕʻ, ɕ]声母从历史来源上有一部分由古代的 [k, kʻ, x]演变而来。如果不具备这方面的历史知识，是无法建立音系规则说明它们的历史来源的。赵元任在这里用了"偷看一眼"的说法，它表示这种"外部的因素"对共时音系的描写是不合适的。

既然不能以历史音变论证音位的归纳，我们也不能将共时的互补分布不加分析地看作早期音位的变体，用它直接论证历史的音变。Weinreich (1954)早就提出[①]，由于某个方言音位是语言学家根据互补分布原理归纳出来的，所以方言学家不能简单地以甲方言的音位符号如

[①] Uriel Weinreich是美国著名的社会语言学家、方言学家，也是威廉·拉波夫的导师。他是1968年拉波夫等三人合作发表的"语言变化理论的实证基础"(Empirical foundations for a theory of language change)一文的第一作者。对于这篇文章的介绍，参见本书第六章第三节的有关内容。

/a/对等乙方言的音位符号 /a/。如何从汉语方音历史演变的角度对待不同方言的语音形式，排除原材料里由互补分布可能导致的不实推测，避免过度使用互补分布以推导历史的同一性，这是笔者对于汉语语音史研究方法的困惑之二。

如果音素的互补分布本身不具有历史价值，在方音比较中应该如何利用它？笔者在本书第六章5.3节讨论现代北方官话声母分类的证据时曾指出"以今代古"或"以今喻古"的做法不可取，但对此没有太大的把握。下面以梅祖麟(2001)、陈忠敏(2003)、潘悟云(2009)重建吴语鱼韵早期形式的分析为例，说明运用互补分布的困难。

梅祖麟(2001)提出南朝江东方言鱼韵的最早形式为 *iə，后来在北部吴语变为 [ie]，再演变为现代的 [i]、[e]等；它在开化、常山、玉山等浙南吴语变为 [ie]、[e]、[ə]。他观察到北部吴语"鱼虞有别"层的鱼韵字在精知庄章系后面是 [i]，在舌根音声母后面是 [ɛ]，二者呈互补分布；而浙南吴语的开化、常山、玉山的鱼韵字在知章系后面是 [ie]，在舌根音声母后面是 [ie]、[e]或[ə]①。于是梅祖麟推测北部吴语的 [i]、[ɛ]应由 [ie] (最早为 *iə)演变而来，他有两条依据：一条是北部吴语的 [i]、[ɛ]呈互补分布；另一条是浙南吴语鱼韵字在齿音声母(精知庄章系)后面和舌根音声母后面都有 [ie]，而舌根音声母后面 [ie]、[e]、[ə]的差异(主要是 -i-介音的失落)由"词汇扩散"造成，舌根音声母后失落 -i-介音在常山、玉山业已完成，而在开化则正在进行②。

陈忠敏(2003)严格区分层次关系与音变关系，他认为来源相同而对立分布的不属于音变关系，来源相同而互补分布的可能是同一层次的音变关系。根据这一原则，他认为北部吴语鱼韵白读音的 [i]、[ɛ]不存在互补分布，[i]、[ɛ]加上 [ɛi]是同一层次的音变，它们都由 *i变来。由单元音 [i]裂化为复合元音 [ɛi]只发生在舌根音声母后("锯、去、渠ₜₐ"的 [i]韵母表现了这类特字的音变滞后)，这种音变不发生在齿音声母后。

至于浙南吴语齿音声母后的 [ie]、[ɿːə]、[i]、[ɿ]属于同一层次(叫鱼

---

① 梅祖麟的浙南吴语材料来自曹志耘、秋谷裕幸、太田斋、赵日新：《吴语处衢方言研究》，东京好文出版社2000年版。

② 地理上开化与常山、玉山毗邻，而两地的所谓"词汇扩散"有如此差异，需要论证。

韵C层)的不同音变，它们都是由*i变来；舌根音声母后的[ie]、[ə]/[ɤ]
则构成对立(有些方言点知组声母后也存在该对立，如常山"箸"[dʑie⁶]
~"苎"[də⁴])。陈忠敏把知组的[ɿ]和见组的[ie]归于鱼韵C层，它对应于
北部吴语鱼韵的白读音；而[ə]/[ɤ]则属于另一较早层次(叫鱼韵B层)，
由*ɯ变来；所以浙南吴语的鱼韵白读音不存在互补分布。对于梅祖麟
认为由"词汇扩散"引发的舌根音声母后面[ie]、[e]、[ə]的差异，陈忠敏看
作由不同的层次(C层和B层)和不同的音变造成的，不属于"扩散音变"。

潘悟云(2009)根据浙南吴语蒲门话(苍南县境内的一种温州话)鱼韵
字的互补分布，即在舌根音声母后面读[ɯ]、在舌齿音声母后面读[ɿ]，
论证了现代温州城里话鱼韵字的[ei]、[e]可看作从早期的*ɯ演变而来；
但它们后来的变化并未沿袭韵母的形式，也没遵照声母条件而演变。
早期吴语鱼韵*ɯ在温州话的舌根音声母后分化为[ɯ](相等于现代蒲门
的[ɯ])，在舌齿音声母后分化为[i](相等于现代蒲门的[ɿ])；但一百年前
的温州话这两类声母后面都是[i]，由这个[i]变为现代温州话的[ei]，一
些舌根音声母后面的[ei]进一步变为[e](如"许"[he³])。

虽然互补分布在潘悟云的分析中所占的比重极小，但潘文整体上是
围绕着浙南吴语鱼韵字的互补分布展开的。他将以上这一分化视为整
个吴语地区鱼韵的演变模式：鱼韵*ɯ在舌根音声母后分化为[ɯ]，在
舌齿音声母后分化为[ɿ]。比如，为了让秋谷裕幸所记的常山音符合该
模式，他将秋谷的记音如"徐"[zə²]、"去"[kʰɯ⁵]的单元音分析为复合元
音(主元音+后滑音)，于是原始材料的"徐"[zə²]被改为[zɿ⁰²]，"去"[kʰɯ⁵]
被改为[kʰɯ⁰⁵]，修改后的形式符合潘悟云提出的舌齿音后面为[ɿ]、舌
根音后面为[ɯ]的模式。这种改动一方面依据了韵母出现的声母环境，
另一方面由于秋谷所记的开化鱼韵为[ə]，而有其他学者记为复合元音
[ɿ:ə]，如陈忠敏(2003)。潘悟云大概猜测秋谷记的常山音可能像他的开
化音一样，忽略了不同类型声母后的[ɿ]和[ɯ]，并将滑音[ə]误听成主元
音。

从陈忠敏所用的材料看，梅祖麟提出的互补分布似乎不存在，后者
把开化、常山/玉山之间的舌根音声母后面有无-i-介音的差异归为"词汇
扩散"的做法也显得粗糙。陈忠敏的分析只是有限地利用了互补分布；

他把北部吴语舌根音声母后的单元音裂化为复合元音看作以声母为音变条件，这算不上互补分布。潘悟云的分析虽是围绕著互补分布展开，但依靠原材料互补分布的分析只有蒲门话的 [ɯ] 和 [ɿ]，而它们如何与温州话形成对应表达得不很明确；其他互补分布的音素经过了他的改动，它们的历史价值难以说明。

以上三例提示我们应该慎重对待共时的互补分布。为了研究某一方言的历史演变，不可能只看该方言的材料，还要比较不同的方言，一定会参考和利用不同学者的调查成果，这就要考虑不同方言的音系归纳以及不同学者所用的不同的语音符号。我们在利用其他学者的材料时，既不能轻易改动，也不能看见符号相同就当作同一材料，要认真分析它们之间的音系地位是否一致，因为相同的符号在不同的学者手里完全有可能代表不同的音类。

这三例同时也显示了汉语方音历史层次的研究开始得到越来越多的学者的重视，并正在探索不同的研究方法。对于同一材料进行不同的分析，产生不同的观点，这是正常的现象，反映了学者们在尝试采用不同的方法。只有不断尝试，勇于探索，鼓励健康的学术批评与争论，善于修正自己的观点，正确的方法就一定能够逐步形成，并最终获得普遍接受。笔者认为，如何看待互补分布应该是汉语方言历史层次分析必须解决的首要问题，它也是保证在世界语言变异的范围内考察汉语方言历史演变的必要条件。可以肯定，随着学者们更多地关注汉语方音的历史演变，不断摸索适合汉语的研究方法，认清汉语方言的各类演变情况，汉语语音演变的真实面貌一定能够显现出来。

参考文献（中文）

包智明、侍建国、许德宝：《生成音系理论及其应用》(第二版)，中国社会科学出版社2007年版。

鲍厚星：《湘方言概要》，湖南师范大学出版社2006年版。

鲍明炜、王均：《南通地区方言研究》，江苏教育出版社2002年版。

北大中文系语言学教研室：《汉语方音字汇》，文字改革出版社1962年；又《汉语方音字汇》(第二版)，文字改革出版社1989年版。

[美]布龙菲尔德：《语言论》，袁家骅、赵世开、甘世福译，钱晋华校，商务印书馆1980年版。根据 Leonard Bloomfield. *Language*. London: George Allen & Unwin Ltd., 1955.

曹志耘：《南部吴语语音研究》，商务印书馆2002年版。

岑麒祥：《历史比较语言学讲话》，湖北人民出版社1981年版。

岑麒祥：《语言学史概要》，北京大学出版社1988年版；又岑麒祥编著，岑运强评注：《语言学史概要》，世界图书出版公司2008年版。

岑麒祥译：《历史语言学中的比较法》，见岑麒祥：《国外语言学论文选译》，语文出版社1992年版，第1-85页；又[法]梅耶：《历史语言学中的比较法》，岑麒祥译，世界图书出版公司2008年版。译者根据1984年巴黎新排本[法]梅耶(1924) *La méthode comparative en linguistique historique* 重新校订。

陈立平：《双语社团语码转换研究——以常州话—普通话语码转换为例》，上海交通大学出版社2009年版。

陈立中：《湘语与吴语音韵比较研究》，中国社会科学出版社2004年版。

陈平：《引进·结合·创新——关于国外语言学与中国语言学研究关系的几点思考》，《当代语言学》2006年第2期，第165-173页。

陈忠敏：《重论文白异读与语音层次》，《语言研究》2003年第3期，第43-59页。

陈忠敏：《语音层次的定义及其鉴定的方法》，见丁邦新主编：《历史层次与方言研究》，上海教育出版社2007年版，第135-165页。

丁邦新：《汉语方言区分的条件》，《庆祝李方桂先生八十岁论文集》（《清华学报》新14.1-2），1982年；又载《丁邦新语言学论文集》，商务印书馆1998年版，第166-187页。

丁邦新：《吴语中的闽语成分》，《历史语言研究所集刊》第59本第1分，1988年；又载《丁邦新语言学论文集》，商务印书馆1998年版，第246-256页。

丁邦新：《丁邦新语言学论文集》，商务印书馆1998年版。

丁邦新：《〈苏州同音常用字汇〉之文白异读》，《中国语文》2002年第5期，第423-430页。

丁邦新：《从历史层次论吴闽关系》，《方言》2006年第1期，第1-5页。

丁邦新：《汉语方言层次的特点》，见丁邦新主编：《历史层次与方言研究》，上海教育出版社2007年版，第187-196页。

丁声树：《河南遂平方言记略》，《方言》1989年第2期，第81-90页。

董绍克：《山东阳谷梁山两县方言的归属》，《方言》1986年第1期，第50-51页。

董同龢：《汉语音韵学》，(台北)学生书局1968年版；又《汉语音韵学》，中华书局2001年版。

方孝岳、罗伟豪：《广韵研究》，中山大学出版社1988年版。

[瑞典]高本汉：《上古中国音当中的几个问题》，赵元任译，载《历史语言研究所集刊》创刊号，1930年。译者根据 Problems in Archaic Chinese，《皇家亚洲学会会刊》，(伦敦)1928年；又载《赵元任语言学论文集》，商务印书馆2002年版，第298-358页。

[瑞典]高本汉：《中国音韵学研究》，罗常培、李方桂合译，商务印书馆1940年版；又《中国音韵学研究》，赵元任、清华大学出版社2007年版。

[瑞典]高本汉：《中国声韵学大纲》，张洪年译，(台北)国立编译馆1990年版。译者根据 Compendium of Phonetics in Ancient and Archaic Chinese，《远东博物馆年刊》第26期，(斯德哥尔摩)1954年。

高晓虹：《北京话庄组字分化现象试析》，《中国语文》2002年第3期，第234-238页。

顾黔：《泰州方言音韵研究》，南京大学出版社2001年版。

郭熙：《中国社会语言学》(增订本)，浙江大学出版社2004年版。

何大安：《语言史研究中的层次问题》，《汉学研究》(台北)第18卷特刊，2000年；又载丁邦新主编：《历史层次与方言研究》，上海教育出版社2007年版，第11-21页。

贺巍：《河南省西南部方言的语音异同》，《方言》1985年第2期，第119-123页。

贺巍：《洛阳方言研究》，社会科学文献出版社1993年版。

江苏人民出版社：《江苏省和上海市方言概况》，江苏人民出版社1960年版。

蒋平：《优选论与汉语音系研究》，见刘丹青主编：《语言学前沿与汉语研究》，上海教育出版社2005年版，第292-311页。

节于今：《建设创新型语言学》，《古汉语研究》2006年第1期，第2-6页。

李方桂：《上古音研究》，商务印书馆1980年版。

李方桂著，王启龙、邓小咏译，李德林校订：《李方桂先生口述史》，清华大学出版社2003年版。

李金陵：《合肥话音档》，上海教育出版社1997年版。

李蓝：《"中国通用音标符号集"及若干问题的说明》，《方言》2006年第3期，第193-209页。

李荣：《音韵存稿》，商务印书馆1982年版。

李荣等：《中国语言地图集》，香港朗文出版(远东)有限公司1987年版。

李如龙：《汉语方言的比较研究》，商务印书馆2001年版。

李如龙、辛世彪：《晋南、关中的"全浊送气"与唐宋西北方音》，《中国语文》1999年第3期，第197-203页。

李新魁：《上古音"晓匣"归"见溪群"说》，《学术研究》1963年第2期；又载《李新魁自选集》，河南教育出版社1993年版，第1-20页。

李新魁：《潮音证古(声母部分)》，《潮学研究》1993年第1辑；又载《李新魁音韵学论集》，汕头大学出版社1997年版，第348-368页。

李新魁:《粤音与古音》,《学术研究》1996年第8期;又载《李新魁音韵学论集》,汕头大学出版社1997年版,第402-412页。

刘斌:《赣榆(刘沟)方言同音字汇》,《方言》1990年第1期,第11-20页。

刘纶鑫:《江西客家方言概况》,江西人民出版社2001年版。

刘镇发:《从方言比较再探讨粤语浊上清化的模式》,《中国语文》2003年第5期,第432-438页。

鲁国尧:《泰州方音史和通泰方言史研究》,日本亚非语言文化研究所《亚非语の计数研究》第30号,1988年;又载《鲁国尧语言学论文集》,江苏教育出版社2003年版,第12-122页。

鲁国尧:《客、赣、通泰方言源于南朝通语说》,《中国客家民系研究》,中国工人出版社1992年版;又载《鲁国尧自选集》,河南教育出版社1994年版。

鲁国尧:《通泰方言研究史脞述》,《方言》2001年第4期;又载《鲁国尧语言学论文集》,江苏教育出版社2003年版,第193-216页。

鲁国尧:《"颜之推迷题"及其半解(上)》,《中国语文》2002年第6期;又载《鲁国尧语言学论文集》,江苏教育出版社2003年版。

鲁国尧:《重温朱德熙先生的教导——为纪念朱德熙先生逝世十周年而作》,《语文研究》2002年第4期,第1-3页。

鲁国尧:《"颜之推迷题"及其半解(下)》,《中国语文》2003年第2期;又载《鲁国尧语言学论文集》,江苏教育出版社2003年版。

鲁国尧:《论"历史文献考证法"与"历史比较法"的结合——兼议汉语研究中的"犬马—鬼魅法则"》,《古汉语研究》2003年第1期;又载《鲁国尧语言学论文集》,江苏教育出版社2003年版,第181-192页。

鲁国尧:《鲁国尧语言学论文集》,江苏教育出版社2003年版。

鲁国尧:《中国音韵学的切韵图与西洋音系学的"最小析异对"》,《古汉语研究》2007年第4期,第2-10页。

陆志韦:《北京话单音词词汇》,科学出版社1956年版。

[英]罗宾斯:《简明语言学史》,许德宝等译,中国社会科学出版社1997年版。译者根据R. H. Robins. *A Short History of Linguistics*. London & New York: Longman, 1997.

罗常培:《知彻澄娘音值考》,《历史语言研究所集刊》第3本第1分,1931年;又载《罗常培语言学论文集》,商务印书馆2004年版,第29-69页。

罗香林:《客家源流考》,1950年;又载张卫东、王洪友主编:《客家研究》(第一集),同济大学出版社1989年版。

马秋武、王嘉龄:《优选论•导读》,《优选论》,外语教学与研究出版社2001年版,第F24-F39页。

梅祖麟:《现代吴语和"支脂鱼虞,共为不韵"》,《中国语文》2001年第1期,第3-15页。

梅祖麟:《比较方法在中国 1926~1998》,《语言研究》2003年第1期,第16-27页。

孟庆惠:《安徽省志•方言志》,方志出版社1997年版。

宁继福:《中原音韵表稿》,吉林文史出版社1985年版。

潘悟云:《历史层次分析的目标与内容》,见丁邦新主编:《历史层次与方言研究》,上海教育出版社2007年版,第22-35页。

潘悟云:《吴语鱼韵的历史层次》,《东方语言学》第5辑,2009年,第90-103页。

彭小川:《南海沙头话古云、以母字今读初析》,《中国语文》1995年第6期,第461-463页。

钱曾怡、高文达、张志静:《山东方言的分区》,《方言》1985年第4期,第243-256页。

瞿霭堂、劲松:《"叠置式音变"献疑》,《语言研究》2008年第2期,第1-7页。

桑宇红:《知、照声母合一与知二庄、知三章对立——兼论〈中原音韵〉知庄章的分合》,《语文研究》2008年第3期,第31-40页。

桑宇红:《中古知庄章三组声母在现代北方方言中的读音类型》,《燕赵学术》(春之卷),四川辞书出版社2008年,第21-32页。

邵荣芬:《敦煌俗文学中的别字异文和唐五代西北方音》,《中国语文》1963年第3期;又载《邵荣芬音韵学论集》,首都师范大学出版社1997年版,第280-343页。

石明远:《山东莒县方言音系》,《方言》1987年第3期,第179-189页。

石明远:《莒县方言志》,语文出版社1995年版。

石汝杰:《汉语方言中高元音的强摩擦倾向》,《语言研究》1998年第1期,100-109页。

侍建国:《官话德、陌、麦三韵入声字音变》,《方言》1996年第3期,第201-207页。

侍建国:《官话语音的地域层次及其历史因素》,《历史语言研究所集刊》第69本第2分,1998年,第399-421页。

侍建国:《宋代北方官话与邵雍"天声地音"图》,《中国语言学论丛》第3辑2003年,第145-160页。

侍建国:《粤语牙喉音声母今读[j]音考》,第九届汉语音韵学国际学术研讨会论文,南京大学,2006年8月。

侍建国:《粤语溪母字历史音变》,《语言研究》2007年第2期,第42-45页。

侍建国:《丹阳话的"嵌入式"变调》,《中国语文》2008年第4期,第339-348页。

侍建国:《从方音比较推测历时音变——粤语疑、日母字历史音变》,《中文学刊》第5期,2008年,第245-262页。

侍建国、卓琼妍:《"词汇扩散"是语言变化理论吗?》,《中国语言学》第3辑,2009年,第71-79页。

侍建国、鲁国尧:《〈十九世纪欧洲语言学史〉述论》,见[丹麦]裴特生:《十九世纪欧洲语言学史》,钱晋华译,鲁国尧、侍建国校订,世界图书出版公司2010年版,第1-40页。校订者根据1931年John Webster Spargo的英译本 *Linguistic Science in the Nineteenth Century: Methods and Results* 校订。

孙宜志:《合肥方言泥来母今读[z]声母现象的探索》,《中国语文》2007年第1期,第55-60页。

[瑞士]索绪尔:《普通语言学教程》,高名凯译,商务印书馆1980年版。

[瑞士]索绪尔:《普通语言学教程》,刘丽译,陈力译校,九州出版社2007年版。

汤翠兰：《广东四邑方言声母中塞音成分丢失现象的探讨》，见詹伯慧主编：《暨南大学汉语方言学博士研究生学术论文集》，暨南大学出版社2001年版，第126-130页。

藤吉海、张发明：《语音文字基本功训练手册》，吉林大学出版社1990年版。

万波：《粤方言声母系统中送气清塞音的[h]化现象》，见张洪年、张双庆、陈雄根主编：《第十届国际粤方言研讨会论文集》，中国社会科学出版社2007年版，第17-25页。

万波：《赣语声母的历史层次研究》，商务印书馆2009年版。

王福堂：《关于客家话和赣方言的分合问题》，《方言》1998年第1期，第14-19页。

王福堂：《汉语方言语音中的层次》，《语言学论丛》第27辑，2003年；又载丁邦新主编：《历史层次与方言研究》，上海教育出版社2007年版，第1-10页。

王福堂：《汉语方言语音的演变和层次》(修订本)，语文出版社2005年版。

王福堂：《文白异读中读书音的几个问题》，《语言学论丛》第32辑，2006年，第1-13页。

王洪君：《也谈古吴方言覃谈寒桓四韵的关系》，《中国语文》2004年第4期，第358-363页。

王洪君：《层次与演变阶段——苏州话文白异读析层拟测三例》，《语言暨语言学》(台北)第7卷第1期，2006年，第63-86页。

王力：《汉语史稿》(修订本)，中华书局1980年版。

王力：《同源字典》，商务印书馆1982年版。

王力：《汉语语音史》，中国社会科学出版社1985年版；又《王力文集》(第十卷)，山东教育出版社1987年版。

王力：《先秦古韵拟测问题》，《北京大学学报》(人文科学版)1964年第5期；又载《王力语言学论文集》，商务印书馆2000年版，第204-242页。

王璞：《国音京音对照表》，商务印书馆1921年版。

王士元、沈钟伟：《词汇扩散的动态描写》，《语言研究》1991年第1期；又载《王士元语言学论文集》，商务印书馆2002年版，第116-146页。

[丹麦]威廉·汤姆逊：《十九世纪末以前的语言学史》，黄振华译，科学出版社1960年版；又《十九世纪末以前的语言学史》，世界图书出版公司2009年版。

伍巍：《合肥话"-i"、"-y"音节声韵母前化探讨》，《语文研究》1995年第3期，第58-60页，第21页。

谢留文：《赣语古上声全浊声母字今读阴平调现象》，《方言》1998年第1期，第164-175页。

谢留文：《历史层次分析法与汉语方言研究》，见刘丹青主编：《语言学前沿与汉语研究》，上海教育出版社2005年版，第332-345页。

谢留文、沈明：《黟县宏村方言》，中国社会科学出版社2008年版。

熊正辉：《官话区方言分 ts tṣ 的类型》，《方言》1990年第1期，第1-10页。

徐大明主编：《语言变异与变化》，上海教育出版社2006年版。

徐通锵：《历史语言学》，商务印书馆1991年版。

许宝华、汤珍珠：《上海市区方言志》，上海教育出版社1988年版。

薛凤生：《论支思韵的形成与演进》，《书目季刊》(台北)第14卷第2期，1980年；又载《汉语音韵史十讲》，华语教学出版社1999年版，第73-97页。

严修鸿：《客赣方言浊上字调类演变的历史过程》，《客赣方言研究——第五届客方言暨首届赣方言研讨会论文集》，香港霭明出版社2004年版，第227-249页。

叶祥苓：《苏州方言志》，江苏教育出版社1988年版。

[捷克]伊·克拉姆斯基：《音位学概论——音位概念的历史与理论学派研究》，李振麟、谢家叶、胡伟民译，上海译文出版社1993年版。

袁家骅等：《汉语方言概要》，文字改革出版社1960年版；又《汉语方言概要》(第二版)，语文出版社2001年版。

辛世彪：《东南方言声调比较研究》，上海教育出版社2004年版。

杨秀芳：《闽南语文白系统的研究》，台湾大学中国文学研究所博士论文，1982年。

杨秀芳：《论文白异读》，《王叔岷先生八十寿庆论文集》，台北大安出版社1993年版。

殷方：《1965-1979国外汉语音韵学研究述评》，《汉字汉语学术研讨会论文集》(下)，吉林教育出版社1991年版。

余霭芹：《粤音构拟之二：声母》，第十届国际粤方言研讨会论文(提要)，香港中文大学，2005年12月。

俞敏：《北京口语里的多音入声字》，《方言》1995年第1期，第26-30页。

张光宇：《汉语方言的鲁奇规律：古代篇》，《中国语文》2008年第4期，第349-361页。

张洪明：《历史语言学导论•导读》，《历史语言学导论》(第二版)，世界图书出版公司2008年版，第D15-D55页。

张琨：《美国语言学家谈历史语言学》，《语言学论丛》第13辑，1984年。

张敏、周烈婷：《粤语作为辐射状范畴：一个分群的新尝试》，第十届国际粤方言研讨会论文(提要)，香港中文大学，2005年12月。

张启焕、陈天福、程仪：《河南方言研究》，河南大学出版社1993年版。

张双庆主编：《乐昌土话研究》，厦门大学出版社2000年版。

张双庆主编：《连州土话研究》，厦门大学出版社2004年版。

张双庆、万波：《赣语南城方言古全浊上声字今读的考察》，《中国语文》1996年第5期，第345-354页。

张晓山：《广宁话的h声母》，《第五届国际粤方言研讨会论文集》，暨南大学出版社1997年版，第88-92页。

张玉来：《韵略汇通音系研究》，山东教育出版社1994年版。

张振兴：《闽方言古浊去今读阴平调的现象》，《第二届闽方言学术讨论会论文集》，暨南大学出版社1992年版，第23-29页。

詹伯慧主编：《广东粤方言概要》，暨南大学出版社2002年版。

詹伯慧、张日昇主编：《珠江三角洲方言字音对照》，香港新世纪出版社1987年版。

詹伯慧、张日昇主编：《粤北十县市粤方言调查报告》，暨南大学出版社1994年版。

詹伯慧、张日昇主编：《粤西十县市粤方言调查报告》，暨南大学出版社1998年版。

赵日新：《汉语方言中的[i]>[ɿ]》，《中国语文》2007年第1期，第46-54页。

赵元任：《高本汉(Bernhard Karlgren)的谐声说》，《国学论丛》第1卷第2号，1927年；又载《赵元任语言学论文集》，商务印书馆2002年版，第209-239页。

赵元任：《上古中国音当中的几个问题》，《历史语言研究所集刊》创刊号，1930年；又载《赵元任语言学论文集》，商务印书馆2002年版，第298-358页。

赵元任：《反切语八种》，《历史语言研究所集刊》第2本第3分，1931年；又载《赵元任语言学论文集》，商务印书馆2002年版，第362-404页。

赵元任：《音位标音法的多能性》，《历史语言研究所集刊》第4本第4分，1934年；又载《赵元任语言学论文集》，商务印书馆2002年版，第750-795页。

赵元任：《方言性变态语音三例》，《历史语言研究所集刊》第5本第4分，1935年；又载《赵元任语言学论文集》，商务印书馆2002年版，第412-425页。

赵元任：《常州吟诗的乐调十七例》，《历史语言研究所集刊外编：庆祝董作宾先生65岁论文集》第4种，1961年；又载《赵元任语言学论文集》，商务印书馆2002年版，第548-558页。

赵元任：《绩溪岭北音系》，《历史语言研究所集刊——故院长胡适先生纪念论文集》第34本，1962年；又载《赵元任语言学论文集》，商务印书馆2002年版，第578-581页。

郑张尚芳：《上古音系》，上海教育出版社2003年版。

中国语言研究所：《昌黎方言志》，科学出版社1960年；又《昌黎方言志》(新1版)，上海教育出版社1984年版。

周元琳：《安徽庐江方言音系》，《方言》2001年第3期，第263-280页。

周祖谟：《宋代汴洛语音考》，1943年；又载《问学集》(下册)，中华书局1966年版。

参考文献（英文）

Anttila, Raimo. *An Introduction to Historical and Comparative Linguistics.*
New York: Macmillan Publishing Co., 1972.

Barnhart, Robert K. *Chambers Dictionary of Etymology.* New York: The H.
W. Wilson Co., 1988.

Beekes, Robert S. P. *Comparative Indo-European Linguistics: An
Introduction.* Amsterdam: John Benjamins Publishing Co., 1995.

Campbell, Lyle. *Historical Linguistics: An Introduction* (2nd Edition).
Cambridge: The MIT Press, 2004.

Campbell, Lyle and Mauricio J. Mixco. *A Glossary of Historical Linguistics.*
Salt Lake City: The University of Utah Press, 2007. First published in
UK by Edinburgh University Press, 2007.

Chambers, J. K. *Sociolinguistic Theory: Linguistic Variation and its Social
Significance* (Revised Edition). Massachusetts: Wiley-Blackwell, 2009.

Chan, Marjorie K. M. (陈洁雯). Lexical diffusion and two Chinese case
studies re-analyzed. *Acta Orientalia* 44, 1983, pp. 118-152.

Cheng, Chin-Chuan and William S.-Y. Wang (郑锦全、王士元). Tone
change in Chaozhou Chinese: a study of lexical diffusion. In Braj B.
Kachru, *et al.* (ed.) *Papers in Linguistics in Honor of Henry and Renee
Kahance.* Illinois: University of Illinois, 1972. Also in Wang 1977, pp.
148-158.

Chomsky, Noam and Morris Halle. *The Sound Pattern of English.* New York:
Harper and Row, 1968.

Collinge, N. E. *The Laws of Indo-European.* Amsterdam: John Benjamins
Publishing Co., 1985.

Crystal, David. *A Dictionary of Linguistics and Phonetics* (5th Edition).
Massachusetts: Blackwell Publishing, 2002.

Fennell, Barbara A. *A History of English: A Sociolinguistic Approach.*
Oxford: Blackwell Publishing, 2001.

Fox, Anthony. *Linguistic Reconstruction: An Introduction to Theory and Method*. Oxford: Oxford University Press, 1995.

Hashimoto, Mantaro J. (桥本万太郎). *The Hakka Dialect: A Linguistic Study of its Phonology, Syntax and Lexicon*. Cambridge: Cambridge University Press, 1973.

Hawkins, John A. German. In Bernard Comrie (ed.) *The World's Major Languages*, London: Routledge, 1989, pp. 110-138.

Hock, Hans Henrich. *Principles of Historical Linguistics*. Berlin: Mouton de Gruyter, 1986.

Hock, Hans Henrich and Brian D. Joseph. *Language History, Language Change, and Language Relationship: An Introduction to Historical and Comparative Linguistics*. Berlin: Mouton de Gruyter, 1996.

Hsueh, F. S. (薛凤生). On dialectal overlapping as a cause for the literary/colloquial contrast in standard Chinese. In *Chinese Languages and Linguistics*, No. 1, Symposium Series of the Institute of History and Philology (Taiwan), No. 2, 1992, pp. 379-405.

Jakobson, Roman. *On Language*. 1990. Edited by Linda R. Waugh and Monique Monville-Burston. Massachusetts: Harvard University Press, 2nd printing 1995.

Joseph, Brian D. Greek. In Bernard Comrie (ed.) *The World's Major Languages*. London: Routledge, 1989, pp. 410-439.

Joseph, Brian D. and Richard D. Janda. *The Handbook of Historical Linguistics*. Massachusetts: Blackwell Publishing Ltd., 2003.

Joseph, John E., Nigel Love, and Talbot J. Taylor. *Landmarks in Linguistic Thought II*. London and New York: Routledge, 2001.

Karlgren, Bernhard. *Analytic Dictionary of Chinese and Sino-Japanese*. New York: Dover Publication Inc., 1974. First published 1923 by P. Geuthner in Paris.

Kenstowicz, Michael and Charles Kisseberth. *Generative Phonology: Description and Theory*. New York: Academic Press, 1979.

King, Robert D. *Historical Linguistics and Generative Grammar*. New Jersey:Prentice-Hall Inc., 1969.

Kiparsky, Paul. Historical linguistics. In William O. Dingwall (ed) *A Survey of Linguistics Science*. College Park: University of Maryland Linguistics Program, 1971. Also in Kiparsky *Explanation in Phonology*. Dordrecht: Foris, 1982.

Kiparsky, Paul. Elsewhere in phonology. In Stephen Anderson and Paul Kiparsky (ed.) *A Festschrift for Morris Halle*. New York: Holt Rinehart and Winston, 1973.

Labov, William. Resolving the Neogrammarian controversy. *Language* 57, 1981, pp. 267-309.

Labov, William. *Principles of Linguistic Change: Internal Factors*. Massachusetts: Blackwell Publishers Inc., 1994.

Labov, William. *Principles of Linguistic Change: Social Factors*. Massachusetts: Blackwell Publishers Inc., 2001.

Ladefoged, Peter. *A Course in Phonetics* (2nd Edition). New York: Harcourt Brace Jovanovich, 1982.

Lass, Roger. *Historical Linguistics and Language Change*. Cambridge: Cambridge University Press, 1997.

Laver, John. *Principles of Phonetics*. Cambridge: Cambridge University Press, 1994.

Lehmann Winfred P. *Historical Linguistics: An Introduction*. London: Routledge, 1992.

Lottner, C. Exceptions to the first sound shift. 1862. In Winfred P. Lehmann (ed. and trans.) *A Reader in Nineteenth-century Historical Indo-European Linguistics*. Bloomington: Indiana University Press, 1967, pp. 97-108.

Mallory, J. P. and D. Q. Adams. *The Oxford Introduction to Proto-European and the Proto-Indo-European World*. Oxford: Oxford University Press, 2006.

Norman, Jerry. *Chinese*. Cambridge: Cambridge University Press, 1988.

Pullum, Geoffery K. and William A. Ladusaw. *Phonetic Symbol Guide*. Chicago: The University of Chicago Press, 1986.

Robins, R. H. *A Short History of Linguistics* (4th Edition). London and New York: Longman, 1997.

Saussure, F. de. *Course in General Linguistics*. Translated and annotated by Roy Harris, first published 1983, 4th impression. London: Gerald Duckworth & Co. Ltd., 1995.

Streeter, Mary L. DOC, 1971: a Chinese dialect dictionary on computer. In William S.-Y. Wang (ed.) *The Lexicon in Phonological Change*. The Hague: Mouton, 1977, pp. 101-119.

Szemerényi, Oswald J. L. *Introduction to Indo-European Linguistics*. Translated from *Einführung in die vergleichende Sprachwissenschaft*, 4th edition 1990. Oxford: Oxford University Press, 1996.

Ting, Pang-hsin (丁邦新). A note on tone change in the Ch'ao-chou dialect. *Bulletin of the Institute of History and Philology*. Academia Sinica (Taiwan) 50, 1979, pp. 257-271.

Wang, William S.-Y. (王士元). Competing change as a cause of residue, *Language* 45, 1969, pp. 9-25.

Wang, William S.-Y. (王士元). (ed.) *The Lexicon in Phonological Change*. The Hague: Mouton, 1977.

Wang, William S.-Y. and Chinfa Lian (王士元、连金发). Bidirectional diffusion in sound change. In Charles Joens (ed.) *Historical Linguistics: Problems and Perspectives*. New York: Longman Group UK Ltd., 1993, pp. 345-400.

Weinreich, Uriel. Is a structural dialectology possible? *Word* 14, 1954. Also in Joshua A. Fishman (ed.) *Readings in the Sociology of Language*. The Hague: Mouton Publishers, 1968, pp. 305-319.

后　记

书稿终于校改完毕，近十年的工作总算告一段落，这个"丑媳妇"就要见"公婆"了。此刻的心情并不轻松，想到它前前后后的八年光景，以及任教的两所学校。

2000年初我从美国加州转到香港工作，发现香港的教学内容跟粤语语法、语音有很大关联，教学之余便写了一些关于粤语的文章。而对历史语言学的研究2003年才开始，但本科教育很少涉及这方面的内容，只在教学闲暇时思考历史语言学的问题。2007年秋季的学术休假，四个月整天查阅资料、核对音标，进度缓慢。当时想，以此推算此书的完稿怕是"相约无期"了。最后决定转去澳门大学。

香港、澳门一水之隔，两地却有不少差异。我是2009年9月到的澳门大学，正值中央政府批准澳门大学在珠海横琴建设新校区，它将比现在的校园大20倍。我遇上澳大发展的好时机了，第一年就得到了学校的研究启动基金(SRF004/09-10S)，这笔经费让我在区内找到一家印刷排版公司，将充满各种国际音标的书稿按照我的要求排版；并资助我到美国进行学术考察，使我有机会在十六年后第一次重返俄亥俄州立大学，向母校的老师请教著作中的疑难问题；我还把此书列为2011年春季一门研究生课的教材，以鞭策自己年底完成所有的工作。这几方面都加速了该书的进度。

本书的出版还要感谢德宝兄的关注和支持，他的序言给拙著添加了亮色。鲁国尧教授是我多年的师长及朋友，他一直鼓励和关心本书的写作；我的研究兴趣从音系学转到历史语言学，也是受了他的影响。同窗孙立兄曾为初稿联系过家乡的出版社，在此谨致谢意。

最后特别表示对妻子琼妍的感激和内疚之情。这些年她一直承担着繁重的教学工作，同时包揽所有家务，难以想象一个人会有那么充沛的精力和体力；没有她始终如一的支持和照顾，我是无法写成此书的；而这一年多港澳间的海上颠簸给她平添了一份烦恼和焦虑，又是我甚感内疚的。

侍建国

2011年元宵节

于澳门路环黑沙